W0337956

« RÉPONSES »

Collection dirigée par Joëlle de Gravelaine

DES MÊMES AUTEURS

dans la même collection

LA BOULIMIE (1988)

Christiane Bastin / Denise de Castilla

GRAPHOLOGIE
LE PSYCHISME ET SES TROUBLES

ÉDITIONS ROBERT LAFFONT
PARIS

© Éditions Robert Laffont, S.A., Paris, 1990
ISBN 2-221-005966-2

Préface

Chaque homme exprime à son insu, dans tous ses comportements, ses états affectifs, ses dispositions émotionnelles et leurs éventuelles distorsions. L'analyse psychologique ou psychiatrique repose essentiellement sur l'observation et le discours à travers des entretiens libres ou semi-directifs. Les cliniciens reconnaissent que, au-delà de l'entretien diagnostique, il est souvent capital, pour mieux appréhender la pathologie, de connaître les caractéristiques de vie des sujets, leurs conditions existentielles dans leurs aspects les plus spontanés. Il convient d'étudier l'environnement du sujet, d'observer ses activités habituelles, dans des conditions véritablement écologiques. Cette approche diagnostique complémentaire est de plus en plus recommandée. L'écriture des sujets peut tout à fait refléter, exprimer, transcrire, les composantes psychopathologiques, tout comme la mimique, le débit et le contenu verbal, le comportement moteur, l'habitus général, les réalisations instinctuelles.

Ainsi, l'étude de l'écriture devient un indice diagnostique, valable et pertinent, pour appréhender la personnalité humaine et ses éventuelles distorsions, si diversifiées.

L'étude de l'écriture en psychiatrie a déjà donné lieu à de nombreux travaux de qualités diverses, tous ne s'étayant pas sur l'observation clinique. Mesdames de Castilla et Bastin, psychologues cliniciennes, ont méticuleusement analysé, véritablement exploré l'écriture des diverses catégories de troubles mentaux avec une rigueur exceptionnelle dans un esprit de synthèse empreint d'un objectif didactique.

Les auteurs se défendent de poser le diagnostic sur la seule ana-

lyse de l'écriture dans une honorable prudence mais légitimement estiment que la graphologie constitue un facteur précieux pour mieux circonscrire toutes les facettes de la personnalité et ses vicissitudes conscientes et inconscientes.

En effet, l'écriture trahit involontairement le sujet qui, dans le langage oral, peut estomper, modifier, voire cacher volontairement des données. Comportement plus automatique, elle a le mérite d'être plus spontanée et peut-être un plus authentique reflet du sujet.

Mesdames de Castilla et Bastin vont ainsi passer en revue dans leur ouvrage : « Graphologie : le Psychisme et ses troubles », toutes les grandes entités de la pathologie avec les connaissances théoriques de leur formation en psychologie et les connaissances pratiques de leur longue expérience hospitalière.

Pour chaque entité envisagée et à partir des données recueillies, elles formulent les caractéristiques essentielles de l'écriture dans les différentes affections mentales et troubles de la personnalité.

Cette vaste entreprise réunit des données multiples, à la différence de nombreux travaux de graphologie portant sur un axe déterminé. Les auteurs ont voulu réunir de façon claire, synthétique, les données et les apports de la graphologie à la caractérisation des maladies mentales. L'entreprise était hardie. L'imposant travail que se sont imposé Madame de Castilla et Madame Bastin permet une vision panoramique quasi exhaustive de la graphologie en pathologie psychiatrique.

C'est une vaste fresque au style clair, vivant et concis. Ainsi, cette énorme collecte de connaissances qui aurait pu être ardue à parcourir devient un agréable cheminement à travers les maladies psychiatriques et leurs expressions originales.

La graphologie, comme le soulignent les auteurs, peut être un apport considérable à l'investigation d'un sujet sous réserve de connaissances cliniques et de rigueur dont les auteurs donnent l'exemple.

Professeur Henri LÔO.
Chef de service hospitalo-universitaire
de santé mentale et de thérapheutique

Avant-Propos

En écrivant le présent volume, notre projet n'a pas été de faire un manuel de psychopathologie, mais de présenter et commenter un maximum d'écritures que notre pratique hospitalière nous a permis de rassembler. Nous souhaitons ainsi montrer aux graphologues des tracés caractéristiques, ce qui peut leur permettre d'être alertés, le cas échéant, par des difficultés de caractère, voire par des désordres plus notables risquant de perturber l'harmonie d'une famille, de compromettre la bonne entente d'une équipe dans une entreprise, ou encore d'être incompatibles avec certaines affectations.

Cet ouvrage s'adresse donc non seulement aux graphologues mais aussi aux psychologues et aux personnes chargées du recrutement ou des relations humaines dans l'entreprise.

Il suppose connues les notions de base de la graphologie et de la psychopathologie.

Les lecteurs qui souhaiteraient compléter leurs connaissances dans ces domaines trouveront dans la bibliographie les titres et références des livres spécialisés qu'ils pourront consulter.

Nous avons tenu toutefois à faire précéder chaque chapitre d'un bref exposé qui résume et précise la pathologie envisagée. Cependant, pour ne pas alourdir le texte d'un ouvrage qui doit pouvoir être consulté facilement et rapidement, nous nous sommes tenues, chaque fois, à l'essentiel. Il est, en effet, impossible d'être exhaustif dans un domaine aussi complexe ; certains chapitres justifieraient un livre entier mais cela dépasserait notre propos.

Pour chacune des écritures reproduites, le diagnostic psychiatrique ou psychopathologique a été établi par des médecins psychiatres, par des tests de personnalité et, le plus souvent, corroboré par l'évolution.

Introduction

Les graphologues s'intéressent depuis longtemps à la maladie mentale, comme en témoignent divers ouvrages, entre autres : le livre d'Édouard de Rougemont, paru en 1950 et intitulé *L'Écriture des aliénés et des psychopathes*, celui du Dr Resten, *Les Écritures pathologiques* (1949), et celui du Dr Streletzki, *Précis de graphologique pratique* (1950). Tout dernièrement enfin (1989), Florence Witkowski vient de publier un livre intitulé *Psychopathologie et Écriture*. Par ailleurs, les nombreuses conférences et articles publiés dans la *Revue de la Société française de graphologie*, et dont nous avons tenu à donner la liste dans notre bibliographie, prouvent abondamment que les graphologues ne cessent de s'interroger sur cette partie obscure, fascinante et inquiétante qu'est la maladie mentale.

Notre projet, en rédigeant cet ouvrage, n'est donc pas d'innover dans un domaine déjà bien défriché ; mais, en apportant à nos lecteurs, en un seul volume, une illustration abondante, notre but est de leur permettre d'avoir une vue aussi complète que possible des troubles mentaux et de leur traduction dans l'écriture.

C'est grâce à notre longue pratique de psychologues en milieu hospitalier que nous avons pu rassembler les écritures ci-après, de même que, grâce à notre titre d'expert près les tribunaux, nous avons eu l'occasion de tester en prison de nombreux délinquants et criminels.

Peu de graphologues possèdent une collection de documents

aussi variés, et nous avons pensé que nous devions en faire profiter aussi bien nos collègues que tous ceux qui s'intéressent à la graphologie : médecins, chefs du personnel, etc.

Nous n'avons pas toutefois suffisamment d'écritures de chaque trouble mental pour pouvoir en faire chaque fois une étude statistique. Néanmoins, tel qu'il est, malgré ses lacunes et ses imperfections dont nous sommes conscientes, nous espérons que notre livre apportera un éclairage plus circonstancié sur les écritures pathologiques.

L'évolution de la psychiatrie, depuis l'introduction, en 1952, du premier médicament psychotrope, la chlorpromazine, a vu se modifier considérablement ses conditions d'exercice. La possibilité d'agir sur les désordres mentaux au moyen d'une psychopharmacologie qui s'enrichit chaque jour a réduit le nombre des aliénés qu'il fallait isoler.

En revanche, dans une société plus avertie, plus soucieuse de bien-être et d'efficacité, on accorde plus d'importance à des troubles mineurs, à un simple inconfort psychique, à des difficultés caractérielles génératrices de discordes, de tension au sein d'une équipe.

Une question se pose d'emblée : la graphologie peut-elle apporter quelque chose dans le domaine de la pathologie mentale ? La réponse est positive à condition de bien savoir ce qu'on peut lui demander. Comme tout instrument, elle a ses limites qu'il est sage de ne pas outrepasser, si on tient à conserver la rigueur nécessaire.

En tout état de cause, le graphologue s'interdit de poser un diagnostic psychiatrique. Il n'a pas la compétence pour le faire. Il serait d'ailleurs téméraire et outrecuidant de prétendre remplacer par la seule étude de l'écriture un examen clinique approfondi, complété au besoin par plusieurs jours d'observation et par diverses investigations complémentaires, telles radiographies, scannographies, etc. De plus un symptôme, une série de symptômes, ne font pas un diagnostic, tant qu'on n'a pas pu les rattacher à une cause.

Si le graphologue ne pose pas de diagnostic, il est, en revanche, dans son domaine lorsqu'il décrit un caractère, lorsqu'il s'efforce de cerner une personnalité ou de prévoir des réactions, un comportement dans des situations données. C'est dans ce sens, et par un raccourci verbal destiné à faire l'économie d'une description, qu'il peut parler d'obsessionnel ou d'hystérique, de psychopathe ou de paranoïaque.

Le domaine de la graphologie est évidemment limité par rapport à celui de la psychopathologie, car, pour qu'il y ait écriture, il faut un scripteur capable d'écrire, physiquement et psychiquement. Cette condition écarte donc de notre étude les états déficitaires, les arriérations, les états stuporeux ou crépusculaires.

Dans les limites ainsi fixées, l'apport de la graphologie est néanmoins fort intéressant.

C'est un mode d'expression qui met en jeu la personnalité tout entière : physique et psychique, consciente et inconsciente. Elle renseigne mieux que l'entretien, car elle décèle ce que le sujet tait volontairement ou involontairement : ses peurs, sa tristesse, ses rancœurs, que l'œil et l'oreille enregistrent à travers l'attitude, la mimique, le timbre de voix, le débit de parole. Mais, de plus, l'écriture dit ce que le scripteur ne sait pas toujours : son degré de maturité, son niveau culturel, son mode de fonctionnement psycho-affectif, ses mécanismes de défense.

Cela dit, l'écriture ne révèle pas tout.

Elle dit ce que sont les individus, non ce qu'ils font, ni ce qu'ils vont faire. Elle ne renseigne pas sur les conduites, ce qui se comprend. Une même conduite peut avoir diverses causes, et la même personnalité choisir ou se laisser entraîner à des conduites différentes.

Un psychopathe peut verser dans la délinquance ou une conduite toxicomaniaque, ou se contenter d'une certaine marginalisation.

On peut devenir alcoolique aussi bien par ennui et désœuvrement que par solitude, deuil, abandon, ou par anxiété, pour se rassurer.

L'écriture renseigne sur le vécu du sujet, non sur les constructions mentales édifiées par son imagination. Aussi les psychoses délirantes peuvent-elles constituer un véritable piège graphologique. Le malade est complètement délirant, mais le délire froid, cohérent, reste en quelque sorte déconnecté de l'affectivité et ne se signale, et encore pas toujours, que par l'aspect figé et monotone du tracé.

Une autre difficulté réside dans l'appréciation du degré plus ou moins pathologique de tel graphisme. La réponse est souvent hésitante. On voit bien dans quel registre pathologique peut se situer le problème, mais entre une simple déformation caractérielle et des anomalies plus fâcheuses, aucun signal, aucun feu rouge n'avertit qu'on franchit la ligne de démarcation, d'ailleurs arbitraire et approximative, qui sépare le normal du pathologique, ni surtout la pathologie latente de la pathologie franche.

On peut le regretter, mais peut-être convient-il plutôt de s'en féliciter. Cette marge d'incertitude est aussi la marge de l'indéterminé, celle où se joue la liberté, celle par laquelle un sujet échappe aux catégorisations trop rigides.

Toute pathologie peut avoir une expression dans le tracé graphique : la fatigue, une baisse de tonus, abîment le trait, cassent le rythme.

Des troubles du champ visuel perturbent l'ordonnance et la mise en page, des troubles neurologiques donnent des tremblements, des saccades, des cassures. Une douleur vive et persistante peut même imprimer sa trace au niveau du schéma corporel que la lettre représente symboliquement. C'est ainsi qu'on a pu remarquer certaines cassures ou torsions sur les hampes ou les jambages de scripteurs affectés de lésions de la colonne vertébrale ou des membres inférieurs. Cependant ces signes sont aléatoires, non spécifiques. Ils peuvent alerter, amener à pousser plus loin les investigations, mais en aucun cas fournir les précisions utilisables pour un diagnostic.

C'est pourquoi nous ne pouvons que faire nôtre cette phrase

du professeur Henri Lôo : « Aucune certitude n'est absolue, l'intelligence se doit d'être dubitative. »

Il nous semble utile enfin de signaler que nous avons volontairement omis de traiter dans le présent ouvrage les problèmes de l'homosexualité, qu'elle soit masculine ou féminine, cela pour plusieurs raisons, la première étant la volonté de ne pas assimiler l'homosexualité à la pathologie mentale.

L'origine des choix érotiques a été longuement étudiée aussi bien par Freud que par les sexologues, et notre propos n'est pas ici d'en énumérer les causes, même si pour certains elles relèvent de problèmes névrotiques liés à l'enfance et non résolus (fixation au stade anal, problème œdipien).

Le fait d'être homosexuel peut entraîner pour celui ou celle qui l'est des difficultés tant sur le plan professionnel que familial, bien que notre société soit aujourd'hui beaucoup plus permissive ; quoi qu'il en soit, beaucoup d'homosexuels sont parfaitement socialisés, et l'étude de leur écriture ne permet pas, par elle seule, de poser le diagnostic d'homosexualité, d'autant plus qu'à notre époque les rôles masculins et féminins sont beaucoup moins différenciés qu'autrefois.

Les femmes réussissent les mêmes études, exercent les mêmes métiers que les hommes, et parmi ces derniers beaucoup ont des professions réputées convenir aux femmes sans cesser pour autant d'être hétérosexuels (coiffeur, modiste, etc.).

Au vu d'un graphisme, il est possible de déceler une tendance, et l'on pourra parler comme Jung de personnalité « *anima* ou *animus* », de revendication virile, de problème œdipien, de choix narcissique, mais rien ne permet au graphologue de dire si cela est vécu ou simplement fantasmé.

Les tests de Rorschach et de Szondi permettent d'aller plus loin dans ce domaine, mais notre but est ici de nous en tenir simplement à l'écriture, même si bien souvent dans nos observations les renseignements fournis par ces tests seront cités pour corroborer une approche graphologique.

Nota bene : *Les reproductions d'écritures ne sauraient évidemment remplacer les originaux. En matière de graphologie, seul le document original permet d'apprécier la qualité du trait, son appui, de même l'impression générale donnée par la mise en page, la répartition des volumes. Jusqu'à la couleur de l'encre, la texture du papier, qui peuvent avoir une signification.*

Quant à la signature, elle revêt un sens tout particulier, non seulement par sa forme mais aussi par ses rapports avec l'ensemble du texte.

Pour des raisons de discrétion faciles à comprendre, nous avons dû nous limiter à des fragments de documents et nous avons aussi renoncé à reproduire les signatures. Ces inconvénients, que nous regrettons, sont le lot de tous les manuels de graphologie, et sont d'autant moins contournables qu'il s'agit ici de pathologie. Nous souhaitons qu'ils n'empêchent pas les lecteurs de prendre intérêt à l'examen des nombreuses écritures que nous leur présentons.

1.

GÉNÉRALITÉS

LA PATHOLOGIE ET L'ÉCRITURE

Le trait

Il représente ce qu'il y a de plus inconscient, de moins volontaire et de moins concerté dans l'écriture. Il dépend du tonus physique et psychique. On pourrait le comparer au timbre de la voix : il peut varier d'un jour à l'autre selon l'humeur, l'émotion, la santé, mais il est difficile de le modifier, surtout de façon durable.

La conduite du trait

Elle participe déjà du mouvement. Elle est tributaire à la fois du fonctionnement neuromoteur et des affects du scripteur. On observe par exemple un trait tremblé dans certaines intoxications et à la période de sénescence. Un trait à la fois tremblé, flou, léger, dans la maladie de Parkinson ; le trait baveux et frangé qui provient d'une tenue de plume trop lâche ; le trait poché, engorgé, lorsque le mouvement se ralentit ; le trait spasmodique de l'irritabilité.

Le mouvement

Le mouvement qui anime le tracé est surtout lié aux éléments affectifs. C'est un peu l'équivalent de la démarche, de l'allure ; rapide ou lent, aisé ou crispé, expansif ou replié frileusement sur lui-même, il traduit la manière dont le scripteur aborde l'action, établit la communication, l'élan qu'il y met, les freins qui le brident, les contraintes qu'il s'impose.

L'espace

Par le terme de « prise de possession de l'espace », on entend à la fois l'ordonnance au sens jaminien et la continuité. C'est le rythme d'espace de Heiss. Cette prise de possession de l'espace va signifier la manière dont le scripteur se situe dans le cadre social et dans le temps. L'enfant a tendance à envahir la page, ses lignes flottent. Il est incapable de prendre ses distances et de discerner ses limites ; pour lui, le monde se résume à ce qu'il habite.

Au cours de l'apprentissage scolaire, il apprend à respecter les marges, à marquer les paragraphes. La mise en ordre de la page représente ainsi un sur-moi social, si bien que la manière dont l'ordonnance conventionnelle est respectée, ignorée, adaptée ou bafouée, est assez significative de l'attitude sociale du scripteur.

Un malade peut délirer complètement en conservant une ordonnance tout à fait correcte. Cela signifie que, malgré son délire, il continue d'observer les rites sociaux. A l'inverse, un état de confusion, même fugace (alcool par exemple), altère immédiatement l'ordonnance.

Un graphisme compact où les mots et les lignes sont serrés, où l'air ne circule pas, signifie que le scripteur étouffe dans ses problèmes, vis-à-vis desquels il ne peut prendre aucun recul. Trop de blanc, au contraire, et surtout de grandes plages blanches verticales, ce que les graphologues baptisent des « cheminées », traduisent soit l'inhibition, soit l'irruption d'un inconscient qui peut amener un comportement déconcertant.

La forme

La forme est dans l'écriture ce qui exprime le choix le plus conscient. On sait à quel point les adolescents se cherchent une écriture, imitant celle de leur père, de leur maître ou de leur camarade.

Certaines modes caractérisent le graphisme de telle époque, de tel milieu, comme la fameuse écriture « Sacré-Cœur ».

Par ailleurs, la forme est soumise aux contraintes du modèle calligraphique, dont on ne peut s'écarter trop fortement si on veut être lu et compris. Le choix de formes trop originales, bizarres, discordantes, n'est donc pas sans importance. Il faut en tirer les conclusions sur le plan du jugement et du mode de pensée.

La nécessité d'accélérer le mouvement imprime à la forme choisie ou imposée comme modèle une série de modifications qui vont la rendre plus personnelle. On retrouve ici l'opposition forme-mouvement que chaque personnalité résout à sa manière, selon qu'il privilégie la permanence des valeurs et des structures ou le dynamisme évolutif.

La forme est donc révélatrice du niveau de culture et du système de valeurs qui orientent les choix.

L'organisation

L'organisation de l'écriture est le domaine où se marquent avec prédilection les fonctions intellectuelles : raisonnement, mémoire, logique, analyse, synthèse.

Lorsque le fonctionnement de la pensée est bon, l'écriture se structure tout naturellement en mots ou séquences de mots, en phrases, en paragraphes qui reproduisent visuellement le cours de la pensée.

Si l'irrationnel joue un rôle important, la répartition est moins stricte, plus floue, mais sans pour autant s'écarter notablement d'une représentation correcte.

En revanche, la présence répétitive et insistante d'anomalies de construction : lettres manquantes, lettres ou syllabes inversées, néologismes, bizarreries, sont l'indice d'une déficience passagère (extrême fatigue par exemple), ou durable (lésion cérébrale débutante par exemple), du fonctionnement intellectuel.

L'harmonie

Aucun des éléments envisagés jusqu'ici ne peut s'apprécier isolément. Non seulement ils concourent tous à donner au graphisme sa personnalité, mais ils réagissent les uns sur les autres, créant ici des contrastes, ici des associations, tantôt se renforçant, tantôt s'annulant, ou produisant des dissonances.

Crépieux-Jamin, en insistant sur l'harmonie, avait bien noté la valeur d'équilibre du juste milieu qui ramène vers la moyenne les écarts en trop ou en trop peu. L'écriture harmonieuse est effectivement l'indice d'une adaptation sociale satisfaisante. Le scripteur est bien intégré et ne fréquente pas les allées de la pathologie.

Le rythme

Le rythme de l'écriture concerne aussi bien le mouvement que le trait, les formes, les espacements. Il constitue la pulsation qui conserve l'unité dans la diversité, et signifie que le scripteur maîtrise la situation en maintenant son identité à travers les adaptations nécessaires.

Si le scripteur ne maîtrise pas la situation, le rythme se relâche, se dissout. S'il fait un effort pour garder le contrôle, le rythme se raidit par la contrainte.

Un rythme souple et rebondissant semble exclure la pathologie. C'est en effet, avec le trait, la qualité qui se trouve altérée le plus rapidement.

L'homogénéité

Plus encore que l'harmonie, l'homogénéité est à prendre en compte en psychopathologie.

Une écriture est homogène lorsqu'elle reste semblable à elle-même d'un bout à l'autre du document. Il peut y avoir une évolution progressive, par fatigue, par exemple, ou hâte, ou libération dans l'action, mais il n'y a pas de rupture brusque. De même les inégalités, irrégularités ou contrastes n'empêchent pas l'homogénéité : l'écriture reste bien identifiable jusque dans ses inégalités.

Au contraire, l'écriture n'est pas homogène lorsqu'elle se présente sous forme de fragments séparés par des ruptures soudaines, juxtaposés sans transitions. Ces « changements de train », ces plages de mouvement, appui, direction différente, s'observent chez les enfants et les adolescents, mais aussi chez certains psychopathes, c'est-à-dire lorsque la personnalité est incertaine, hésitante sur son identité, lorsqu'elle manque de cohésion.

ÉCRITURE ET DÉVELOPPEMENT AFFECTIF

Sans revenir trop longuement sur des notions connues de tous, il n'est peut-être pas inutile de rappeler la trajectoire suivie par le développement affectif, de l'enfance à l'âge adulte.

En présence d'une difficulté, la tendance est au retour en arrière, à la régression vers des positions antérieures. Une part de la pathologie mentale est donc faite de ces retours, de ces fixations qui restent inconscientes, et coexistent avec un fonctionnement rationnel et opérationnel adéquat. L'écriture les relève et fournit ainsi un fil conducteur.

Le stade oral est celui du nourrisson, un être totalement dépendant des soins qu'il reçoit, avide de tendresse comme de nourriture, perdu dans un monde où il n'a de repères que ceux fournis par la mère : le sein, l'odeur, la voix, les bras. Il s'agrippe, se blottit dans le giron sécurisant. Son angoisse est d'être abandonné, donc perdu. Il est incapable de faire quoi que ce soit, ne peut que manifester son plaisir ou son déplaisir. Il est à la fois innocent et manipulateur, puisqu'il ne peut rien obtenir que par personne interposée. C'est ce que les psychanalystes appellent la position anaclitique.

Le stade anal qui lui succède est marqué par l'acquisition d'une maîtrise musculaire, qui va permettre au bébé de se mouvoir et de contrôler ses sphincters. Il peut donc faire ou ne pas faire, et dès lors se trouve confronté à l'ambivalence, au choix. La pensée entre en jeu pour anticiper, garder en mémoire.

Selon qu'il se conforme ou non aux exigences de sa mère, l'enfant lui fait plaisir ou la contrarie. A la défécation se trouvent ainsi liées l'agressivité, la culpabilité, la soumission ou l'opposition. Ce stade est important, car c'est la première relation duelle ; en même temps, l'angoisse de destruction et le désir de protection suscitent l'émergence du premier sur-moi social.

Le stade phallique voit s'élargir le cercle des activités et des préoccupations. L'enfant veut participer, s'inclure dans le groupe social qu'est la famille, et se demande sur quel mode. Quelle est son identité ? Garçon ou fille ? Comment le voit-on ? Valable ou non ? Comment être reconnu ? Ses parents ne sont plus seulement nourriciers, ils sont aussi sexuellement différenciés. Lui doit choisir, entrer en compétition, s'identifier soit au père, soit à la mère. C'est la période de l'Œdipe avec le jeu des identifications et contre-indentifications. Les aléas du conflit œdipien et de sa résolution entrent pour une part importante dans les difficultés rencontrées plus tard.

Ces étapes une fois franchies, avec plus ou moins de bonheur, l'enfant, alors âgé de six ans environ (cinq à six ans) entre dans *la période de latence :* il a trouvé sa place dans le monde enfantin qui est le sien, il est disponible pour les apprentissages et la première socialisation de l'école. *A la puberté,* cet équilibre provisoire est remis en question, tout doit se rejouer pour se situer dans un monde d'adulte. Mais tout va se jouer en reprenant les traces laissées par les premiers stades.

Le nourrisson n'écrit pas, ni le jeune enfant, aussi n'est-ce que par analogie, comparaison, qu'on décrit une écriture orale, une écriture anale, etc.

L'écriture de type oral est plutôt « en surface », selon le terme d'Hélène de Gobineau, faite de courbes molles, indécises, parfois gonflées. Les guirlandes sont annelées, les formes rondes dilatées, souvent aplaties. La pression est nourrie ou pâteuse, les voyelles amples, souvent jointoyées ou enroulées. On note des signes couvrants, des lettres dissociées, une marge de droite plus large que la marge de gauche.

L'écriture est souvent trop progressive et donne l'impression de couler comme un robinet. La vitesse est souvent lente à posée, les barres de *t* sont faibles et légères. Les signatures sont sans affirmation, non soulignées mais souvent enroulées. Les écritures sont sans âge et semblent appartenir à des adolescents. On note en général une pauvreté d'invention, de rythme et de combinaisons, des écritures monotones souvent conformes au modèle scolaire.

Le tempérament lymphatique domine, de même que les fonctions jungiennes sont généralement du type sentiment ou sensation introvertis.

Les personnalités à dominante orale ont en général une grande avidité sur le plan affectif, sont toujours inassouvies et très narcissiques. Elles ont besoin de parler, mais vivent souvent un grand sentiment de solitude. Elles n'ont guère le sens de l'effort, vivent dans le moment présent, et lorsque se mêle un élément nerveux, elles peuvent devenir alcooliques ou délinquantes. La dominance orale se rencontre presque toujours chez les obèses et les boulimiques.

L'écriture anale est plus concentrée, le mouvement y est plus contrôlé et même contraint. La tendance *animus* domine. Le trait est noir ou blanc (boueux ou délavé), la dimension générale petite, les guirlandes anguleuses, les lignes sont descendantes (anal dépressif) ou rigides.

On note des crochets (acquisivité), des fioritures (enroulements, nœuds), des finales tombantes.

L'espace est mieux maîtrisé et donne au graphisme un aspect plus construit. Lorsque aux données précédentes s'ajoute une note sadique, on relève en plus du faciès déjà décrit des signes d'agressivité : finales acérées, barres de *t* massuées, jambages en triangles, tracé serré occupant toute la page, pression lourde, boueuse.

Enfin, suivant que l'agressivité se traduit en sadisme ou en masochisme, les acérations seront soit centrifuges soit centripètes, c'est-à-dire dirigées vers autrui ou se retourneront vers le scripteur.

Les personnalités à dominante anale sont généralement

économes, ont l'esprit d'acquisition, le goût de l'argent, l'esprit critique, le désir de collectionner.

Leur caractère est renfermé, indécis, souvent possessif et autoritaire. Ils sont pessimistes, scrupuleux et formalistes. Ils aiment accumuler des connaissances, ont un esprit méthodique, le souci du détail. Dans la vie courante, ils peuvent avoir un extérieur négligé, sale, et ne pas vouloir se séparer de leurs vieilles affaires ou, par surcompensation, faire preuve d'un ordre excessif et d'une propreté maniaque (désinfection exagérée). Sur le plan pathologique, le stade anal non liquidé prédispose à la tendance dépressive (suivant Szondi), à la névrose obsessionnelle, à la paranoïa, au délire de persécution, à l'ambivalence.

L'écriture dite phallique, ou adolescente, est une écriture à grands prolongements où l'axe vertical est privilégié. C'est le désir de participation, d'affirmation, la recherche du rôle.

Le choix de la forme est aussi révélateur des identifications qui sont encore hésitantes et fluctuantes. On peut avoir des écritures « tiraillées », ambivalentes, contradictoires, ou au contraire des écritures acquises et presque stylisées ou stéréotypées, lorsque l'adolescent s'installe dans un personnage.

Quant aux *écritures dites œdipiennes,* parce qu'elles répondent à une identification à l'image parentale de sexe opposé, elles témoignent des tendances psychologiques à préférer ou à privilégier les valeurs masculines pour la fille, féminines pour le garçon : autorité, combativité pour la fille, douceur et passivité pour le garçon. Chez la femme : zone médiane petite et vigoureux prolongements verticaux, acérations et massues ; pour l'homme : courbes douces, guirlandes, trait pâteux, velouté, jambages dirigés vers la gauche et marge de gauche petite.

ÉCRITURES DE TYPE ORAL

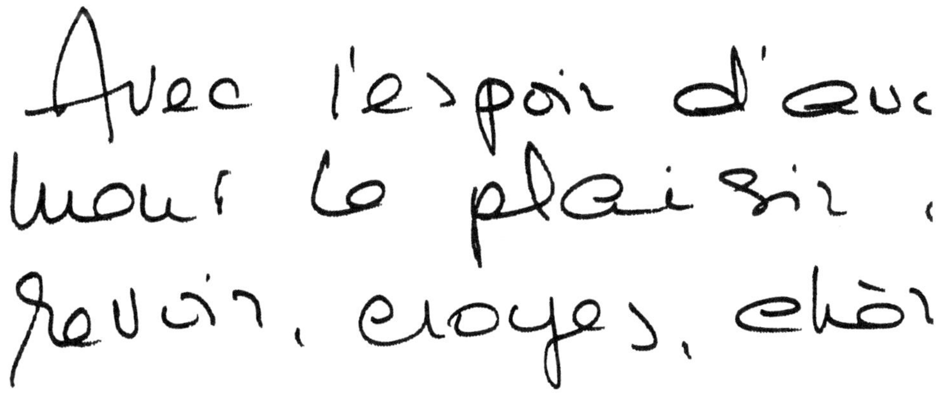

Femme, quarante ans.

Écriture : très fabriquée, oves à la fois gonflés et ovalisés. Bavardage, besoin de paraître, un certain snobisme et une amabilité très mondaine caractérisent ce graphisme de type oral.

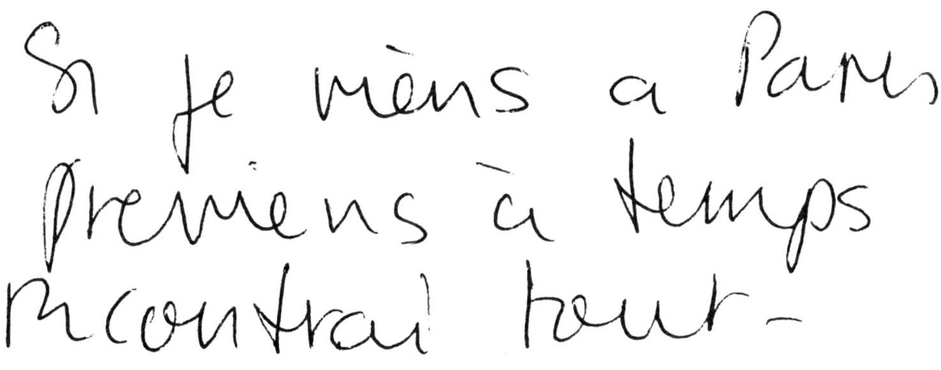

Jeune fille, vingt-cinq ans, belge, est interprète.

Écriture : grande, inégale, trait net, oves gonflés en guirlande. Personnalité spontanée et expansive. Le métier d'interprète convient particulièrement bien à sa composante orale.

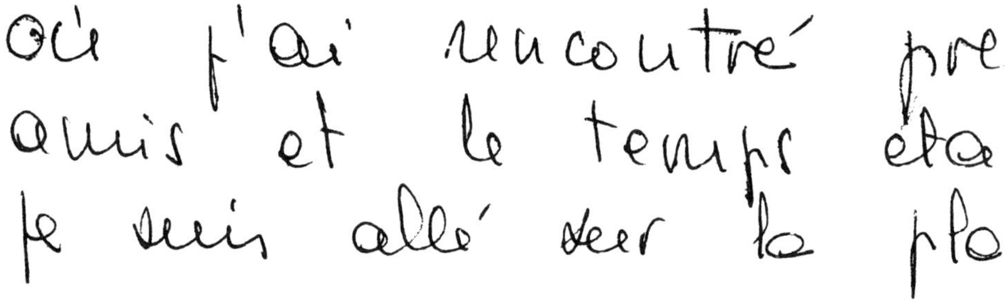

Jeune fille espagnole, vingt-deux ans, oralité importante : fume dans son lit, gourmande, narcissique, très imbue de son origine sociale (aristocrate). Voir les jointoiements et les gonflements des oves. La franchise laisse ici beaucoup à désirer.

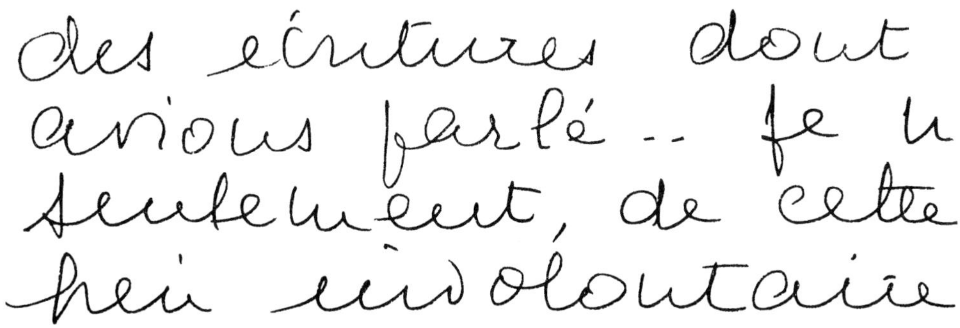

Femme, cinquante-cinq ans environ, extrêmement bavarde, chaleureuse mais épuisante pour l'entourage en raison de son besoin de « se raconter ».

Écriture : grande, zone médiane prédominante, en guirlande, oves gonflés.

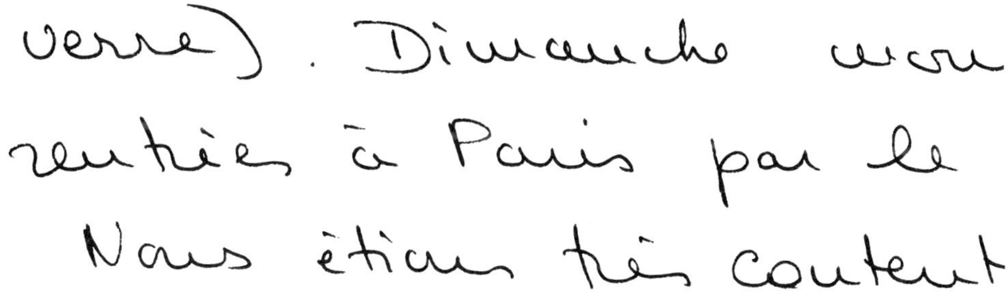

Jeune fille, vingt et un ans, étudiante 1,70 mètre, 105 kilos. Crises de boulimie à la moindre contrariété, mange n'importe quoi (sucré ou salé), mère décédée quand elle avait dix ans, père ouvrier.

Écriture : claire, redressée, en guirlandes, grandes virgules. La nourriture est ici une compensation aux frustrations affectives, et la composante orale n'étant pas vécue sur le plan du langage, il y a régression à un stade plus archaïque.

ÉCRITURES DITES PHALLIQUES

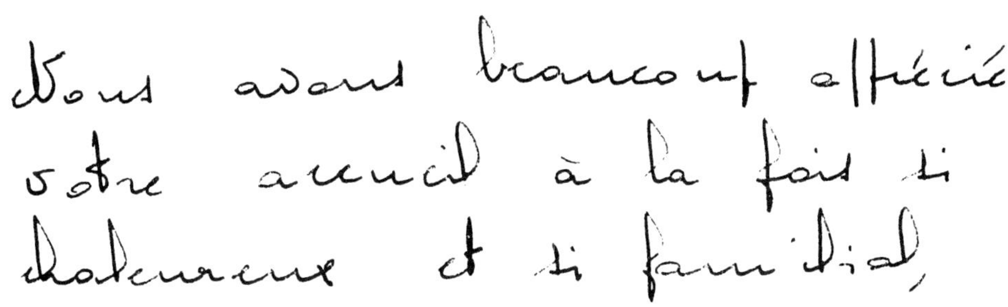

Femme, vingt-cinq ans, niveau culturel évolué, visant à l'excellence en tout.

Écriture : nourrie, droite à redressée, hampes gonflées et prolongées, espacées entre les mots.

Une impression de contrainte se dégage de ce graphisme où la volonté domine la spontanéité : rien n'est laissé au hasard.

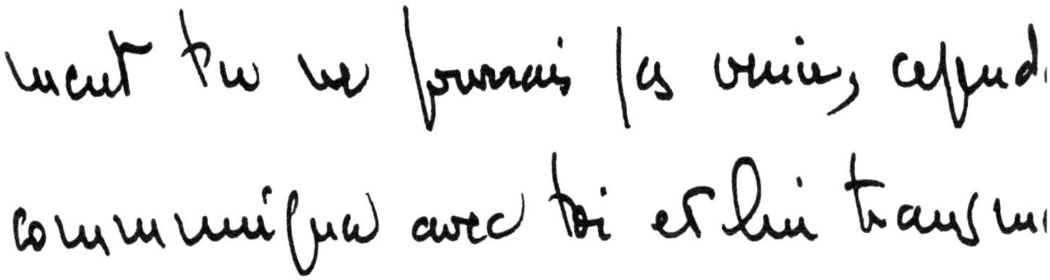

Homme, quarante-cinq ans, tempérament nerveux, caractère insatisfait, très orgueilleux.

Écriture : prolongée haut et bas, grandes virgules, finales lancées et remontantes, pression nourrie à spasmodique, barres de *t* cruciales.

COMPLEXE D'ŒDIPE (ÉCRITURE)

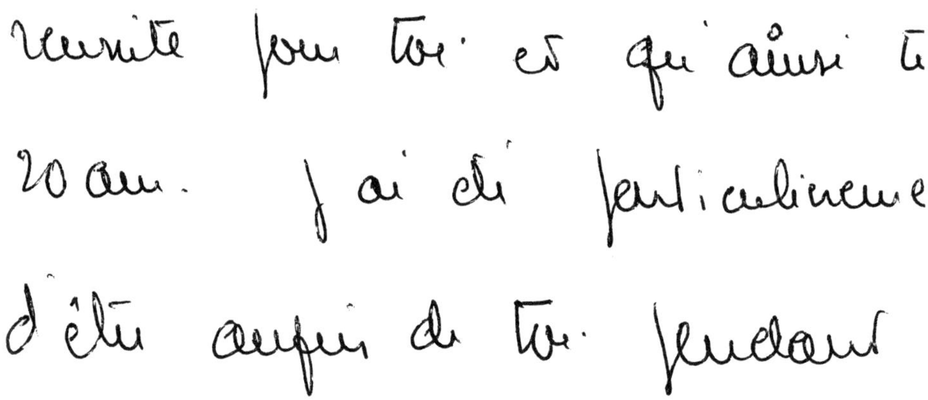

Homme, 37 ans, célibataire, vit avec sa mère. Redoute tout attachement affectif profond : n'a de relations qu'avec des femmes plus âgées qui ne sont pas libres.

L'écriture avec une zone médiane importante est d'aspect assez féminoïde. Elle appartient au type oral (voir les oves gonflés, les points « en ballon »).

La marge de gauche est très petite (attachement au passé et à la mère), celle de droite est relativement grande. Le scripteur n'a pas dépassé le stade œdipien et reste immature et narcissique.

ÉCRITURES DE TYPE ANAL

Homme, français, niveau culturel évolué.
Écriture : très étrécie, inclinée, pochée à boueuse.

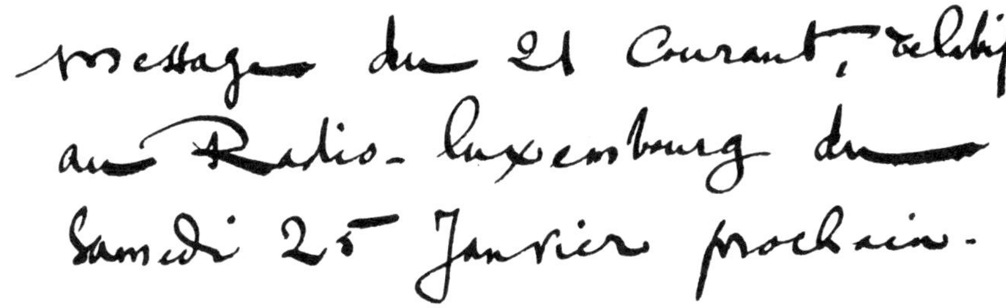

Homme, a été un officier de marine de haut rang.
Écriture : noire, boueuse, massuée, pression déplacée, très surélevée, voir les finales et les barres de *t*, en « coups de sabre ».

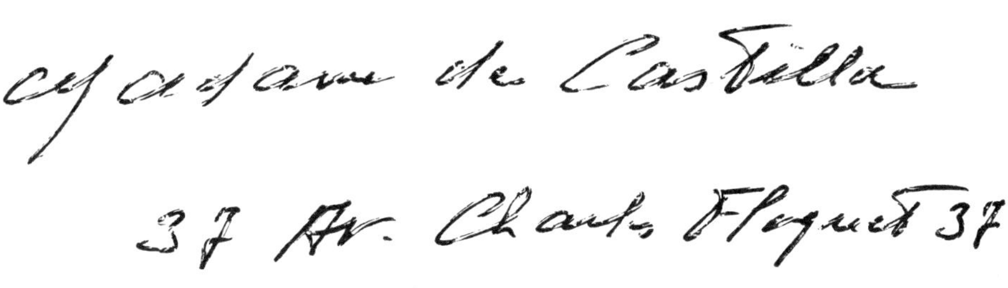

Écriture d'un chirurgien. Le graphisme est incliné, appuyé, les barres de *t* sont en coup de fouet. Le trait est net et tranchant. Le scripteur décharge et sublime dans sa profession des pulsions agressives.

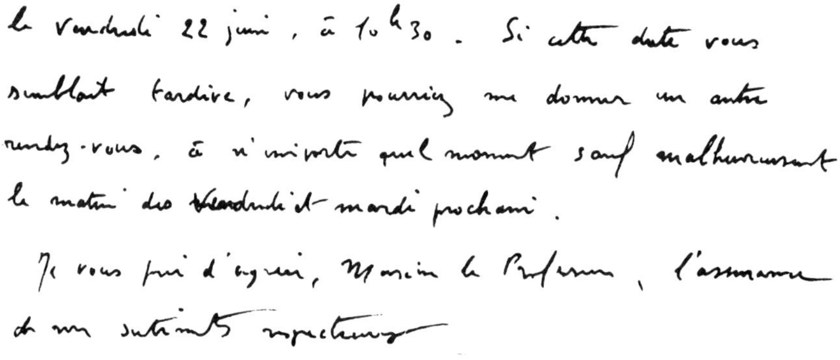
le vendredi 22 juin, à 10 h 30. Si cette date vous semblait tardive, vous pourriez me donner un autre rendez-vous, à n'importe quel moment sauf malheureusement le matin des vendredi et mardi prochain.

Je vous prie d'agréer, Monsieur le Professeur, l'assurance de mes sentiments respectueux

Homme scientifique de haut niveau.

Écriture : petite, rapide, noire, simplifiée, barres de *t* à droite fine et lancées. La vivacité de la pensée se dégage de ce graphisme où le moi (zone médiane amenuisée) semble un peu sacrifié à la réalisation de concepts intellectuels. Le sens critique est aiguisé.

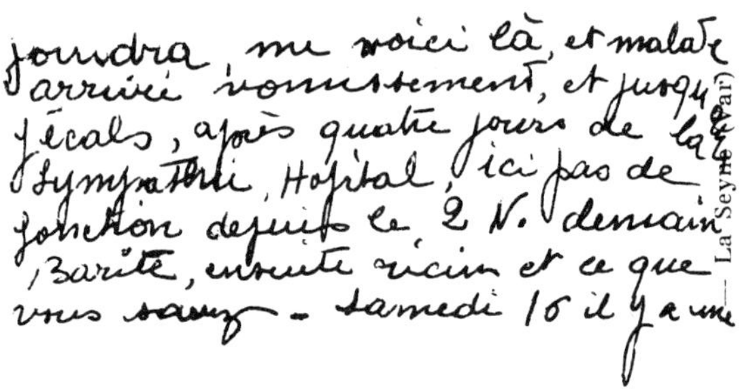
joundra, me voici là, et malade arrivée vomissement, et jusqu'à fécals, après quatre jours de la Sympathie, Hopital, ici pas de fonction depuis le 2 N. demain Barite, ensuite ricin et ce que vous savez - samedi 16 il y a une

Femme, quarante-cinq ans, ancienne infirmière, type anal propre, se lavant constamment, obsédée par des problèmes de constipation (prend plusieurs lavements par jour !). Très avide, essaie de tirer le maximum de chacun.

Écriture : petite, noire, sans marge, avec chutes en fin de ligne. La scriptrice est obsédée par ses problèmes personnels et est incapable de s'en abstraire, au point d'oublier toute pudeur...

PSYCHOSES, NÉVROSES, ÉTATS LIMITES

Les maladies mentales psychogènes sont habituellement réparties en deux groupes : névroses et psychoses. Entre les deux groupes on admet non seulement des passages, non seulement des formes de transition, mais même un troisième groupe, celui des états limites, ni vraiment névroses, ni vraiment psychoses, plutôt névroses par l'apparence, plus proche des psychoses par le tréfonds.

La distinction n'est pas arbitraire : le névrosé, si gêné, si gênant soit-il, appartient toujours au groupe social, alors que le psychotique y devient plus ou moins étranger.

La différence peut s'exprimer en termes de psychanalyse : *la névrose* est une réponse, plus ou moins réussie, maladroite, coûteuse, au conflit œdipien, à l'angoisse qu'il engendre, à la culpabilité et à l'angoisse de castration.

La psychose renvoie à un stade plus archaïque, à la période symbiotique où le nourrisson ne se différencie pas encore nettement de l'environnement maternel. Face à l'angoisse de morcellement, le psychotique refuse la réalité ; il « disjoncte » et coupe la communication.

On pourrait dire que, dans *les névroses,* le sujet a connu un début d'existence heureux : il se sentait bien, confiant, en sécurité, protégé par ses parents. Il voudrait que cela dure, il est donc prêt à accepter la loi qui régit la famille, le groupe social, donc à se soumettre à des contraintes, voire des amputations. Ces inconvénients sont le prix à payer pour conserver la sécurité.

L'écriture traduit les luttes, les échecs, les conflits. Elle est vivante, éloquente même, parfois complexe, heurtée mais toujours parlante.

Le psychotique, lui, ne connaît qu'un monde déconcertant, incompréhensible, dans lequel il ne parvient pas à prendre pied. Il ne l'habite qu'en apparence. En fait il est ailleurs.

L'écriture reflète ce désintérêt : morne, inhabitée, sans âme, elle ne dit plus rien. La psychose peut créer un monde de délire et d'hallucinations, c'est un monde qui ne communique pas.

Entre les deux, toute la gamme des *états limites* ou organisations limites de la personnalité : l'enfant a pris pied dans le monde, y a connu un bonheur de vivre qui lui a permis de franchir les premières étapes, d'acquérir un début d'autonomie. Mais la quiétude a été trop tôt perturbée, et par conséquent le monde ne lui convient qu'à moitié : il l'accepte faute de mieux, tout en le voulant autre et en s'y voulant autre. Il voudrait tout refaire, à commencer par lui, selon un modèle idéalisé et grandiose issu de la mégalomanie infantile. Souvent déconcertant, imprévisible, influençable et créatif, c'est l'être des possibles. Là où le névrosé répète, là où le psychotique s'absente, la personnalité limite s'efforce plus ou moins maladroitement de recréer. Rien n'est solide, rien n'est encore définitif.

L'écriture est variable, tantôt inconsistante et tantôt conventionnelle, tantôt stagnante, tantôt mobile. Rien n'est tout à fait tracé d'avance, tout peut arriver, et le graphologue a du mal à discerner le devenir et les potentialités de ces êtres fragiles et influençables.

Nota bene : Comme tous les schémas, celui-ci est trop réducteur. C'est ainsi que le paranoïaque de caractère se rapproche des névrosés par son écriture conflictuelle et vivante, alors que chez le paranoïaque délirant le tracé tend à devenir monotone et rigide.

2.

PERSONNALITÉ ANXIEUSE
NÉVROSE D'ANGOISSE

L'anxiété et sa sœur l'angoisse sont présentes tout au long de la vie psychique, depuis les premiers émois du bébé, depuis le « cri primal », jusqu'aux derniers soubresauts de l'agonie. La notion de danger, de menace imprécise, ne s'abolit complètement que pendant de courts moments, restant toujours prête à resurgir à la moindre alerte. On ne peut donc parler d'angoisse pathologique que lorsque cette angoisse paraît vraiment disproportionnée, envahissante, cause de gêne ou même de réelle souffrance.

Sur le plan du vocabulaire, la langue française distingue :

– *La peur* est la prise de conscience d'un danger imminent. Justifiée ou non, c'est affaire d'appréciation, la peur est en tout cas explicable.

– *L'inquiétude* est la crainte, justifiée ou non, d'un danger potentiel.

– *L'anxiété* est un malaise diffus résultant d'une impression de menace imprécise. L'anxiété peut rester contrôlée, ne pas être trop perturbante. A ce degré mineur, elle peut même être stimulante et aiguiser la vigilance.

Lorsqu'elle se renforce, l'anxiété s'accompagne de tout un cortège de manifestations corporelles, et prend alors le nom d'angoisse.

– *L'angoisse*, c'est l'anxiété qui submerge, qui emballe le cœur, coupe le souffle, dessèche la bouche, rend les mains moites, donne des nausées ou des coliques.

De l'anxiété à l'angoisse, il y a gradation, mais pas de frontière nette ; aussi les deux termes peuvent-ils être utilisés pour décrire des états similaires.

L'anxiété ou l'angoisse s'observent dans de nombreuses maladies, au premier rang desquelles il faut citer celles qui concernent les fonctions cardio-respiratoires. Elle fait aussi partie du tableau du sevrage chez ceux qui sont habitués à l'alcool, aux opiacés, aux tranquillisants.

L'angoisse fait aussi partie des symptômes de beaucoup de maladies psychiatriques. Massivement présente dans les psychoses, elle se manifeste de façon plus détournée dans les névroses, puisque précisément la névrose s'élabore comme une défense contre l'angoisse. Elle est très importante dans le cas des personnalités abandonniques.

L'angoisse peut aussi être réactionnelle à une situation de stress, soit un stress important, soit une succession de mini-stress.

Lorsque l'angoisse constitue à elle seule tout ou presque tout le tableau clinique, on parle de « névrose d'angoisse ». Il ne s'agit pas d'une névrose, au sens psychanalytique du terme, mais d'un état précaire de la personnalité qui réactive ses angoisses d'enfant sous l'influence de situations qui rappellent le passé : angoisse d'anéantissement, d'abandon, de séparation, peur d'être attaqué, détruit.

LA PERSONNALITÉ ANXIEUSE

La tonalité générale est celle d'un malaise diffus, pénible, mais les manifestations peuvent varier, ou même s'opposer : les uns sont figés, frappés d'inertie, cloués au sol ; d'autres sont agités, courent en tous sens et passent fébrilement d'une activité à l'autre, sans grande efficacité d'ailleurs. Certains se taisent, bredouillent, ne peuvent pas parler, d'autres au contraire parlent sans arrêt, parfois pour ne rien dire, mais plutôt par peur du silence qui pourrait s'instaurer. Ils se cramponnent symboliquement à ce fil sécurisant de leur discours entendu par un autre.

Les troubles du sommeil sont d'une grande banalité : insomnies, réveils nocturnes, cauchemars. L'anxieux qui se réveille la nuit se lève, déambule, se cherche une occupation, mange, boit, lit sans pouvoir rester tranquille, ce qui a pour résultat d'accroître la fatigue.

Les troubles de l'appétit sont connus : anorexie, impression de pesanteur, de digestion difficile, ou au contraire exagération de l'appétit avec boulimie.

L'attention, les capacités de se concentrer sur un travail sont gênées par l'anxiété, avec pour conséquences une diminution du rendement et une baisse des performances.

Sur ce fond d'anxiété, on observe parfois des *attaques de panique.*

C'est sous ce terme qu'on désigne ce qu'on décrivait autrefois comme crises d'angoisse.

Il s'agit en effet de crises qui surviennent inopinément, sans cause repérable, et qui, en quelques minutes, entraînent un état de malaise extrêmement pénible qui peut aller jusqu'à l'impression de mort imminente. Cet état s'accompagne d'agitation, de toute une série de troubles respiratoires, cardiaques, digestifs, au point de déclencher un appel médical d'urgence. La crise cède rapidement à l'administration de médicaments anxiolytiques. Même laissée à elle-même, elle finit par s'apaiser, mais le souvenir de l'accès et la crainte de le voir se répéter jouent comme facteur d'aggravation de l'anxiété.

La fréquence et l'intensité des attaques de panique ne sont pas proportionnelles à l'importance de l'anxiété de base. Beaucoup d'anxieux n'en font jamais.

Évolution

L'angoisse ou l'anxiété peuvent soit :

– *Durer,* avec des alternances de rémissions et d'aggravation.

– *Guérir,* ou du moins s'améliorer durablement sous l'influence du traitement ou de circonstances favorables.

– *Se traduire* par des manifestations somatiques : asthme, urticaire, allergies, colites, psoriasis, etc.

– *Se décompenser*, surtout sous forme d'états dépressifs à répétition.

– *Se compliquer* par abus de nourriture, de médicaments, ou de toxiques comme l'alcool. Les sujets ont tendance à se jeter impulsivement sur tout ce qui peut les calmer, les rassurer, les réconforter : ils risquent donc de devenir dépendants vis-à-vis des drogues ou des médicaments.

– Avec le temps et en fonction de leur personnalité, les sujets peuvent mettre en place des défenses plus ou moins structurées pour atténuer les effets de l'angoisse sur un mode soit hystérique, phobique ou obsessionnel.

TRAITEMENT

Les attaques de panique sont justiciables d'un traitement médical d'urgence.

L'anxiété de base peut, elle aussi, bénéficier d'un traitement médical sédatif et anxiolytique, surtout dans une période donnée. Cependant, à long terme, les médicaments perdent leur efficacité et peuvent avoir des effets nocifs. D'où l'intérêt des traitements d'appoint : relaxation, par exemple, yoga, exercice physique selon certaines disciplines, sports non compétitifs. Une bonne hygiène de vie, une activité régulière, un environnement sécurisant sont des conditions souhaitables, mais pas toujours faciles à réunir.

La psychothérapie trouve ici une de ses indications majeures : psychothérapie de soutien, parfois, ou mieux psychothérapie d'inspiration analytique. L'angoisse n'est pas supprimée, mais mieux contrôlée, donc mieux supportée.

L'ANGOISSE DANS L'ÉCRITURE

L'angoisse échappe au juste milieu et se manifeste en termes de trop ou de trop peu : trop ou trop peu d'appui, trop ou trop peu de blancs. De même que le comportement de l'anxieux, qui exagère toujours dans un sens ou dans l'autre.

Le trait : Trop noir, sombre, lourd (le cœur lourd, dont parle Pulver), engorgé, poché, il exprime l'enlisement. Trop clair, trop léger, sans appui, il dit la crainte, l'impressionnabilité, l'inhibition.

Le rythme : Stagnant, qui n'avance pas ; parfois fuyant, évanescent, qui n'ose pas affronter.

La forme : Ou bien elle manque de structure : formes fœtales, formes orales, molles, en surface, crénelées, défaites, ou bien elles sont trop structurées, avec des traits inutiles, des jambages supplémentaires, des boucles superflues, des traits qui se prolongent sans élan.

On cite aussi les torsions comme signe d'anxiété : elles se voient chez les enfants ou à l'adolescence, et peuvent être considérées comme un manque d'affirmation de soi.

La direction : Une écriture trop couchée traduit le besoin de s'appuyer sur autrui. Trop renversée, au contraire, c'est l'appréhension de ce qui va advenir.

La continuité : L'anxiété va presque toujours dans le sens de la coupure, de la rupture de la continuité : rythme syncopé, trait haché, fragmenté, écriture juxtaposée.

L'ordonnance : Trop dense, sans espacements, l'écriture traduit la peur du vide, le besoin de se cramponner, de se raccrocher, d'obturer tout ce qui peut déboucher sur l'inconnu.

Avec trop de blancs, c'est le sentiment de solitude, d'abandon, de difficulté à communiquer ; c'est l'inhibition ; c'est renoncer à faire, à dire.

Parmi les *petits signes,* il faut noter les virgules et accents noirs, lourds, acérés, verticaux, qui traduisent une agressivité dirigée contre soi.

L'anxiété est chose si banale, surtout dans notre civilisation urbanisée, compétitive, stressante, qu'un graphologue a peu de chances de se tromper en décelant une trace ou des traces d'anxiété.

Plus intéressant, nous semble-t-il, serait de rechercher sous quelle forme va se manifester cette anxiété, par quelles modalités de comportement elle risque de se traduire concrètement.

Les signes « en moins », tels le trait léger, le rythme stagnant, les formes évanescentes, mal structurées, l'importance des blancs, traduisent l'anxiété « orale », celle du tout-petit qui a d'autant plus peur qu'il est incapable de faire quoi que ce soit. C'est l'angoisse impuissante qui abdique, renonce, appelle au secours.

Les signes en « plus », tels le trait lourd, poché, le rythme contraint, tendu, les formes fermées, enroulées, les traits surajoutés, la page noircie, remplie, sans aération, sont l'indice d'une anxiété « anale », celle de l'enfant qui déjà peut faire quelque chose, qui se méfie, surveille, se protège, bloque les issues ; l'enfant qui cherche la protection d'un plus fort, qui se tracasse, rumine, organise déjà une défense.

NÉVROSE D'ANGOISSE (ÉCRITURES)

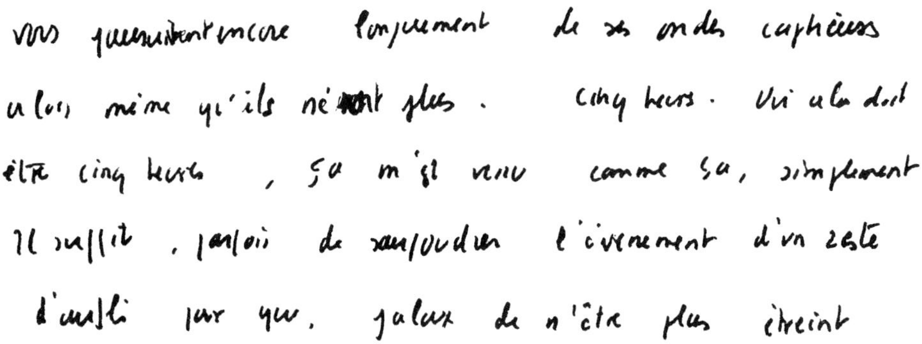

Homme, vingt-trois ans, état dépressif, angoisse. Niveau culturel évolué. Nerveux, très timide, anxieux, sacrifice de la vie affective au profit d'une exigence professionnelle. Culpabilité et tendance obsessionnelles, mauvaise relation parentale, éducation très contraignante.

Écriture : petite, bâtonnée, très espacée entre les mots, pression noire et pochée, sobre, simplifiée, retouchée, descendante. Le graphisme traduit bien les difficultés de contact du scripteur, et l'angoisse profonde qui remonte à la première enfance.

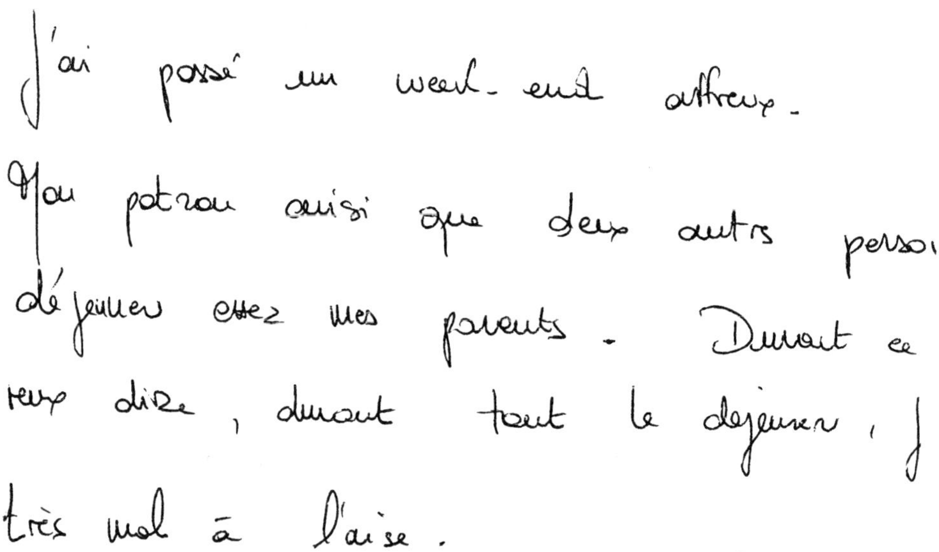

Femme, trente ans, divorcée, d'origine algérienne, éducation très stricte (interdiction de sortir l'après-midi). A quatre frères qui avaient, paraît-il, tous les droits. Est très angoissée, s'estime « complètement bloquée ».

Écriture : à rebours, jointoyée, surélevée, espacée entre les mots, pression spasmodique. Le niveau général est assez évolué, mais la scriptrice, comme moyen de défense, s'est repliée sur elle-même en privilégiant la sécrétivité pour éviter les heurts avec l'entourage.

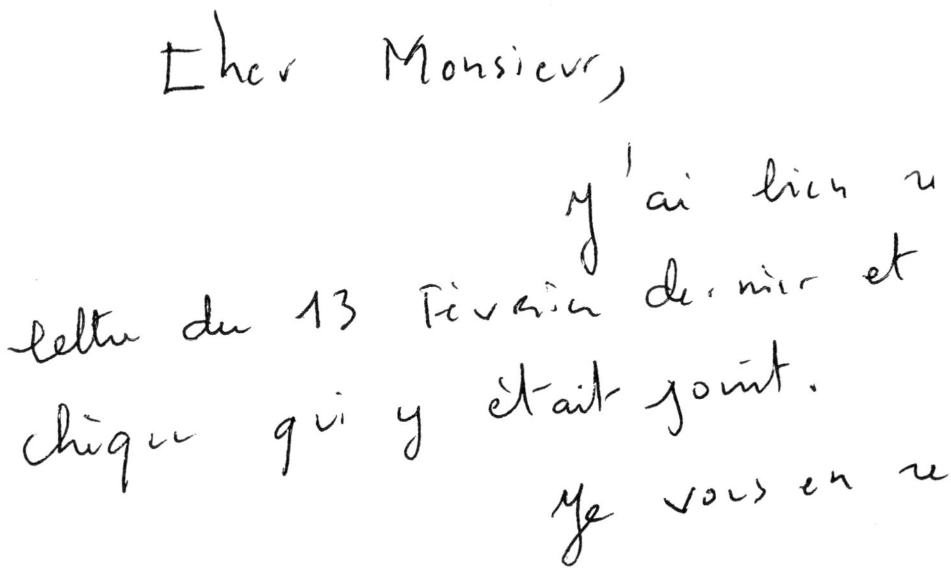
Cher Monsieur,
J'ai bien re
lettre du 13 février dernier et
chèque qui y était joint.
Je vous en re

Femme, trente et un ans, névrose d'inhibition, masochisme, angoisse. Mariée, un enfant, l'anxiété remonte à l'enfance et est liée à un problème parental (mère distante, père très sévère : a été battue...).

Écriture : petite, espacée, spasmodique, cabossée, tordue, grandes virgules. La scriptrice possède un bon niveau général, une pensée claire, mais la nervosité et le manque d'aisance se traduisent dans les crispations du trait. Par ailleurs, la marge sociale respectée à l'extrême montre que la scriptrice a été « suréduquée » et n'est pas arrivée à dépasser les contraintes imposées par l'autorité parentale.

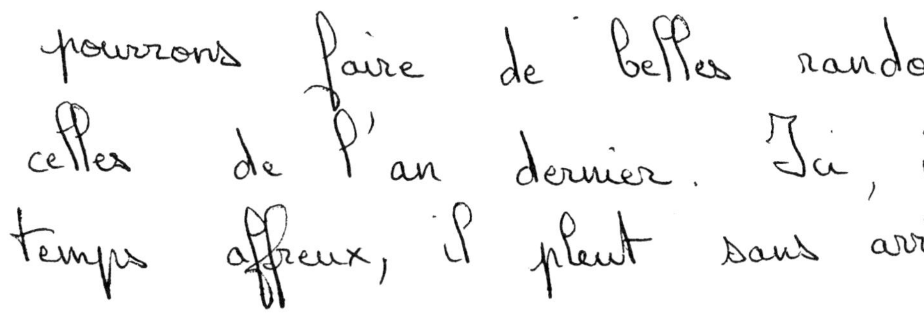
pourrons faire de belles randon
celles de l'an dernier. Ici, i
temps affreux, il pleut sans arr

Jeune fille, dix-neuf ans, étudiante, énorme inhibition, très timide, névrose de contrainte.

Écriture : renversée, spasmodique, prolongée haut et bas, espacée, « rythme cassé ». Le graphisme traduit une insatisfaction qu'elle n'arrive pas à vivre et la répression de tout sentiment affectif. Est agressive parce que frustrée, et l'émotivité est bloquée.

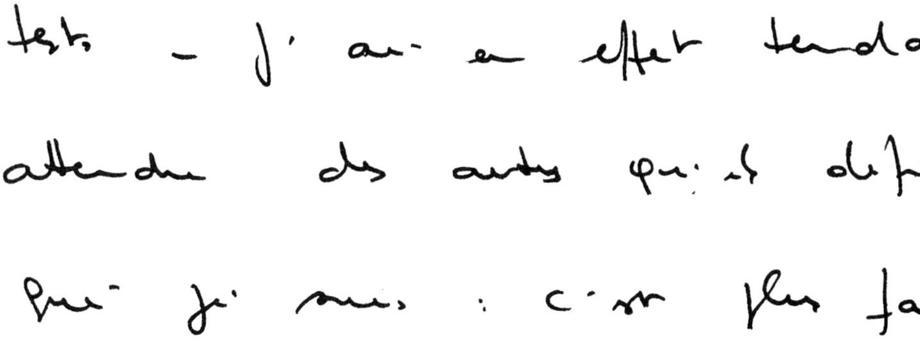

Homme, trente-sept ans, névrose d'angoisse, divorcé, problèmes sexuels. Au Rorschach, l'image père est terrifiante, et la mère est ressentie comme virile. L'anxiété remonte à l'enfance (parents partaient sans prévenir).

Écriture : étalée, filiforme, simplifiée, espacée entre les mots, imprécise. L'angoisse se traduit ici par une tendance à la fuite au moyen d'expédients (alcool éventuellement).

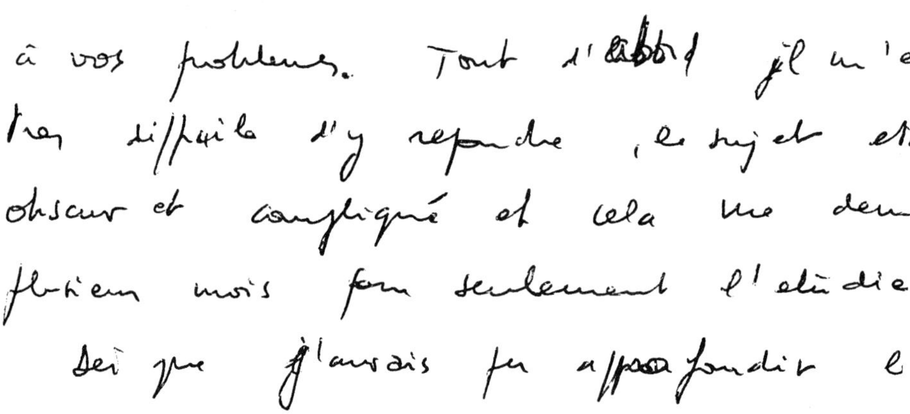

Homme, quarante ans, névrose d'angoisse, dysmorphophobie, peur qu'on le regarde, tout le fait trembler. Culpabilité, problèmes sexuels.

Écriture : rapide, simplifiée, constamment retouchée, zone médiane amenuisée. Le sentiment de soi est ici très perturbé : on note une labilité émotionnelle, une analité renforcée et une angoisse culpabilisante.

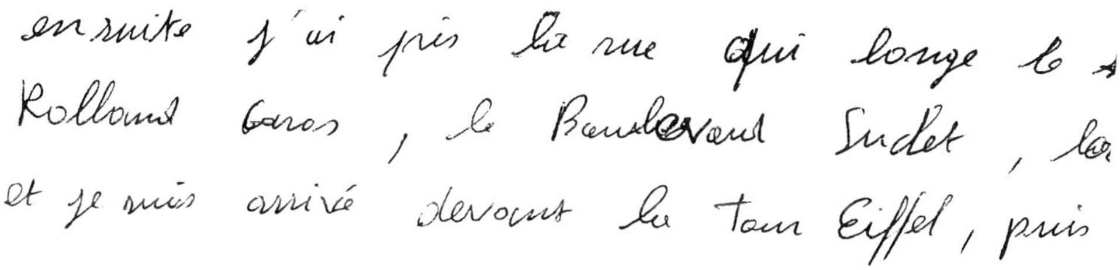

Homme, dix-neuf ans, fils unique, névrose d'inhibition. QI = 115. Opposition vis-à-vis du père, affectivité brisée et très opposante à la fois, immaturité intellectuelle, la pauvreté de l'environnement a contribué au retard scolaire.

Écriture : saccadée, malhabile, retouchée, tempérament nerveux. Le graphisme traduit l'anxiété et les réactions d'irritabilité sont la conséquence de la frustration.

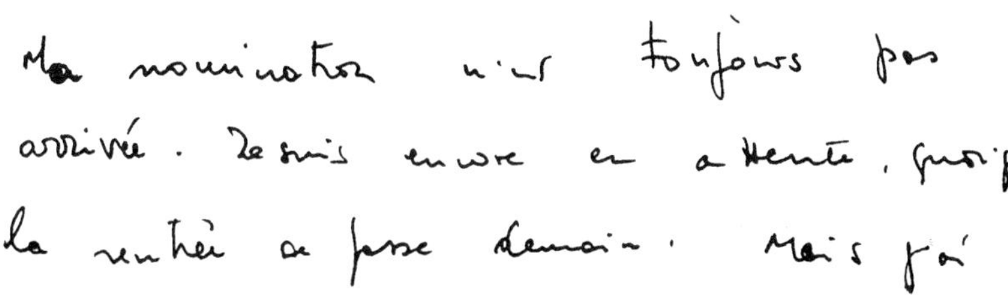

Homme, quarante ans, niveau culturel très évolué, d'origine israélite, famille très persécutée pendant la guerre, névrose d'angoisse.

Écriture : retouchée, très inégale, nouée, filiforme, sinueuse, descendante. Malgré son intelligence et sa vivacité d'esprit, le scripteur n'arrive pas à surmonter son anxiété justifiée par des traumatismes graves liés à son passé.

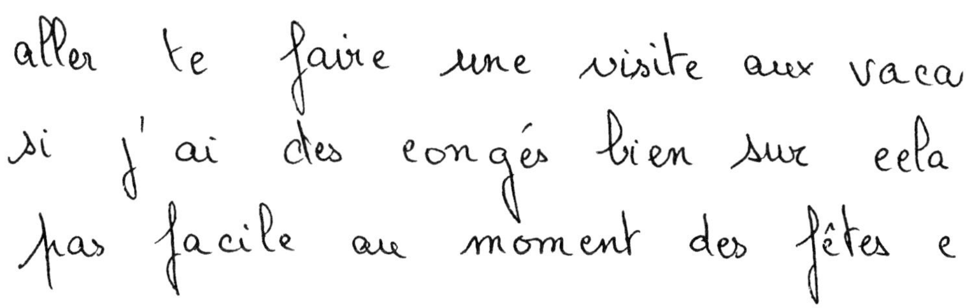

Jeune fille, vingt-six ans, névrose d'angoisse, structure hystéroïde, pathonimie, excoriations. A des poussées de boutons sans cause apparente si contrariée, parents agriculteurs.

Écriture : claire, précise, formes encore assez scolaires, grands espacements entre les mots. Le graphisme ici est peu « parlant », si ce n'est qu'il révèle des difficultés de contact, et de l'insatisfaction (prolongements des hampes et jambages). Le problème est caractériel et s'exprime davantage dans les tests.

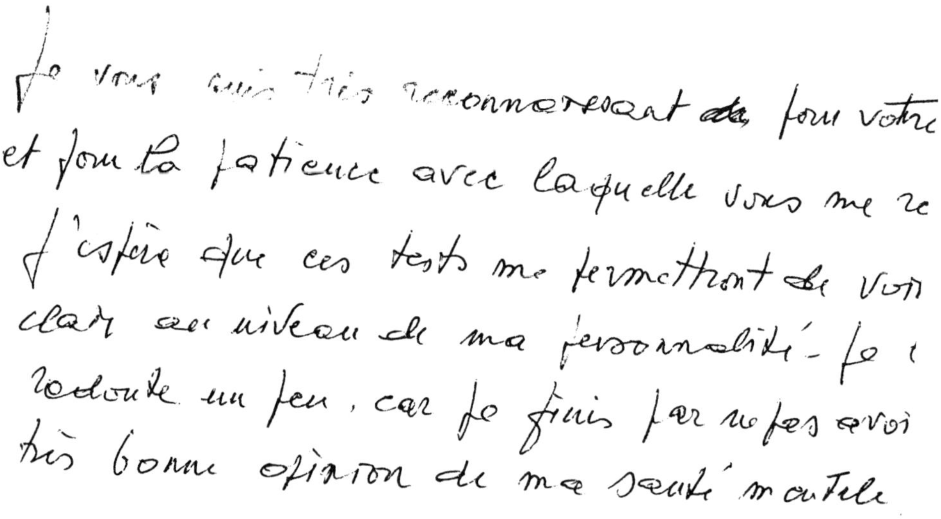
Je vous suis très reconnaissant pour votre
et pour la patience avec laquelle vous me re
J'espère que ces tests me permettront de voir
clair au niveau de ma personnalité. Je
redoute un peu, car je finis par ne pas avoi
très bonne opinion de ma santé mentale

Homme, cinquante-neuf ans, névrose d'angoisse. Très dépressif depuis longtemps, souffre d'anxiété et d'un état émotif. Images parentales problématiques.

Écriture : très jointoyée, régressive, retouchée, trait net et spasmodique, « nouée ». Sujet psychasthénique, forte tension intérieure, scrupules anxieux et « moi du dressage » aux test de Szondi. Le graphisme traduit bien les blocages du sujet, sa nervosité et ses difficultés d'expression.

3.

NÉVROSE PHOBIQUE

L'angoisse flottante, vague, des états anxieux peut se focaliser sur un objet ou une situation qui provoque la frayeur. Ces objets ou ces situations ne sont pas dangereux en eux-mêmes, en tout cas pas assez pour justifier une telle crainte. Le phobique a parfaitement conscience du caractère excessif, pathologique, de son appréhension. Il lui est néanmoins impossible de maîtriser son émotion qui peut aller jusqu'au malaise et à l'évanouissement.

Une phobie consiste en une crainte intense et injustifiée d'un objet ou d'une situation que le sujet s'efforce en conséquence d'éviter par n'importe quel moyen. On distingue les phobies simples, qui se produisent en présence de l'objet ou de la situation phobogène, les craintes phobiques où la peur subsiste en l'absence de l'objet redouté (peur de la maladie, par exemple), et les phobies d'impulsion ou crainte de commettre un acte blâmable. Ces dernières s'apparentent plus à l'organisation obsessionnelle qu'à la névrose phobique.

On peut distinguer : les *phobies d'objets* (objets pointus ou coupants, tissus pelucheux), les *phobies de petits animaux* (araignées, souris), les *phobies de situation,* dont la plus connue est l'agoraphobie (peur des espaces libres et des lieux publics) avec son opposé la claustrophobie (peur des espaces clos). Très fréquente aussi, la phobie des moyens de transport (ascenseurs, trains, métro et surtout avion).

Et enfin les *phobies sociales* : peur de parler, de paraître, de manger en public, peur de trembler, de rougir, peur des examens.

Certaines phobies sont banales (araignées) et peu gênantes, car il est facile d'éviter l'objet ou la situation phobogène. D'autres peuvent en revanche constituer une gêne sociale ou professionnelle invalidante, malgré le recours aux conduites de réassurance, d'aménagements, aux stratagèmes tels que se cramponner à une canne ou un parapluie, se faire accompagner. Certains phobiques ont recours à l'alcool ou aux tranquillisants avant d'affronter une situation phobogène.

Causes

Certaines phobies ne sont qu'un reliquat des peurs enfantines (peur des animaux, peur de l'obscurité...). D'autres peuvent s'être constituées à partir de situations angoissantes réelles vécues précédemment. Certains stimuli créent un rappel de la situation passée qu'ils réactualisent.

D'autres sont le résultat d'un refoulement, selon la théorie élaborée par Freud à partir de l'histoire du petit Hans, l'enfant qui avait peur des chevaux. Dans ce type de cas, ce qui est redouté, c'est la castration, ou punition de désirs interdits, mais le désir est refoulé et déplacé, ce qui empêche de le reconnaître.

Traitement

En dehors du traitement de la personnalité anxieuse sous-jacente, le traitement des phobies peut faire appel soit aux méthodes comportementales, soit aux méthodes psychanalytiques.

La psychanalyse ou les psychothérapies d'inspiration psychanalytique donnent des résultats, mais demandent du temps.

Lorsqu'une phobie est isolée et gênante, on a recours au traitement de déconditionnement : le ou les sujets, car ces traitements se font souvent par groupe, sont immergés dans la situation phobogène, d'abord par la pensée et la représentation imaginaire, puis de façon réelle, jusqu'à s'immuniser progressivement. Les résultats seraient favorables dans des proportions de 60 à 66 pour 100 des cas. C'est un peu la méthode des sportifs qui conseillent de repartir aussitôt après la chute ou l'accident.

Graphologie

Autant il est facile de déceler l'anxiété ou l'angoisse dans l'écriture, autant il est difficile de savoir si cette angoisse se manifeste ou non de façon phobique.

Les écritures qui correspondent à des phobies simples, mobiles, fugaces, reliquats des peurs enfantines, sont des écritures orales, faibles, immobiles, flottantes, légères, crénelées, vulnérables, ne présentant pas ou peu de signes d'agressivité.

Les écritures qui correspondent à des phobies plus fixes, relevant davantage d'un processus obsessionnel, seraient plus contraintes, plus serrées, avec peu d'espaces vides, des traits de liaison tendus. Il s'agit de personnalités qui refoulent, bloquent. On trouve des signes de culpabilité (noircissements, surcharges), des signes d'agressivité, d'auto-agressivité (traits plongeants en fin de mot, virgules acérées).

NÉVROSE PHOBIQUE (ÉCRITURES)

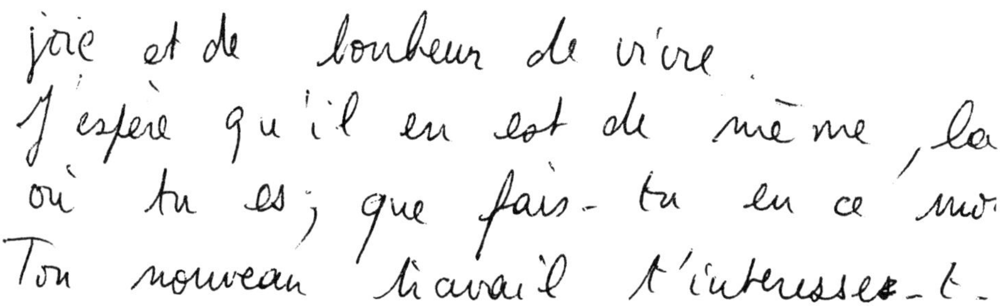

Jeune fille, dix-sept ans, névrose phobique, est en terminale. Parents italiens, de condition modeste.

Écriture : claire, rapide, étrécie, assez grandes virgules et « cheminées » (blancs verticaux entre les mots). Personnalité introvertie et tempérament nerveux ; petite angoisse sexuelle et désir d'échapper dans le rêve à une réalité médiocre, mais bon niveau intellectuel et désir de s'en sortir.

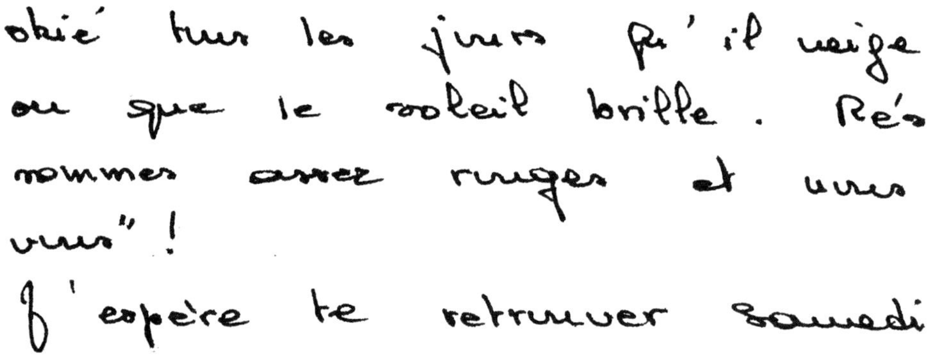

Jeune fille, vingt ans, phobies multiples : peur des oiseaux, des souris, des araignées, des reptiles, des poissons vivants, etc., et peur du jugement des autres. A été battue dans son enfance.

Écriture : redressée, nourrie, jointoyée, assez espacée entre les mots. La scriptrice se tient sur la défensive (écriture redressée), redoute les contacts (espacements entre les mots), et essaie de « s'en tirer » par une certaine ruse (écriture jointoyée).

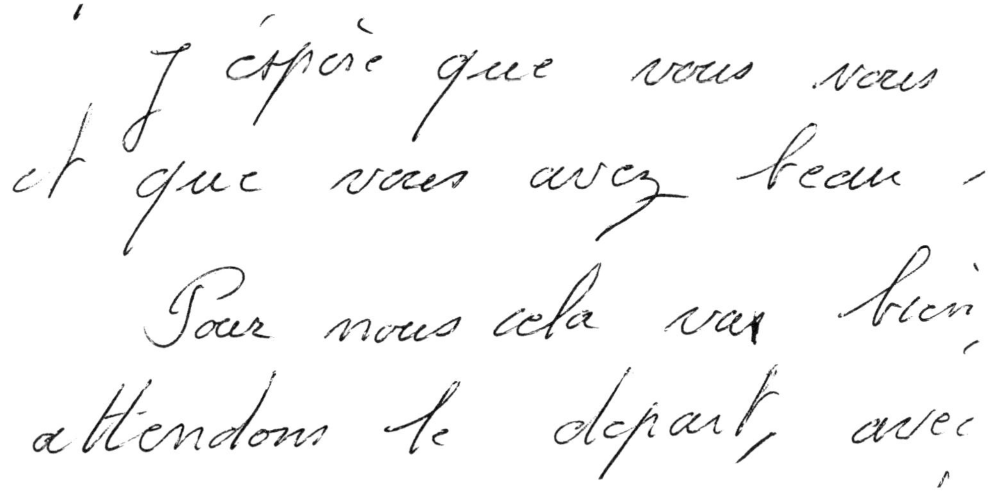

Femme, trente-huit ans, névrose phobique (peur des couteaux et des araignées, des serpents, des ascenseurs), très superstitieuse. A des angoisses et a fait plusieurs dépressions nerveuses, divorcée, remariée.

Écriture : niveau général fruste, grandes virgules, blancs entre les mots, marge de droite grandissante.

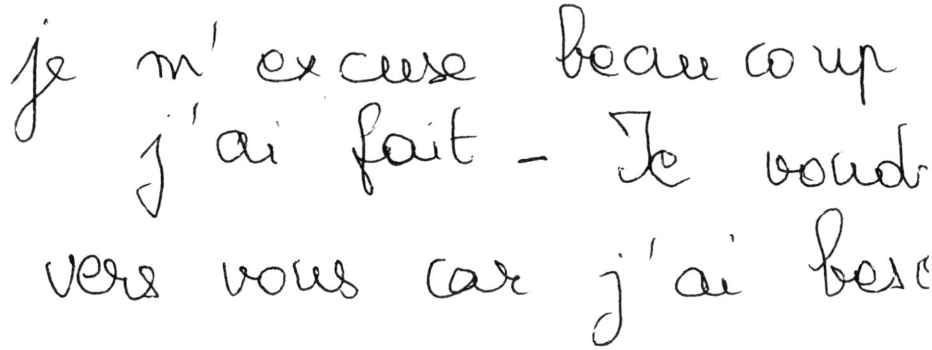

Jeune fille, vingt-neuf ans, claustrophobie et eczéma, est jardinière d'enfants, a peur de la foule.

Écriture : lente, enfantine, malhabile, crispée, très espacée entre les mots. La scriptrice, au test de Szondi, donne des réactions de panique (e- hy-). A une très mauvaise relation avec sa mère et fait sans cesse des cauchemars.

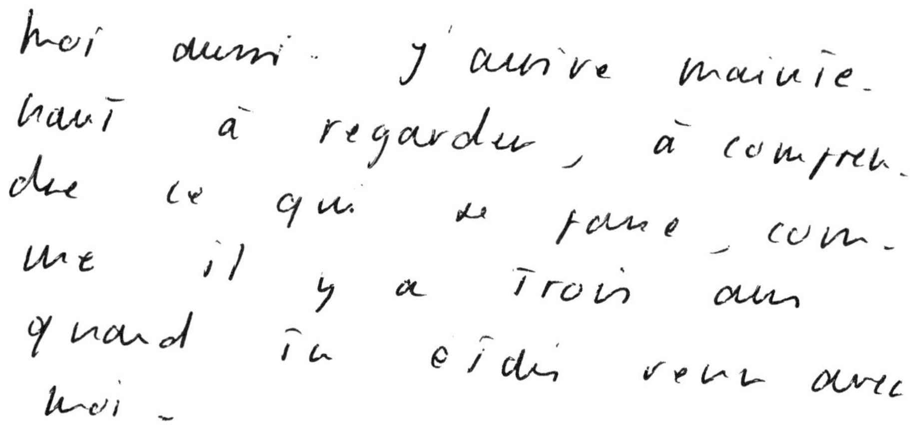

Jeune fille, dix-huit ans, petite note phobique et difficulté d'intégration, et compensation orale (boulimie).

Écriture : sobre, simplifiée, claire, descendante, très espacée entre les mots avec des cheminées (blancs verticaux). Personnalité émotive et très intériorisée, sens esthétique mais apports d'inconscient trop importants et mal contrôlés, tendance à l'utopie et au fantasme.

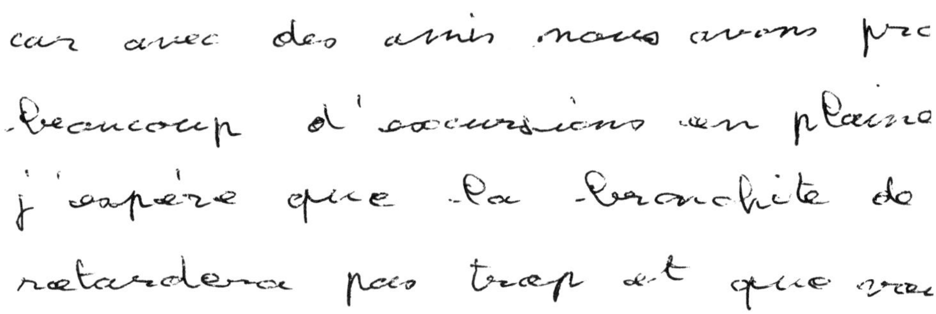

Jeune homme, quinze ans et demi, hystérie, phobie, peurs irraisonnées et imaginaires.

Écriture : très saccadée et discordante, crispée, acérée. Le graphisme très bloqué manque de souplesse et traduit les craintes diffuses. Le manque d'information sexuelle engendre la culpabilité.

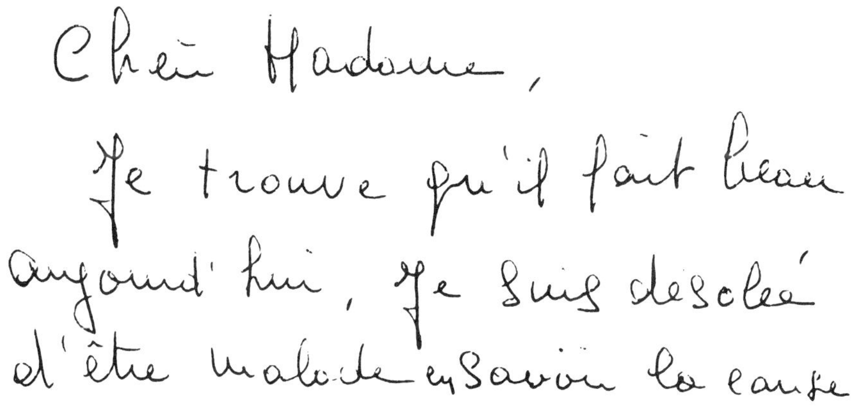

Femme, cinquante ans, hystérophobie et agoraphobie (peur de traverser des espaces, avec manifestations d'angoisse, malaises, vertiges).

Écriture : surélevée, jointoyée, légèrement descendante, trait net et spasmodique, descendante. Le graphisme révèle des tendances imaginaires marquées : de l'immaturité et une tendance dépressive.

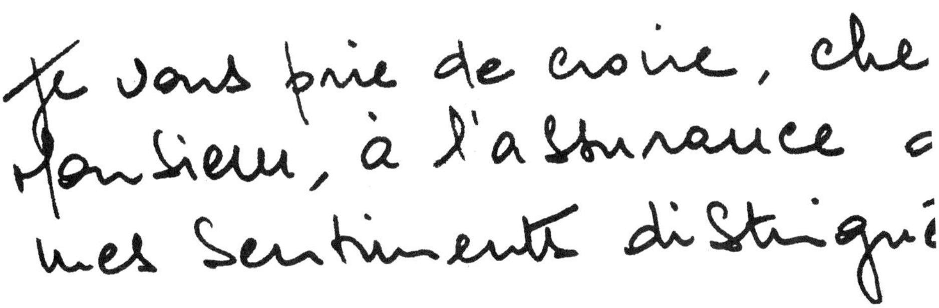

Femme, trente-sept ans, d'origine étrangère, hystérophobie.

Écriture : nourrie, jointoyée, tendance au filiforme dans le mot, barres de *t* lancées. Personnalité excessive, attirée par ce qui l'effraie avec tendance à brûler les signaux, impulsivité, sexualité et narcissisme.

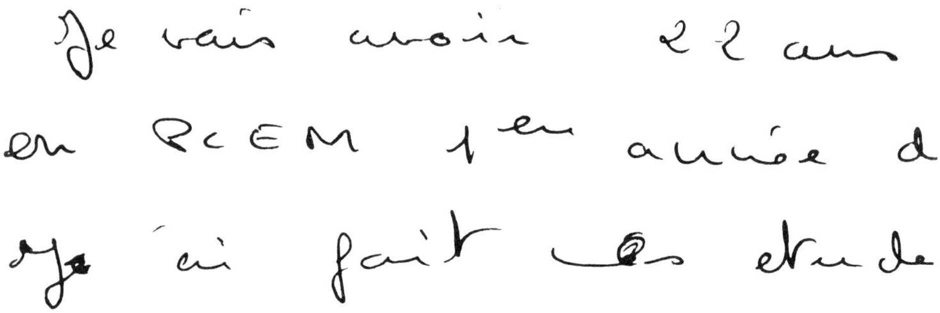

Jeune homme, vingt-deux ans, névrose phobique avec tendance obsessionnelle, peur du contact, s'isole (conduite d'évitement : traverse le trottoir pour éviter une rencontre). Pas de contact avec le père, relation infantile avec la mère.

Écriture : étalée, lâchée, filiforme, simplifiée. Le complexe de fuite se voit dans les *n* complètement écrasés et dans la tendance au filiforme.

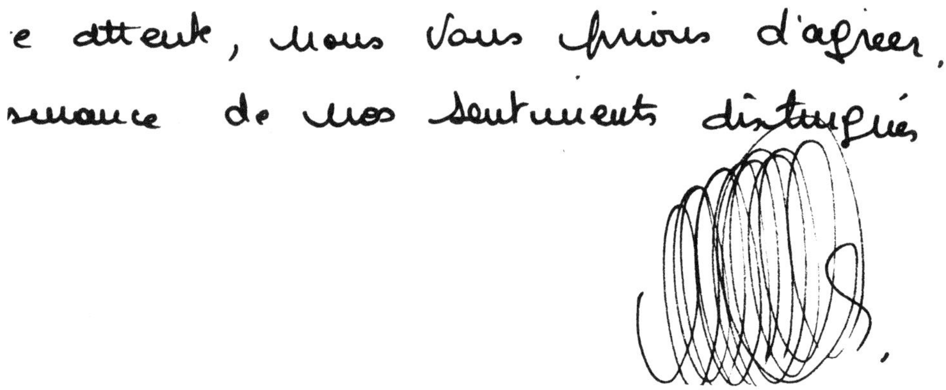

Femme, trente-cinq ans, mariée, un enfant. A la phobie du cancer, rien que d'y penser lui donne des malaises. Ses peurs remontent à l'enfance (peur du diable). A un bon niveau culturel.

Écriture : en guirlande, nourrie, traits initiaux en courbe, jambages amenuisés, certains oves jointoyés.

La signature « en boudin » (que nous avons pu reproduire, car elle est illisible) est significative des problèmes de la scriptrice qui est comme « enserrée » dans un écheveau dont elle n'arrive pas à démêler les fils. La tendance à la persévération se voit dans ces cercles imbriqués, et l'on comprend mieux pourquoi la malade ne peut se débarrasser de l'idée obsédante.

4.

HYSTÉRIE

PERSONNALITÉ HYSTÉRIQUE PERSONNALITÉ HISTRIONIQUE

L'hystérie se décrit au féminin. Comme son nom l'indique, elle est, depuis l'Antiquité, associée à la vie génitale de la femme (du grec *hustera* = utérus). A travers les explications hésitantes qu'on en donnait se faisait jour la notion d'une insatisfaction sexuelle, notion aussi bien admise comme une évidence chez Charcot que chez Freud.

On sait aujourd'hui que l'hystérie se rencontre aussi chez l'homme, mais beaucoup moins fréquemment que chez la femme. Elle y est aussi moins typée, moins riche, et d'ailleurs s'accompagne souvent d'une certaine féminisation.

L'hystérie peut être considérée comme la névrose type, névrose du désir, de la relation, où la demande vraie est refoulée et ne s'exprime qu'à travers une mise en représentation. C'est aussi un langage du corps, où celui-ci est chargé de dire, de donner à voir ce que le langage ne peut verbaliser.

Les manifestations de l'hystérie sont difficiles à cerner, car plastiques, malléables, changeantes, se modulant d'après le contexte socioculturel. L'hystérique se place dans le champ du désir de l'autre, et cherche à répondre à l'attente qu'elle croit deviner.

Les symptômes de la névrose consistent en crises paroxystiques d'une part, en « conversions » d'autre part.

Les grandes crises convulsives de jadis n'ont plus leur place dans notre société scientifique et sont remplacées par des manifestations plus discrètes : crises de nerfs, scènes, crises tétaniformes, crises de larmes ou de sanglots.

Quant aux conversions, sans être l'apanage de la seule hystérie, elles n'en constituent pas moins un des symptômes classiques. Il s'agit de troubles physiques réversibles, sans lésions organiques sous-jacentes. Ces conversions ont pour fonction de supprimer l'angoisse sous-jacente née d'un conflit inconscient, et en même temps de l'exprimer sous une forme symbolique, énigmatique. Ces conversions concernent donc plus volontiers les fonctions de la vie de relation : vue, ouïe, voix, motricité. Ici encore, les progrès de la médecine déjouent les pièges des paralysies inexplicables, des surdimutités soudaines, des cécités d'autrefois, mais les variantes et les formes dégradées sont nombreuses : aphonies, toux, douleurs abdominales, etc. Éminemment suggestible, l'hystérique reproduit inconsciemment ce qui la frappe, les maladies dont elle est le témoin, y compris parfois des symptômes psychiatriques.

LA PERSONNALITÉ HYSTÉRIQUE

Elle fait tout pour retenir l'attention, et elle y réussit, aussi a-t-elle fait couler beaucoup d'encre.

Caractérisée par une émotivité à fleur de peau, une réactivité immédiate aux situations, une plasticité qui donne un comportement labile, imprévisible, une grande demande affective qui va de pair avec une volonté permanente d'attirer l'attention, de séduire si possible, ou du moins de provoquer, de se faire plaindre, une effervescence imaginative qui pousse à inventer, à fabuler, à dramatiser, l'hystérique mène sa vie comme une représentation théâtrale où elle se donne les rôles qui lui semblent les plus avantageux. Entre les enjolivements et les oublis, elle recrée l'histoire qui lui convient.

Cette conduite qui vise à séduire, et souvent sur un mode érotisé, a conforté la thèse de l'insatisfaction sexuelle de mise autrefois. Pourtant l'hystérique est froide, elle se dérobe devant la réalisation de la relation sexuelle qu'elle a semblé provoquer et souhaiter. Tout est factice, fugace, inauthentique dans cette personnalité qui ne sait pas elle-même ce qu'elle veut au juste. Les manifestations en sont parfois amusantes à observer, plus souvent irritantes ou exténuantes pour l'entourage réduit au rôle de spectateur manipulé.

L'humeur est variable, instable, passant de la surexcitation à la dépression. Les tentatives de suicide prennent une allure de chantage affectif qu'on aurait tort cependant de ne pas prendre au sérieux, en raison du risque d'escalade.

Il en est de même des fugues, si fréquentes chez la jeune fille en conflit avec sa famille.

Il y a chez l'hystérique, avec une volonté de puissance qui ne tolère ni rivalité, ni contradiction, ni obstacles, une agressivité tantôt manifeste, tantôt masquée, qui se traduit par une multitude de vexations, d'égratignures, de parolcs désagréables, en contraste avec les attitudes de séduction.

A côté des hystériques confirmées, dont le caractère névrotique est franchement pathologique, il existe des formes beaucoup plus acceptables. De simples traits de caractère hystérique se rencontrent chez des personnalités non pathologiques, auxquelles ils confèrent du charme et du piquant, une aptitude à la vie de société. Les graphologues utilisent volontiers le qualificatif d'hystéroïdes pour désigner ces traits de caractère, qui suggèrent une adaptation rapide et facile aux situations comme aux interlocuteurs.

Le DSM III préfère le terme de personnalité histrionique pour désigner ce comportement dramatisé, hyper-réactif et intensément exprimé.

De la personnalité hystérique on peut rapprocher la personnalité passive-dépendante, ou la personnalité abandonnique. Il s'agit d'individus, surtout des femmes, très demandeurs en matière de relations affectives. Ils ont besoin de savoir qu'on les aime, qu'on les apprécie, qu'on tient à eux. Ils sont très sensibles au moindre signe de dépréciation, de critique, à la moindre menace de séparation. Leur exigence est sur ce point inépuisable : il leur faut sans cesse se rassurer par la notion d'une image flatteuse d'eux-mêmes renvoyée par les autres. La déception les rend agressifs, et en fait également des candidats aux réactions dépressives.

L'hystérie chez l'homme

Longtemps méconnue, elle se borne souvent à certains traits de caractère. Elle se présente soit sous la forme de la personnalité histrionique, très extravertie, fanfaronne, cabotine, où les allures conquérantes et avantageuses servent à masquer la faiblesse intérieure et le doute sur les réelles capacités, soit encore sous la forme plus fragile, plus féminine, émotive et sensible de l'artiste attiré par la vie de société et par le côté représentatif de cette vie.

Psychanalyse

On connaît l'explication que Freud a donné de l'hystérie à propos du cas de Bertha Pappenheim sous le nom de Anna O. Ce fut le premier cas qu'il publia avec Breuer. Il insiste sur le traumatisme sexuel de l'enfance (séduction) et sur l'importance du refoulement qui repousse dans l'inconscient le souvenir traumatisant.

Le schéma serait celui de la petite fille placée entre un père séducteur et une mère rivale et interdictrice.

C'est le thème du conte de fées : une princesse a pour père un roi puissant qui la chérit et ne demande qu'à lui faire plaisir. Mais il y a une marâtre, jalouse, méchante, qui s'interpose et veut évincer la princesse. La princesse doit attendrir et charmer son père, s'en faire un allié, mais non un époux.

Il y a toujours chez l'hystérique un refoulement de la sexualité génitale, ressentie comme redoutable ou culpabilisante, et une fixation à une sexualité plus infantile vécue sous le mode d'avidité orale (obtenir beaucoup), et de séduction narcissique (se faire admirer). La mère joue un rôle interdicteur. De fait la mère a souvent, vis-à-vis de la sexualité de sa fille, une attitude réprobatrice ou inquiète, qui l'incite à multiplier les mises en garde, les avertissements lourds de menaces. La petite fille puis la jeune fille doit plaire sans satisfaire, représenter sans réaliser. Plus tard, elle ne veut s'identifier ni à la mère dont elle refuse l'image, ni au père qu'elle ne veut pas renoncer à séduire et manipuler à ses fins. Elle veut être homme par le pouvoir et femme par le charme. Cette indécision se traduit dans son écriture.

Évolution

L'hystérie débute à l'adolescence, évolue par crises selon les événements et les circonstances. Elle peut s'estomper ou persister. Le milieu, l'attitude de l'entourage a son importance : s'il se laisse impressionner, les symptômes ont tendance à se pérenniser. Une attitude de rejet n'est pas non plus souhaitable. La fermeté bienveillante constitue un idéal, mais difficile à réaliser et surtout à maintenir devant les ressources inventives de l'hystérie. Toutefois, au fil des années, les manifestations se font moins spectaculaires et s'orientent plutôt vers une note plaintive hypocondriaque et dépressive.

Adaptation professionnelle

L'hystérique s'adapte vite et bien à ce qu'elle devine dans l'attente de son interlocuteur. La première impression est donc le plus souvent favorable ou très favorable.

Elle aime réussir, elle a donc de fortes motivations. Mais elle est individualiste, joue son propre jeu, n'a pas l'esprit d'équipe, s'ennuie vite dans un travail de routine, ne supporte pas la solitude.

Elle aime la multiplicité des contacts, réagit bien aux situations imprévues, et même aux situations de crise où elle se sent survoltée. Elle convient là où elle peut se mettre en valeur et obtenir des avantages.

Si la note hystérique est trop marquée, on se trouve aux prises avec un excès de nervosité, des réactions émotives intempestives, une humeur instable, ainsi qu'à une fâcheuse tendance à créer du drame et des rivalités.

Graphologie

Impression générale

D'emblée on est frappé par la désinvolture avec laquelle le graphisme prend possession de l'espace et s'installe dans la page qu'il occupe sans vraiment la remplir.

La plume vole sur le papier, y trace des arabesques déliées qui tantôt s'éparpillent et tantôt se nouent en boucles, en lassos, tantôt gonflant les oves, soulevant des arcades majestueuses, tantôt s'effondrant en un fil insaisissable.

L'écriture tient de la place, mais en surface. Elle a de l'allure, mais manque de poids. Elle affirme, mais sans cohésion. Le trait est trop sec par rapport aux courbes douces, trop léger pour soutenir l'ampleur. Le mouvement s'élance avec rapidité, se courbe avec aisance, puis se casse ou se crispe.

Pourtant, à travers ces oppositions, l'écriture conserve une relative homogénéité : elle vit de ses contrastes et s'en fait une individualité.

Étude détaillée

Le trait est toujours léger, car rapide. Il effleure le papier.

Sec et tendu quand le refoulement est important. Léger et flou, évanescent quand domine l'anxiété ; léger, pâteux, moiré quand le scripteur subit l'imprégnation émotionnelle (trait des voyants), il est vibrant, spasmodique, avec des inégalités de pression.

Le rythme est inégal, heurté, fait d'une alternance de mouvements coulés et de brusques ruptures.

La forme : toutes les formes sont possibles, épousant modes et cultures, mais ce sont toujours des formes orales, en surface, souvent aussi des formes spectaculaires, avec recherche d'esthétisme.

Souvent aussi les formes sont labiles, avec du filiforme dans les mots (adaptation à tout prix), plastiques, polymorphes.

On trouve aussi des formes serpentines, qui, alliées au fil, renforcent l'impression d'un éparpillement insaisissable. Parfois au contraire on trouve des formes raidies dans un aspect conventionnel (le masque, la façade), ce qui est le fait des cas avec refoulement important.

L'ordonnance est désinvolte, personnelle, occupant l'espace et parfois l'envahissant, sans toutefois le remplir avec densité. Le blanc tient toujours une grande place, même à l'intérieur des mots, créant un manque de cohésion de l'ensemble.

Les dimensions sont relativement grandes, mais avec beaucoup d'inégalités. Certaines lettres sont gonflées, agrandies, d'autres petites ou très petites, ou effondrées, ou escamotées. Les majuscules sont presque toujours importantes.

La vitesse : les hystériques écrivent toujours très rapidement. Ils vivent au présent, leurs réactions sont vives et ils agissent sous le coup de l'émotion.

La direction : elle est rarement très maintenue, sauf dans les cas d'écritures raidies par le besoin de maintenir une façade.

Petits signes : lassos, boucles, courbes en serpent (les *s*), combinaisons astucieuses, acérations, surtout dans la zone supérieure (agressivité verbale), des surélévations, des verticales très prolongées en hauteur (volonté de puissance).

A travers les multiples aspects que donne au graphisme la plasticité de l'hystérique, on peut individualiser certains types plus fréquemment rencontrés :

L'histrionisme : monstre sacré, personnage spectaculaire qui fait de sa vie un théâtre permanent et y trouve sa satisfaction. L'écriture est grande, inégale, mouvementée, à grands prolongements, le trait est sec, spasmodique, l'ordonnance capricieuse.

Le profil narcissique : avec zone médiane importante, gonflée, enroulée sur elle-même.

Le profil « abandonnique » : avec zone médiane peu solide, crénelée, effondrée, trait flou, évanescent, rythme relâché (personnalités anxieuses, impressionnables).

Le profil revendicateur phallique : la raideur et l'importance des verticales contraste avec l'étalement filiforme de la zone médiane.

Enfin *le profil rigidifié ou obsessionnalisé, guindé :* c'est celui du masque, du souci de sauver la face : le refoulement est maximum, le trait est sec, tendu, les formes d'une élégance appliquée, le rythme tendu.

Ce sont des formes où les conversions et les retentissements psychosomatiques sont fréquents.

HYSTÉRIE (ÉCRITURES)

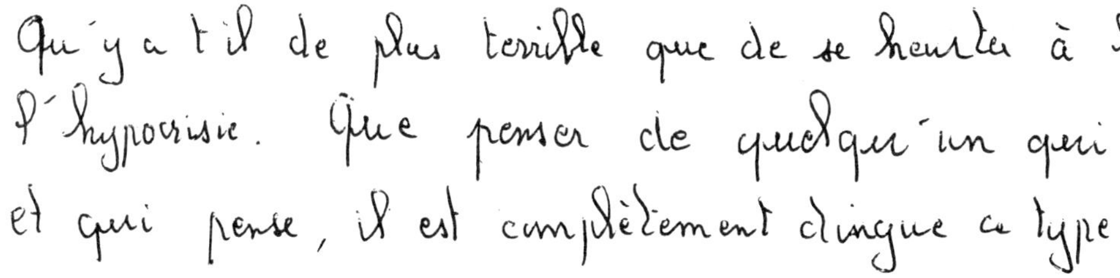

Homme, dix-huit ans, fils unique, tendance hystéroïde et mythomaniaque.

Écriture : étrécie, tordue, lente, en arcade, mots inégalement espacés. Personnalité immature qui compense dans le rêve ses insuffisances. Vit dans l'imaginaire (importance des hampes, faiblesse des jambages).

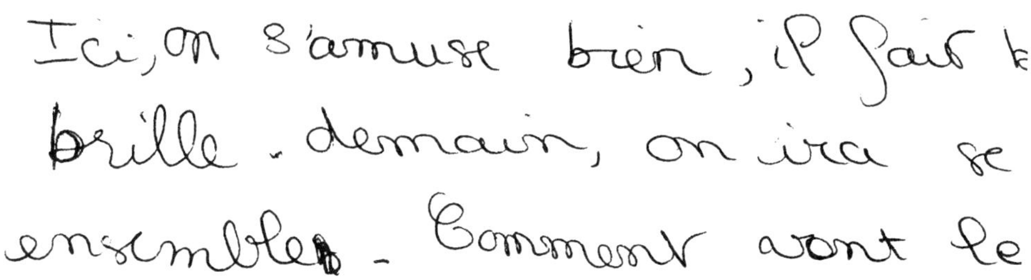

Jeune fille, dix-sept ans, très nerveuse, beaucoup d'angoisses. Tendance hystérique et psychopathie de type schizoïde.

Écriture : grande, en arcade, renversée, retouchée, jointoyée. Personnalité construite en opposition dès l'enfance, très immature, oralité importante, refus d'identification à la mère. Le réel est perçu mais refusé.

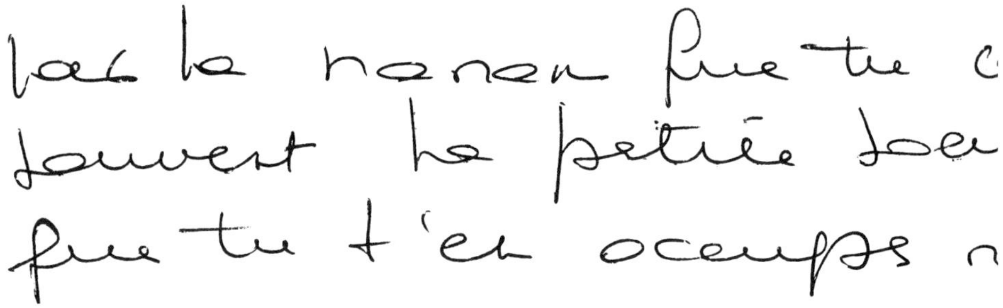

Femme, vingt-quatre ans, hystérie de conversion (œdème, insomnies). Problème de relation avec son père (jaloux, exclusif), crainte de lui déplaire, tendance dépressive.

Écriture : mouvementée, imprécise, nette, en arcade, lettres à rebours, barres de *t* cruciales. La scriptrice se sent castrée dans son besoin de puissance par la peur du jugement du père. Son corps traduit sa peur, et son écriture très « fabriquée » n'est qu'une fausse affirmation.

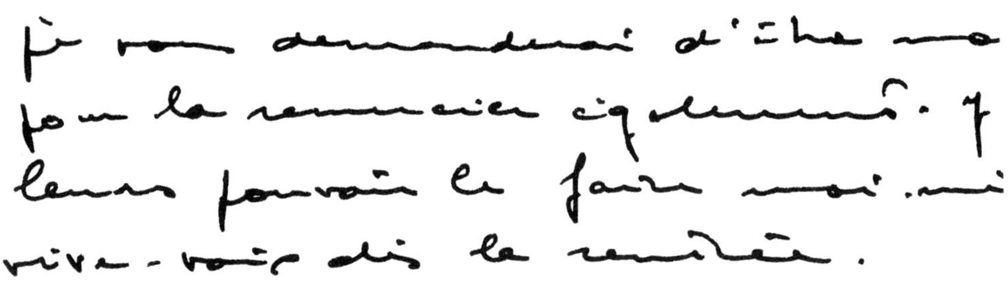

Homme, quarante ans, personnalité hystéroïde avec un fonds abandonnique.

Écriture : petite, zone médiane écrasée, filiforme, étalée, pochée, gros points noirs. Le graphique traduit l'angoisse et la fuite ; le test de Szondi révèle l'impulsivité et les tendances sadomasochistes (H $\pm$ S $\pm$).

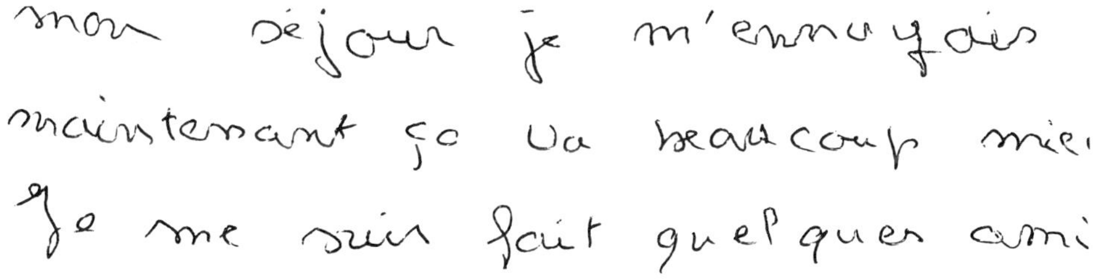

Jeune fille, dix-sept ans, hystérie d'angoisse, dépression hystérique pour échapper à un environnement familial très perturbé.

Écriture : la perturbation motrice importante est probablement due à la prise de médicaments (elle est sous anafranyl), également à une mauvaise insertion sociale. Le graphisme cabossé, tordu, descendant, révèle l'anxiété et l'immaturité, traits que l'on retrouve dans le Rorschach et le test de Szondi. Elle n'arrive pas à vivre son besoin de puissance, et l'hystérie se traduit plus sur le pôle anxieux que sur le pôle conversion.

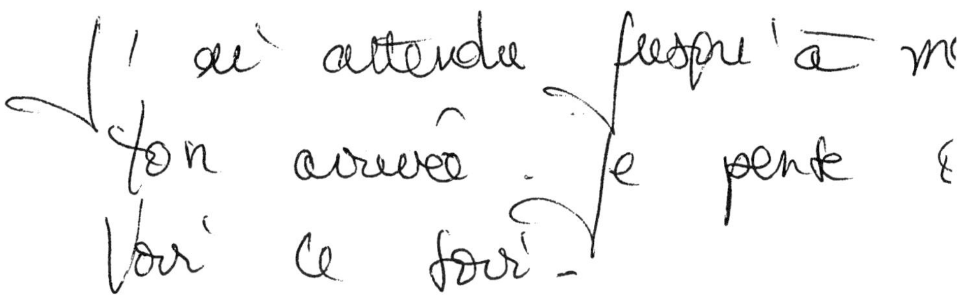

Jeune fille, quinze ans, fond hystérique et côté obsessionnel déjà structuré, difficultés de contact.

Écriture : grande, spectaculaire, jointoyée, spasmodique, espacée entre les mots. L'imagination prime sur le réel, et en même temps elle a tendance à ressasser ses difficultés. Elle « surcompense » sa frustration affective en essayant d'intellectualiser les problèmes.

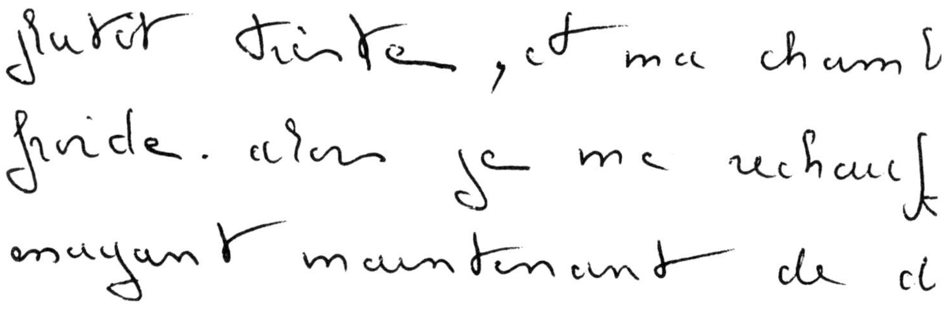

Jeune fille, vingt et un ans, hystérique, mythomane, théâtralisme. A des rougeurs et démangeaisons sans cause.

Écriture : redressée, spasmodique, acérée. L'impulsivité et l'agressivité se voient aussi bien dans l'écriture que dans le test de Szondi (S ı SO) : la scriptrice dit avoir toujours « une envie folle de casser de la vaisselle »... Il s'agit ici d'un cas d'hystérie vécue avec une affectivité immature et déplacée.

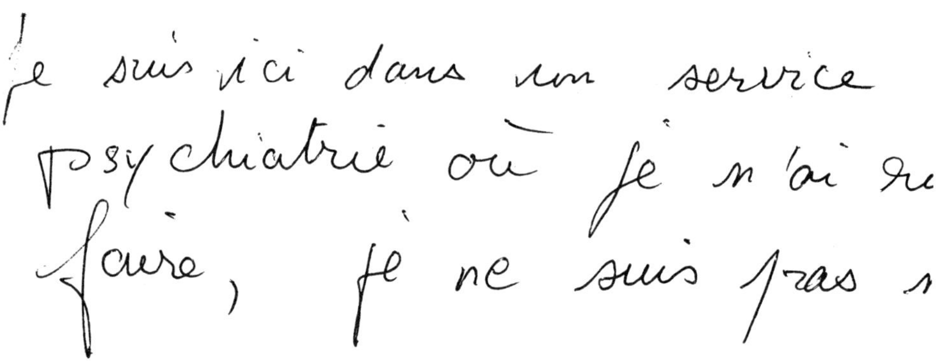

Jeune femme, trente ans, pithiatisme, oscille entre le pôle hystérique et le pôle maniaque, gros besoin de puissance. Parents divorcés, mère très sévère. A eu une dépression à la mort de sa grand-mère.

Écriture : prolongée haut et bas, lancée, grandes virgules, spasmodique. La nervosité et l'insatisfaction incitent la scriptrice à transformer le réel et à passer à l'acte de façon spectaculaire.

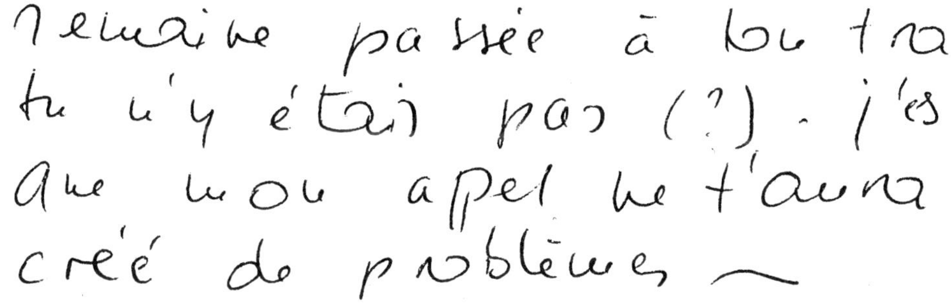

Femme, trente-trois ans, hystérie, phobie, crises d'angoisse, étouffement, phobie de l'avion, des araignées, des ascenseurs.

Écriture : stylisée, oves gonflés, en guirlande, type oral.

La scriptrice dit qu'elle ne supporte pas la frustration, or elle a été élevée d'une façon très sévère (moi du dressage K-P- au Szondi). Son graphisme traduit son avidité affective et ses difficultés existentielles.

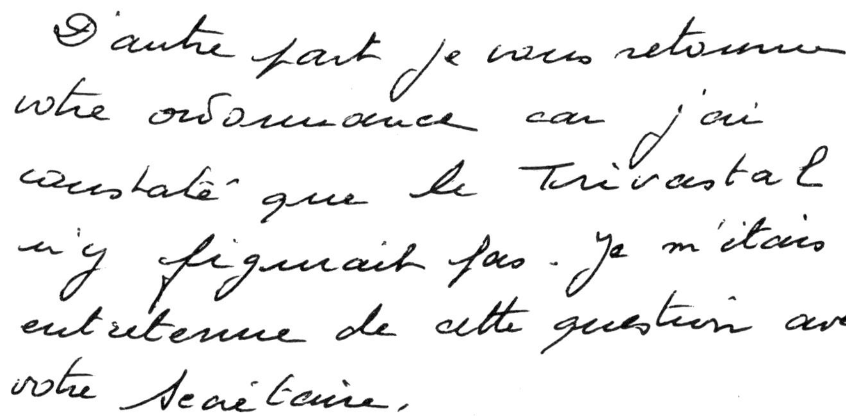

Femme, cinquante-huit ans, mariée sans enfants, hystérique : nombreuses conversions. Plusieurs dépressions.

Écriture : chevauchante en descendant, simple, groupée à liée, finales tombantes.

Personnalité assez fruste et pessimiste. Les conversions hystériques sont des façons d'attirer l'attention sur elle pour composer la médiocrité et la monotonie de sa vie.

5.

NÉVROSE OBSESSIONNELLE

PERSONNALITÉ ET CARACTÈRE OBSESSIONNELS

La névrose obsessionnelle est assez rare. C'est heureux car elle constitue un trouble pathologique extrêmement pénible pour celui qui en est la victime, irritant pour l'entourage, gênant sur le plan social et professionnel jusqu'à être invalidant, et de plus très difficile à guérir.

Il est en revanche banal de rencontrer des caractères obsessionnels chez des sujets qui, sans être pathologiques, n'en présentent pas moins une structure de personnalité qui s'apparente à celle de la névrose du même type.

Plus fréquents encore les simples traits de caractère obsessionnels qui ne sont que l'expression du noyau obsessionnel hérité du stade anal.

Ce que ces manifestations ont en commun, c'est le repli stratégique sur les mécanismes du stade anal : pour résister, pour se défendre, le moi prend appui sur une position qu'il ressent comme plus sûre.

Se défendre contre quoi ? Contre l'angoisse de destruction avant tout et contre la culpabilité qui réveille cette angoisse.

Se défendre comment ? En édifiant des barrières. A l'intérieur de ces barrières, on ne garde que le bon. Ce qui est mauvais, dangereux, on le rejette à l'extérieur. On constitue ainsi une forteresse (d'où le terme qui vient du latin : *obsidio,* ville fortifiée).

L'obsessionnel se vit comme assiégé en permanence. Il lui faut être vigilant, ne pas relâcher ses défenses, ne pas laisser approcher l'ennemi. Et quel est donc cet ennemi ? Même s'il semble venir de l'extérieur, il surgit surtout de son inconscient.

LA NÉVROSE

Sur un fond de caractère obsessionnel, c'est-à-dire vétilleux, méticuleux, perfectionniste, obstiné, ultra-conservateur, cramponné à ses acquis, à ses certitudes, à ses habitudes, se greffent des symptômes qui sont les obsessions et les compulsions.

Les obsessions sont des pensées, des images, ou des sentiments qui s'imposent au malade contre sa volonté et persistent malgré ses efforts pour s'en débarrasser.

Il peut s'agir d'une pensée obscène, ridicule, sacrilège, inconvenante, ou simplement parasite : chiffres, formule, rengaine. Il peut s'agir d'une crainte, d'un scrupule : avoir commis une erreur, une faute, risquer un oubli, ou encore crainte de commettre un acte répréhensible. L'obsession est rebelle à tout raisonnement et relativement fixe pour un malade donné.

Les compulsions sont des actes que le malade se sent obligé d'accomplir sous peine d'angoisse, alors même qu'il convient de leur caractère absurde ou gênant. Ces actes compulsifs prennent souvent l'aspect de rites conjuratoires, comme par exemple les rites du lever, du coucher, et surtout rites de vérification, de purification et de lavage, de nettoyage, de décontamination.

LA PERSONNALITÉ OBSESSIONNELLE

C'est la personnalité « anale » décrite par Freud et complétée par Jones et par Abraham, avec la triade classique : ordre, parcimonie, obstination. Par le jeu des formations réactionnelles, les tendances s'ordonnent à partir de couples opposés : conservation-destruction, activité-passivité.

Les formations réactionnelles qui s'opposent aux pulsions

laissent toujours subsister des îlots de résistance, d'où les contradictions apparentes qu'on observe abondamment dans le comportement des personnalités anales ou obsessionnelles : avarice dans la vie quotidienne et générosité occasionnelle ; ordre méticuleux dans les instruments de travail et négligence vestimentaire ; obstination dans les convictions et hésitation dans les décisions à prendre ; tendance à survaloriser l'autorité et aussi parfois à s'y opposer.

Il faut aussi mentionner l'importance donnée à la pensée avec la tendance à la faire prévaloir sur ce qui est affectif, et même sur l'action, et aussi la tendance à se culpabiliser (sur-moi sévère).

LA PERSONNALITÉ PSYCHASTHÉNIQUE

Cette personnalité, décrite par Pierre Janet qui en faisait plutôt une constitution, est actuellement considérée comme une modalité particulière de la personnalité obsessionnelle. Ici ce sont les éléments dépressifs et inhibants qui sont au premier plan et qui font du psychasthénique un être douloureux qui se juge sévèrement et qui souffre de son incapacité à dominer les situations. Hésitant, timoré, ruminant ses échecs, il limite volontairement son champ d'activité. Là où l'obsessionnel parvient à résister grâce à des mécanismes trop rigides certes, mais solides, le psychasthénique s'avère plus démuni, plus vulnérable.

Point de vue psychanalytique

L'organisation de la personnalité obsessionnelle suppose des parents ayant eux-mêmes intériorisé un sur-moi sévère, qui les conduit à élever leurs enfants selon des principes stricts. La mère, en particulier, est une mère « castratrice », c'est-à-dire interdictrice et culpabilisante, mais comme c'est en même temps une mère protectrice et sécurisante, l'enfant accepte la loi. Il se sent rassuré près de parents qui veillent sur lui, le protègent des autres et de lui-même.

On a pu dire que l'hystérique avait été mal aimé par sa mère, et qu'il cherche à se faire aimer à travers des identités d'emprunt, alors que l'obsessionnel, lui, a été un enfant aimé qui ne veut surtout pas risquer de perdre cet amour en se rendant coupable.

Devenu adulte, il cherchera inconsciemment à recréer cet îlot d'innocence et de sécurité où il s'est senti si heureux. Pour cela, il faut une loi, un ordre, des barrières pour se protéger. L'ennemi potentiel vient du dehors, sous forme d'attaques, de souillure, de désordre. Cet ennemi, il faut le maintenir à distance, le traquer, le réduire à l'impuissance (le mettre en bouillie), l'expulser. Il faut être vigilant, sur ses gardes, colmater les brèches, assurer les arrières, vérifier, prévoir.

N'est-ce pas le type du citoyen idéal de notre civilisation technocratique superorganisée qui ne peut tolérer la fantaisie que dans des limites bien circonscrites. Le monde industriel et informatisé est grand consommateur et producteur de mentalités obsessionnelles, facteurs d'efficacité et de fiabilité.

Adaptation professionnelle

Par son conformisme, son perfectionnisme, son goût de la précision et de l'exactitude, son sens de la hiérarchie, le caractère obsessionnel offre en effet un certain nombre de garanties recherchées pour l'exécution de travaux minutieux exigeant une grande conscience professionnelle, par exemple dans les secteurs de la comptabilité, de l'informatique, de la technologie, de la sécurité. Les mathématiques ou les disciplines qui en dérivent attirent ceux qui privilégient la pensée par rapport à l'action, le prévu par rapport à l'imprévu. Les carrières de juristes également, qui donnent le pas au rationnel sur l'irrationnel, au permanent sur l'accidentel, à la règle sur le sentiment.

L'obsessionnel ne craint pas la routine : la répétition le rassure. Il redoute au contraire l'imprévu, le caprice, l'irrationnel.

Sur le plan de l'honnêteté, il a bonne réputation : il a le sens de la propriété, le besoin de sécurité, le respect des règles établies. Dans un coin de lui-même, il est resté le petit garçon bien sage qui ne veut pas être puni ou blâmé. Toutefois l'éthique n'est pas le caractère et c'est elle qui oriente les choix. Être un caractère obsessionnel n'est pas en soi un label de moralité, mais c'est être prudent, réfléchi, c'est connaître les règles du jeu. Si l'obsessionnel est malhonnête, ce n'est pas par coup de tête, caprice irréfléchi, mais plutôt par une action bien menée et préparée avec un souci maximal de sécurité.

Évolution

Une personnalité obsessionnelle ou psychasthénique peut rester stable tout au long de l'existence, surtout lorsque les résultats obtenus, les satisfactions narcissiques, sociales, relationnelles sont suffisantes pour équilibrer les sacrifices consentis.

En revanche, en cas d'échec, d'insuccès, chaque fois qu'il y a risque de culpabilisation ou défaillance de l'estime de soi, la dépression est au rendez-vous et fait peser sa menace. Les épisodes dépressifs plus ou moins sévères peuvent ainsi jalonner le parcours de l'obsessionnel.

Le dessèchement de la vie affective peut aussi aboutir à un désintérêt d'allure schizoïde : le sujet s'isolant dans un univers très fermé où il ne risque pas de souffrir ni d'être dérangé.

Le sentiment de culpabilité peut aussi être projeté sur l'environnement, et l'obsessionnel devient alors un persécuté-persécuteur de type paranoïaque.

La névrose typique se manifeste à l'âge adulte et tend à se renforcer au fil des années, devenant de plus en plus invalidante. Elle peut même se décompenser en évoluant vers la psychose. Elle représente une indication type de cure psychanalytique, mais les défenses sont très organisées et très résistantes.

Graphologie

Ce qui frappe au premier abord, dans les écritures obsessionnelles, c'est l'impression de contrainte : un conformisme sage, ordonné, sans excès, sans surprise. Du sérieux, de la tenue, un peu d'ennui, par manque d'originalité, de personnalité.

Le trait est d'un appui moyen, peu différencié (trait gris) sans spasmes ni relief. Ce trait gris serait l'indice d'un relatif détachement par rapport à la vie émotionnelle et affective, qui doit être mise en veilleuse pour ne pas gêner.

Parfois, cependant, le trait est poché, avec des zones d'encrage, des noircissements qui traduisent l'anxiété, la culpabilité, une émotivité qui se liquide mal.

Chez le psychasthénique, le trait est plutôt frêle, pâle, de pression légère.

Le mouvement est contraint, sans souplesse, sans élasticité. Le rythme est « ronronnant », un peu monotone, mais dans son allure prudente, il reste soutenu.

L'ordonnance est correcte, conventionnelle, claire, sans recherche de mise en valeur du texte. La page est dense, mais sans enchevêtrements. Elle laisse peu de place au blanc, c'est-à-dire au rêve, à l'inconscient.

La forme prédomine nettement sur le mouvement. C'est une forme construite, structurée, comportant parfois un surcroît de gestes superflus, destinés à la parfaire ou à ajouter de la précision : enroulements, verrouillages, petites corrections, prolongements inutiles, par exemple un jambage supplémentaire au *m,* ou une barre de *t* inutile.

Les formes ne sont pas obligatoirement anguleuses. Elles sont même souvent arrondies, avec prédominance de l'arcade. Ce qui donne parfois de petites écritures « tricotées » dont l'aspect est un peu celui d'un tricot au point mousse.

Le choix des formes est peu personnel, car il y a refus de l'original, du spectaculaire.

Les dimensions sont moyennes à petites, parfois très petites.

Il existe différents niveaux, selon le milieu graphique.

– au degré *pathologique,* l'écriture est bloquée, alourdie de retouches, de noircissements, ou au contraire trop ténue ;

– au degré *moyen,* on a une écriture scolaire, banale mais soignée ;

– au niveau *supérieur* (scientifiques, juristes), la forme se simplifie et par conséquent se personnalise, le mouvement s'assouplit, le rythme se fait plus vibrant, l'ordonnance plus aérée.

Chez le *psychasthénique,* les signes d'inhibition prédominent, le graphisme apparaît moins solide, avec des formes inachevées, suspendues, des dimensions plus petites, un trait plus léger.

NÉVROSE OBSESSIONNELLE (ÉCRITURES)

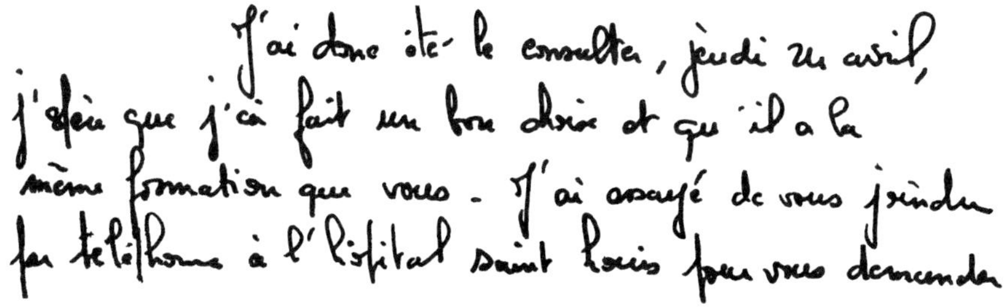

Femme, vingt-neuf ans, tendance dépressive et obsessionnelle, souffre d'un prurit ano-génital.

Écriture : petite, noire, pochée, surélevée, précise, assez lente. Un caractère assez rigide et formaliste se dégage de ce graphisme, où la tendance anale est prédominante. Les problèmes dermatologiques sont liés à son anxiété. Le test de Szondi révèle une angoisse paroxystique et le test de l'arbre une tendance à la persévération.

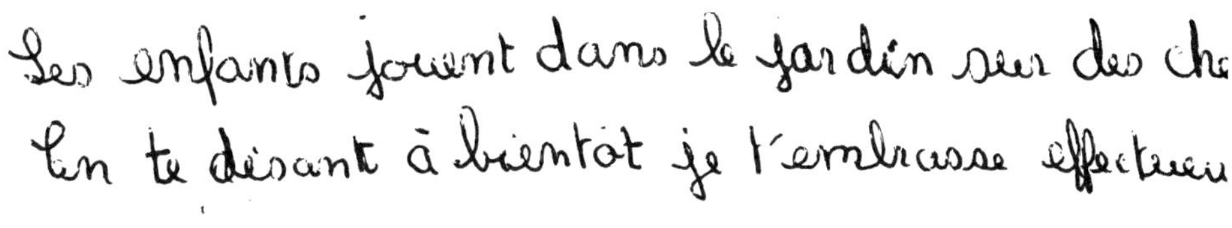

Adolescent, quatorze ans, fils unique, tendance obsessionnelle.

Écriture : encore très scolaire, pression très appuyée, lente, gros points noirs. Il s'agit d'un petit niveau. L'incapacité de formuler un désir engendre de l'angoisse et de l'agressivité. Le moi est enfermé dans des mécanismes de répétition particulièrement évidents dans le test de l'arbre.

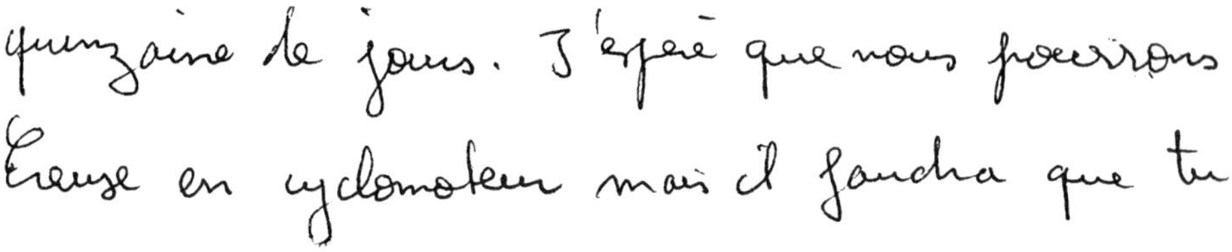

Jeune homme, dix-huit ans, n'arrive pas à fixer son attention. Atmosphère familiale assez stressante, parents professeurs.

Écriture : très inégale, petite, spasmodique. Le tempérament nerveux et le mauvais contrôle émotif incitent le scripteur à se réfugier dans des mécanismes obsessionnels, qui sont par ailleurs une façon de s'identifier à son père lui-même très rigide.

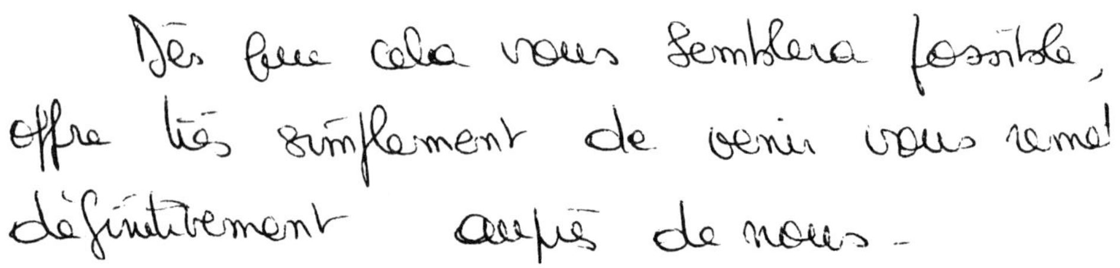

Jeune fille, vingt-trois ans, étudiante, a des troubles psychiques, se croit schizophrène, léger parasitisme mimique, structure névrotique et tendance obsessionnelle et dépressive.

Écriture : très jointoyée, en arcade, droite à redressée, barres de *t* acérées. Personnalité très narcissique, contacts sélectifs, est comme les *a* de son graphisme, « enroulée » dans ses problèmes qui l'obsèdent.

Homme, vingt-six ans, structure obsessionnelle évoluant vers une tendance schizo-paranoïde, énorme angoisse et impulsivité.

Écriture : destructurée, filiforme, blancs et cheminées entre les mots. La personnalité est très fragile et les freins semblent abolis, de même que le contact avec l'autre est des plus aléatoires. Le passage à l'acte sous l'influence de l'obsession est à craindre.

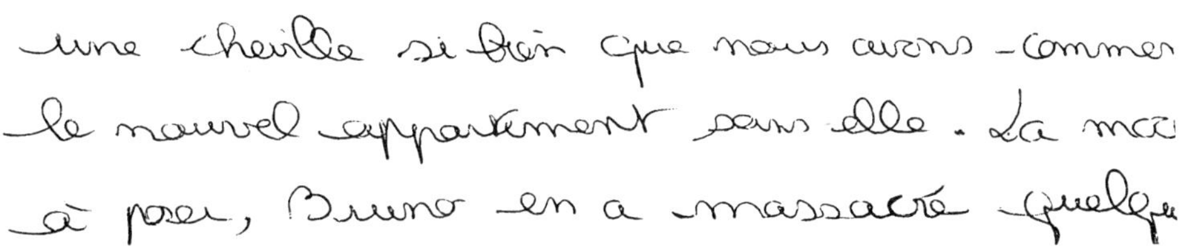

Jeune fille, quatorze ans, tendance obsessionnelle et tendance suicidaire. A été mise en nourrice dans son enfance (la nourrice la mettait dans un placard pour la punir). A subi un choc sexuel.

Écriture : redressée, en arcade, jointoyée, pression spasmodique, traits initiaux. Les constants retours en arrière et les lettres fermées par en dessous révèlent la sécrétivité et la tendance à ressasser les difficultés. Au test de Szondi, la tendance masochiste et une agressivité refoulée ont été mises en évidence. Le test de Rorschach montre la culpabilité, la dépression et la difficulté à se situer.

6.

PARANOÏA

Le terme paranoïa (du grec : penser à côté), pourrait, si l'on s'en tient à l'étymologie, s'appliquer à toutes les psychoses délirantes. On tend aujourd'hui, et surtout dans l'école française, à le réserver à une forme particulière de délire systématisé, chronique, délire cohérent, organisé en réseau autour d'un thème de revendication, de persécution, de jalousie, de grandeur.

Le qualificatif de paranoïaque s'applique aussi à un type de personnalité caractérisée par l'orgueil, la méfiance, la psychorigidité et la fausseté du jugement.

Le mot est d'ailleurs passé dans le langage courant où on l'applique, parfois abusivement, à tout individu qui fait preuve d'un caractère arrogant, susceptible, querelleur et autoritaire.

Les liens qui unissent la psychose et la personnalité paranoïaques sont encore l'objet d'interrogations. Il est de fait que le délire survient souvent chez des personnalités qui présentaient déjà les traits de caractère paranoïaque, et que la psychose semble alors n'être que l'exagération, l'aggravation de ce qui existait déjà à l'état latent. Mais, par ailleurs, le délire paranoïaque peut se manifester chez quelqu'un qui n'avait pas jusqu'alors présenté ces traits de personnalité. D'autre part, il faut admettre que la plupart des individus à caractère paranoïaque ne présentent jamais de délire et ne versent pas dans la psychose. Ils restent tout au long de leur vie des gens à caractère difficile, sans plus.

LE CARACTÈRE PARANOÏAQUE

Il est marqué par quatre éléments majeurs :

L'hypertrophie du moi

Orgueil, suffisance, caractère hautain, méprisant. Sous ces attitudes de supériorité, ces personnalités cachent une réelle vulnérabilité. Tout se passe comme si elles se cramponnaient à une image de soi idéalisée, parfaitement irréaliste dans sa perfection, sans pouvoir admettre la moindre remise en question.

C'est probablement à travers cette fragilité qu'il faut comprendre le deuxième trait de caractère.

La méfiance

Méfiance agressive qui tend à considérer l'autre comme un rival potentiel, un ennemi qu'il faut rabaisser, humilier, combattre. Ce besoin de mise à distance se manifeste aussi bien par une politesse formaliste, presque obséquieuse, que par un dénigrement systématique.

La psychorigidité

Elle vient sans doute des difficultés à maintenir le système défensif quc la réalité risque d'ébranler à tout moment.

La fausseté du jugement

Elle n'est qu'une conséquence logique de ce qui précède. Ne pouvant tolérer ni l'échec, ni même une remise en question, le paranoïaque déforme les faits, les sélectionne, les interprète de manière à ce qu'ils finissent par lui donner raison. Ce jugement faux contraste avec des possibilités intellectuelles souvent brillantes, une aptitude à verbaliser, à manier le langage, à jongler avec les mots, à maîtriser le raisonnement, qui permet d'aboutir, à partir de prémisses habilement faussées, à des démonstrations presque imparables.

Avec moins de brio, le paranoïaque sera seulement ergoteur, raisonneur. On trouve toujours chez lui une tendance à privilégier le discours, l'idée, par rapport à l'action.

Il est donc convaincant, et réussit parfois à entraîner dans son système ses proches, sa famille, ses disciples.

A ces traits de base, on peut ajouter :

La volonté forte, tendue, qui se marque jusque dans les attitudes physiques, le port de tête « altier », la démarche, la voix. Cette volonté permet l'ascétisme s'il est jugé nécessaire, ainsi qu'une remarquable tolérance et même indifférence aux inconforts de la vie quotidienne. Le paranoïaque s'avoue rarement malade, incommodé ou fatigué.

Les rapports sociaux sont marqués par le rapport dominant-dominé. Le paranoïaque a des supérieurs qu'il ménage, des subordonnés qu'il utilise, des ennemis qu'il combat, mais pas d'égaux, pas d'amis.

Ses qualités de travail, d'ambition, d'acharnement le rendent très compétitif et le mettent en bonne position pour la réussite sociale. Il peut être un employé capable, zélé, ou mieux encore un leader, un chef politique, religieux. Il aime enseigner, guider, il préfère être admiré que craint, s'imposer par sa valeur plus que par la force, bien qu'en dernier ressort tous les moyens lui soient bons pour assurer sa suprématie.

Sur ce fonds commun, Kreischmer distingue trois variantes :

les personnalités de combat, volontaires, agressives, querelleuses ;

les personnalités de souhait, moins agressives, mais tout aussi rigides, fanatiques, s'identifiant à une cause qu'elles idéalisent ;

les personnalités sensitives, asthéniques, douloureuses, susceptibles, ruminant longuement leurs déceptions, leurs griefs, sans les extérioriser, avec un sentiment pénible d'échec et d'humiliation.

Évolution

Tant que, grâce à ses efforts et à ses qualités, le paranoïaque réussit à se placer, à se maintenir dans une position flatteuse de supériorité sociale, morale, intellectuelle, il conserve son équilibre. Il peut le préserver tout au long de sa vie et offrir ainsi une biographie où les difficultés de caractère sont compensées par les succès de carrière. Beaucoup de « grands hommes » rentrent dans cette catégorie.

Mais la décompensation est à craindre chaque fois que la position de supériorité se trouve ébranlée, contestée, a fortiori si elle est renversée.

Les circonstances peuvent varier beaucoup d'un cas à l'autre : échec professionnel, échec sentimental ou familial, chômage, mutation à un autre poste, maladie. Même une promotion peut être paradoxalement à l'origine de telles décompensations, si le nouveau promu ne parvient pas à faire face assez rapidement à ses nouvelles fonctions. Précisément, en raison de la rigidité psychique, le paranoïaque n'est pas très adaptable, il sait mal déléguer et faire confiance et ses premières erreurs ont vite fait de le déstabiliser.

La décompensation peut se faire vers la dépression à type persécutoire, mais elle se fait aussi par l'apparition d'un délire grâce auquel le sujet tend à masquer, à nier une réalité décevante au profit d'une création imaginaire, d'une néo-réalité qui lui convient mieux.

Cette décompensation vers la psychose peut être insidieuse, progressive, de telle sorte qu'on a du mal à situer le passage de la frontière psychiatrique. Elle peut aussi se faire brutalement sous forme de bouffée délirante réversible ou non.

Le paranoïaque dans la vie professionnelle

Fortement motivé par l'amour-propre et l'ambition, le paranoïaque a de fortes chances de réussite professionnelle, surtout en début de carrière où il se montre à la fois compétitif, énergique, zélé, déférent et empressé envers ses supérieurs hiérarchiques. En revanche, il ne brille pas par l'esprit d'équipe. Ceux qui travaillent avec lui sont plutôt sur la réserve, car il cherche à se mettre en valeur à leurs dépens.

Parvenu à des postes de responsabilité, il se montre jaloux de son autorité, déléguant difficilement ses pouvoirs, tolérant mal les critiques, n'accordant sa bienveillance qu'aux inconditionnels qui acceptent sa férule ou savent le flatter.

L'échec ne l'améliore pas, bien au contraire. Loin d'en tirer la leçon, il se présente en victime de l'injustice du sort ou de la malveillance.

En vieillissant, il devient de plus en plus méfiant, autoritaire et intransigeant.

LES DÉLIRES PARANOÏAQUES

Ces délires sont, nous l'avons vu, des délires logiques, organisés, cohérents. C'est ce qu'on appelait autrefois la « folie raisonnante ». Les prémisses sont fausses, mais l'enchaînement du raisonnement est bien construit, ce qui fait que les interlocuteurs peuvent s'interroger sur leur degré de crédibilité. Ce genre de situation a d'ailleurs été largement exploité en littérature, et tout particulièrement dans le roman policier.

On peut voir des délires à plusieurs, le paranoïaque étant l'inducteur qui réussit à faire partager à d'autres sa manière de voir.

On classe habituellement les délires paranoïaques en trois catégories :

Les délires de revendication

Parmi ceux-ci les procéduriers, les inventeurs méconnus, les sinistrosiques, c'est-à-dire ceux qui s'estiment victimes d'un accident passé, au mépris de toute vraisemblance. Ces sinistrosiques sont sincères et doivent être différenciés des simulateurs qui veulent tirer un bénéfice de leur situation de victime supposée.

Les délires passionnels

Le délire de jalousie est l'un des mieux connus. Le malade interprète les moindres indices, les moindres faits comme autant de preuves de l'infidélité du partenaire, en dépit de toutes les observations, et sans la moindre tentative de critique objective.

L'*érotomanie* est surtout le fait des femmes. Une femme se prétend et se croit l'objet de l'amour d'un homme en général plus élevé socialement. Comme dans le cas précédent, cette croyance résiste à toutes les critiques et se renforce d'une multitude de faits interprétés comme autant de preuves. Ces cas peuvent prêter à sourire, au début, mais ils sont souvent la cause de graves perturbations dans la vie du malheureux choisi comme cible, et peuvent même se terminer tragiquement par un acte criminel médico-légal.

Les délires d'interprétation

Les délires passionnels sont déjà des délires d'interprétation mais on peut leur ajouter :

les délires mystiques : le sujet se croit investi d'une mission divine ;

les délires de filiation : il s'agit alors d'une filiation glorieuse ;

les délires de persécution : à base d'intoxications, de pollution, d'infestations diverses.

INTERPRÉTATIONS PSYCHANALYTIQUES

La personnalité paranoïaque se construit à partir d'un repli sur une position narcissique. Faute d'avoir pu, dans la petite enfance (entre six et quatorze mois, affirme Mélanie Klein), établir de bonnes relations avec de bons objets, la libido, les intérêts se reportent sur le moi qui se veut irrésistible et tout-puissant.

Les mécanismes de défense utilisés sont avant tout le déni de la réalité et la projection. Ce dernier mécanisme, d'une grande banalité, consiste à « projeter » à l'extérieur et à attribuer aux autres les pulsions ou les sentiments ressentis par le moi comme intolérables. Grâce à quoi le mal c'est l'autre, l'erreur c'est l'autre. La responsabilité étant ainsi renvoyée à l'extérieur, le moi est épargné par l'échec ou la faute.

Freud a décrit en détail le mécanisme de la projection avec ses étapes successives et les distorsions subies au fil de ces étapes, en étudiant le cas du président Schreber, dans l'une des célèbres cinq psychanalyses. Ce malade, qui aujourd'hui ne serait sans doute pas considéré comme paranoïaque au sens précis du terme, se défendait par ce mécanisme de ses propres pulsions homosexuelles, qu'il attribuait alors à son médecin.

Les tendances sexuelles du paranoïaque semblent orientées avant tout par le refus de toute position de subordination. Ce qui peut conduire aussi bien à des attitudes assez « macho » très méprisantes pour le sexe féminin qu'à la recherche d'une relation narcissique en miroir, donc homosexuelle.

LES SIGNES GRAPHOLOGIQUES DE LA PARANOÏA ET DU CARACTÈRE PARANOÏAQUE

De même que la personnalité est bien typée, l'écriture des paranoïaques se reconnaît assez facilement.

Ce qui, à l'inverse, est très malaisé, pour ne pas dire impossible, c'est de situer le caractère plus ou moins pathologique du scripteur, et surtout le passage de la personnalité de base à celui de la psychose, avec l'apparition des thèmes délirants. Tant que le délire reste logique, organisé, cohérent, il n'a pas d'influence sur l'écriture. Celle-ci ne montre des signes de désorganisation que lorsque le délire devient flou et se rapproche alors de la schizophrénie.

La liaison est rigide, et traduit le manque d'écoute, la poursuite du raisonnement dans sa logique, en dépit des objections. Elle peut aussi comporter des gestes adroits, exprimant le savoir-faire, l'habileté.

La direction donne une préférence à l'inclinaison, avec un parallélisme rigoureusement maintenu, qui, dans certains graphismes aux formes grêles, donne une image en pluie.

L'ordonnance est claire, respectant la présentation conventionnelle, avec mise en valeur des formules de début et de la signature. L'aspect du texte est dense, avec prédominance des noirs sur les blancs, nombreux traits qui annexent l'espace et tissent une sorte de grille aux mailles serrées à travers laquelle l'air circule mal. Soulignements inutiles et fréquents (méfiance, peur de ne pas être compris).

Sur ce profil commun, des variantes se détachent :

L'une de ces variantes est celle où les traits obsessionnels sont bien présents. L'importance de l'analité s'impose aussi bien chez l'un que chez l'autre. Le caractère est alors pointilleux, vétilleux, très critique. L'importance attachée à l'argent joue autant sur le besoin de sécurité que sur le besoin de puissance. Le sens critique est aiguisé par la défiance foncière.

Un autre type de graphisme est plus souple, moins anguleux. Le trait reste fort, l'ordonnance compacte, mais les gestes arrondis, les courbes, les lassos, affirment un désir de séduire, d'attirer les regards.

Quant au type sensitif de Kreischmer, il est à la fois moins sthénique et moins expansif. Le trait est grêle, sec, le rythme plus mécanisé, les dimensions petites, les formes rabougries.

On retrouve dans le graphisme les quatre traits majeurs de la personnalité paranoïaque :

L'hypertrophie du moi : grandes majuscules, signature importante, surélévations, hampes prolongées en hauteur.

La méfiance et l'agressivité : écriture étrécie et coincée, formes anguleuses avec angles en recul, pression forte, trait coupant, gestes acérés.

La psychorigidité : impression générale de raideur, parallélisme rigoureux, écriture très liée ou même hyperliée.

La fausseté du jugement : enchevêtrements, manque d'aération, complications inutiles, tout ceci sur fond anal.

Le résultat s'inscrit dans les signes graphologiques suivants :

Impression d'ensemble : sur une base anale, c'est-à-dire bien structurée, une présentation soignée, mettant bien en valeur les paragraphes et les alinéas, l'écriture donne une impression de force, d'intensité, et dans certains cas de fermeture, d'étouffement, d'un lacis impénétrable.

Le rythme est tendu, le *mouvement* progressif, parfois précipité, galopant, fonçant vers la droite.

Le trait est dur, appuyé, tranchant, la *pression* forte, parfois spasmodique.

Les formes sont anguleuses, étrécies, bien structurées, parfois même trop structurées, manquant de naturel et de simplicité.

La dimension est plutôt grande : la zone médiane est importante, en hauteur, les prolongements le sont aussi et participent à l'enchevêtrement des lignes. La signature est imposante.

La continuité constitue un élément significatif : liaison au cours du mot, par groupe de cinq, six, sept lettres sans lever de plume, liaison d'un mot à l'autre. Cette répugnance à suspendre le tracé signe la persévération.

PARANOÏA (ÉCRITURES)

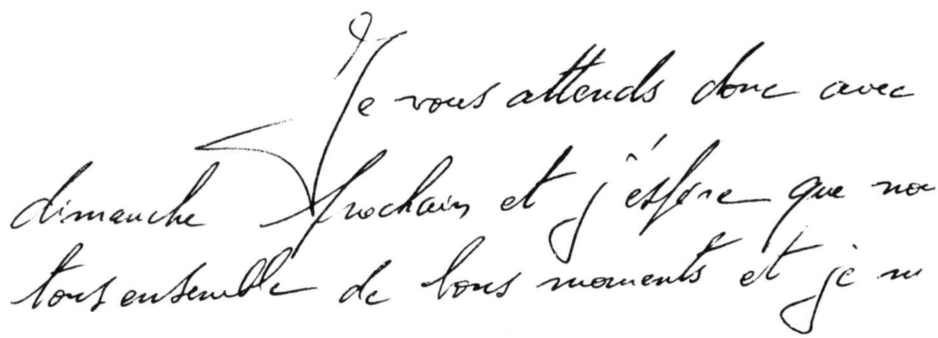

Homme, quarante-six ans. Personnalité sthénique avec un sentiment de soi exacerbé et difficultés relationnelles.

Écriture : surélevée (voir le *j* et le *p*) à la fois étrécie et lancée, trait net et acéré, signature très importante.

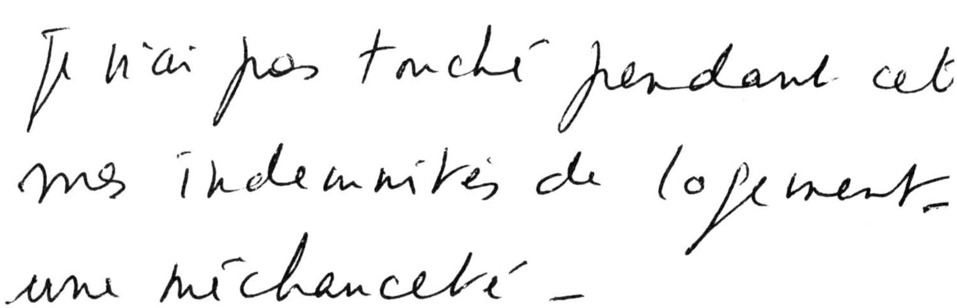

Femme, quarante ans. Tendances procédurières et revendicatives.

Écriture : rapide, inclinée, combinée, trait net et acéré.

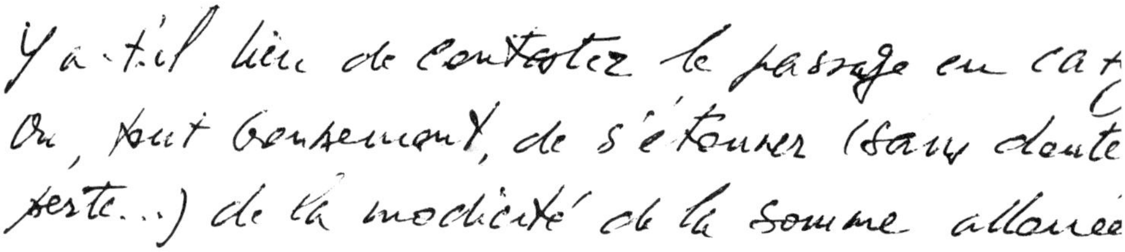

Femme, cinquante-cinq ans. Personnalité paranoïaque avec composante dépressive et comportement très viril.

Écriture : inclinée, liée à groupée, *t* souvent barrés deux fois. Formes anguleuses et acérées. Pression spasmodique.

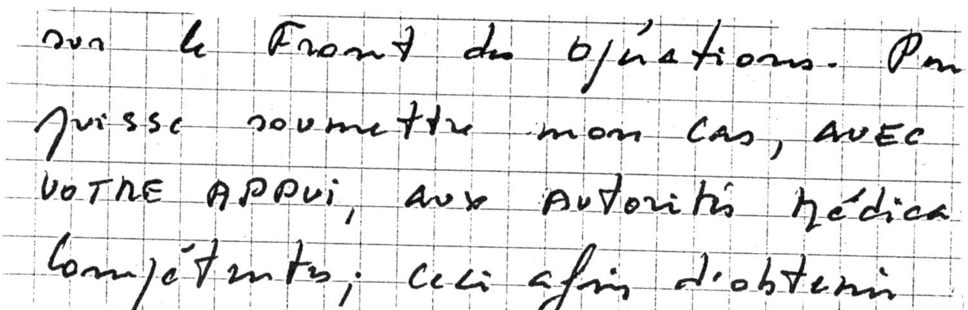

Homme de cinquante ans. Marié trois fois. Contact difficile, délire mégalomaniaque, quérulent processif, sentiment de persécution, tient à se faire dédommager d'un préjudice.

Écriture : tantôt en script, tantôt inclinée avec mots en majuscules dans le texte. Signature très surélevée.

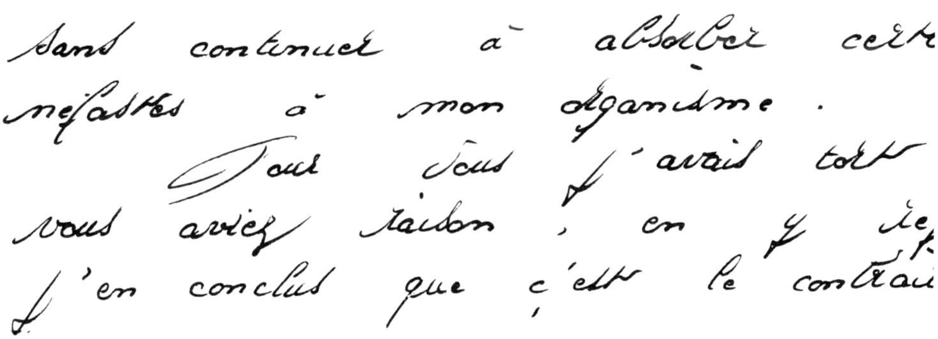

Femme, célibataire, échec relationnel à tous les niveaux. Sentiment persécutif, tendances psychotiques, agressivité terrible, impulsivité, claque les portes.

Voir les grands blancs entre les mots, les *s* surhaussés, les finales lancées et acérées.

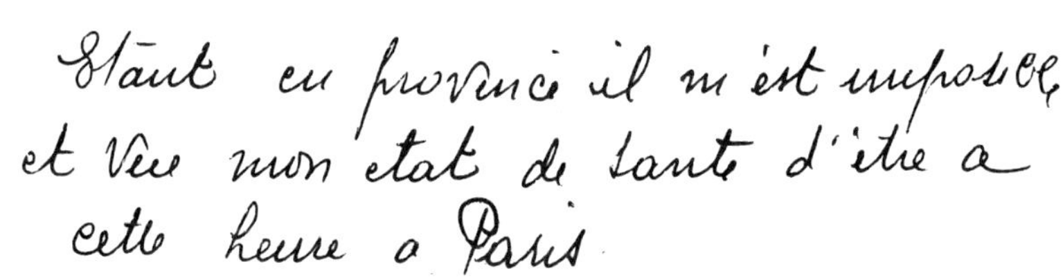

Femme. Délire de persécution, a été internée pour crise d'amnésie (vraie ou fausse?).

Écriture : de type « sentiment » suivant Jung. Trait net et appuyé. Finales soit tombantes, soit suspendues, forme très classique et peu significative.

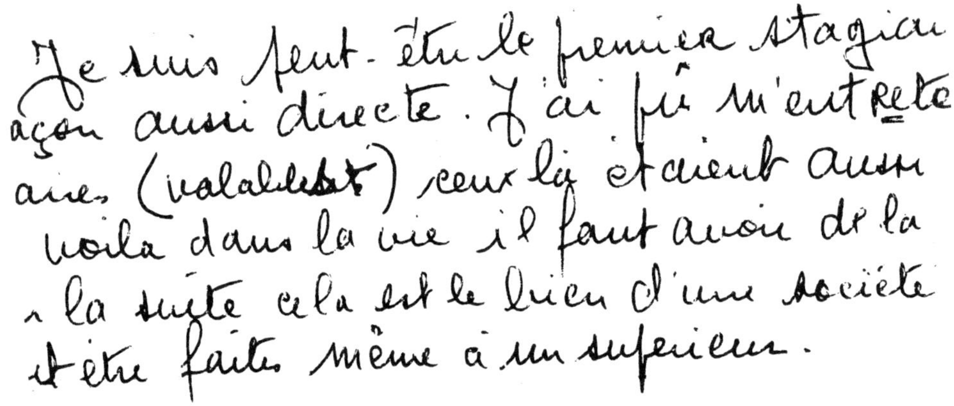

Homme, trente-cinq ans. Caractère très difficile, exaltation mentale, impulsivité, vanité, orgueil, mauvais jugement. A quitté l'affaire qui l'employait sur un coup de tête.

Voir les *j* avec jambage sinistrogyre, les *r* majuscules inutiles, les soulignements. La mise en page est envahissante.

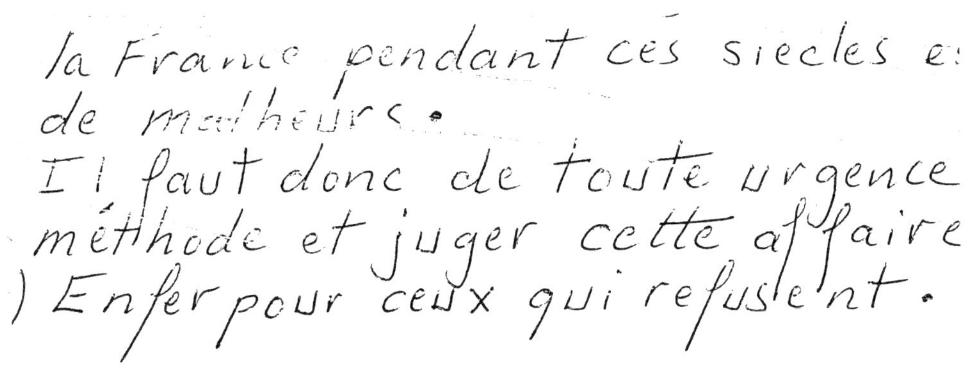

Homme. Délire d'interprétation.
Écriture : script. Voir les gros points noirs, signe d'anxiété.

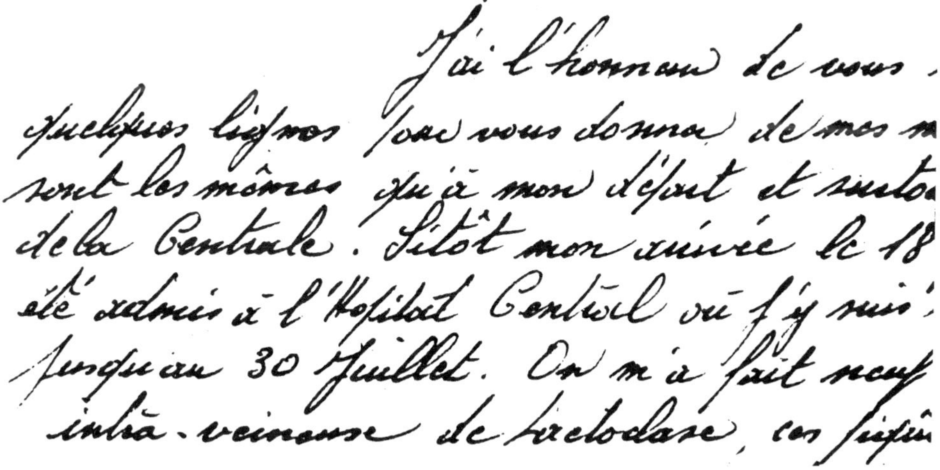
J'ai l'honneur de vous
quelques lignes pour vous donner de mes
sont les mêmes qu'à mon départ et surto
de la Centrale. Sitôt mon arrivée le 18
été admis à l'Hôpital Central où j'y suis
jusqu'au 30 Juillet. On m'a fait neuf
intra-veineuse de

Homme, trente ans. Condamné pour assassinat et vol qualifié. Caractère impulsif, coléreux, violent avec tendance névrotique obsessionnelle, troubles psychosomatiques multiples avec forte composante revendicatrice.

Écriture : inclinée, rigide, finales lancées et acérées, *j* majuscule très surélevé.

7.

DÉLIRES CHRONIQUES SYSTÉMATISÉS

LA PSYCHOSE HALLUCINATOIRE CHRONIQUE

Dans la psychose hallucinatoire chroniquc (PHC), le délire est un délire de persécution, alimenté par des hallucinations, principalement des hallucinations auditives. Des voix injurient, accusent le malade, le menacent. Le délire est moins cohérent que dans la paranoïa de type classique, ce délire peut devenir agressif, donc dangereux, mais il réagit en règle générale très bien à l'administration de neuroleptiques.

L'écriture devrait être sensiblement la même que celle de la paranoïa dont la PHC ne représente en fait qu'une forme particulière, avec compacité, enchevêtrement, mais pas ou peu de rigidité.

Toutefois la rareté des documents interdit d'être trop affirmatif sur ce chapitre.

LES PARAPHRÉNIES

Les paraphrénies sont des délires chroniques très circonscrits, peu évolutifs, souvent à thèmes fantastiques, à la fois euphoriques et mégalomaniaques. Le sujet ne délire que sur le thème particulier qu'il s'est choisi (par exemple, il communique avec les extraterrestres, ou bien il fait partie d'un réseau supersophistiqué, ou encore il est chargé d'une mystérieuse mission), et pour le reste il vit normalement, exerce son métier, s'insère dans son milieu social.

Il n'est donc pas étonnant que ce délire influence peu ou pas du tout l'écriture, qui reste banale, et même terne, plutôt monotone, comme si la bulle délirante permettait au scripteur d'évacuer ses conflits et de supporter les aléas de la vie quotidienne avec plus de détachement.

8.

SCHIZOPHRÉNIE

La schizophrénie est la psychose type, c'est-à-dire la désintégration de la personnalité qui ne parvient plus à intégrer aussi bien les données du réel que ses propres affects.

Plusieurs fois décrite avant Kraepelin sous les noms de démence précoce, d'hébéphrénie, cet auteur en reprend la description en 1899 sous le nom de démence précoce. Il la caractérise par son évolution chronique, progressive, et par l'appauvrissement non seulement intellectuel, mais affectif. Il en distingue trois formes, hébéphrénique, catatonique et paranoïde.

En 1911, Bleuler crée le terme de schizophrénie et met l'accent sur la dissociation de la personnalité.

Le terme de schizophrénie tend actuellement à englober tous les délires chroniques sauf la paranoïa et même certaines psychoses aiguës, mais en France cette dénomination est réservée aux cas qui présentent le double caractère de l'évolution progressive et de la démence affective. C'est dans cette acception que nous utilisons ce terme.

On parle d'ailleurs plutôt des schizophrénies, laissant entendre par là qu'il ne s'agit pas d'une maladie unique, mais d'un groupe de maladies réunies par une même symptomatologie, sans être pour autant forcément dues à une même cause, ni vouées à une évolution identique.

Définition

Pour Henri Ey, la schizophrénie est « une psychose qui se manifeste par une tendance à cesser de construire son monde en communication avec autrui pour se perdre dans une pensée autistique, c'est-à-dire un chaos imaginaire ».

« C'est un ensemble de troubles où dominent la discordance, l'incohérence idéo-verbale, l'ambivalence, l'autisme, les idées délirantes et les hallucinations mal systématisées, ainsi que de profondes perturbations affectives allant dans le sens du détachement, de l'étrangeté des sentiments ; ces troubles ayant tendance à évoluer vers un déficit et une dissociation de la personnalité. »

Cette définition est un résumé des symptômes de la maladie, c'est pourquoi nous avons tenu à la citer.

Description

Le début

Dans sa forme la plus typique, la schizophrénie apparaît chez un jeune homme ou une jeune fille (quinze à vingt-cinq ans), parfois *brutalement* par une bouffée délirante, une dépression atypique, un acte incompréhensible tel que mutilation, tentative de suicide, mais beaucoup plus fréquemment de *façon insidieuse* par des modifications du caractère et du comportement : indifférence, apathie, détachement, baisse d'efficience intellectuelle, bizarreries. L'adolescent, jusque-là bon élève, ou même très bon élève, délaisse ses études, il passe de longs moments seul dans sa chambre, à rêver ou occupé à des activités stériles ; il s'isole, refuse de rencontrer des camarades, il paraît lointain ; souvent son langage devient surprenant, il emploie des mots insolites.

Ce type de comportement est l'occasion pour les parents, le médecin, d'interrogations angoissées : s'agit-il seulement d'une crise juvénile un peu poussée, d'une rupture d'équilibre passagère, ou bien est-on en présence d'une entrée dans la psychose ? Seule une observation psychiatrique approfondie, méthodique, minutieuse, pourra le dire.

La période d'état

La période d'état s'étend sur de longues années, marquée par des poussées entrecoupées de rémissions.

Les troubles affectent les différents secteurs de la personnalité et vont dans le sens de la dissociation.

– *Dans la sphère intellectuelle,* on observe un goût pour la pensée magique, le symbolisme, les systèmes paralogiques, tout ce qui va dans le sens de la puissance de la pensée détachée de la confrontation avec le réel.

Les troubles du cours de la pensée se répercutent sur le langage : blancs, répétitions, écholalie, altérations des mots.

– *Dans la sphère affective :* la froideur apparente contraste avec des manifestations émotionnelles violentes, inadaptées.

La vie pulsionnelle régresse, la sexualité est perturbée.

– *Dans le domaine psychomoteur,* ce qui frappe c'est la discordance (mimique inadaptée au discours ou aux circonstances), le maniérisme, les comportements affectés, ritualisés, stéréotypés.

Les attitudes sont figées (catatonie) ou au contraire impulsives, agressives.

Le délire est plus flou, moins cohérent que le délire systématisé, type paranoïa. Il est à base d'expériences d'étrangeté, d'irréalité, de dépersonnalisation. Le malade a l'impression de perdre son identité, ses limites, de ne pouvoir s'opposer à l'effraction de sa personnalité par des influences extérieures qu'il ne contrôle pas. Il se sent manipulé, transformé, d'où l'angoisse et le besoin de se reconstruire un monde hermétique, fermé sur lui-même.

Le vécu du schizophrène est fait d'une *angoisse* énorme, diffuse, sans objet, ce qui explique le retrait, la rupture du contact.

L'ambivalence vient de l'impossibilité d'intégrer des pulsions ou des affects contradictoires. Elle explique les bizarreries du comportement, le malade ayant de la difficulté à choisir entre deux attitudes opposées.

Formes cliniques

Nous avons pris pour type de description la forme hébéphrénique, celle qui débute insidieusement à l'adolescence. On décrit aussi une forme paranoïde, d'apparition plus tardive, marquée par le délire et les hallucinations, une forme catatonique, où prédominent les attitudes figées, avec des phases agressives d'apparition inopinée, une forme médico-légale, l'héboïdophrénie, où l'entrée dans la maladie se fait par un acte délictueux, et enfin une forme peu évolutive, la schizophrénie simple, qui semble seulement l'exagération de la personnalité schizoïde : il y a peu de communication, affectivité réduite, le malade s'isolant dans un monde fermé, aconflictuel.

La tendance actuelle est à l'opposition entre les formes riches, marquées par l'importance du délire, l'abondance des hallucinations, les bizarreries du comportement, et les formes pauvres où dominent l'apathie, le retrait, l'aboulie, le rétrécissement de la vie psychique.

Évolution

En l'absence de traitement, l'évolution se fait par poussées successives aboutissant inéluctablement, à plus ou moins longue échéance, à un déficit profond.

Ce processus régressif peut être retardé ou même enrayé grâce aux thérapeutiques mises en œuvre. La chimiothérapie neuroleptique est ici un appoint capital. Associée à d'autres formes de thérapies – institutionnelles, psychothérapiques, sociothérapiques –, elle permet de maintenir bon nombre de ces malades dans une vie à peu près normale, en tout cas beaucoup plus humaine que l'asile psychiatrique auquel ils étaient autrefois condamnés. Il est cependant nécessaire de leur assurer des conditions de vie particulières : un cadre stable, protégé, sécurisant, et d'assurer un suivi médical.

Psychanalyse

La schizophrénie renvoie à une période très précoce de la vie de l'enfant : celle où le bébé vit dans une relation étroite (symbiotique) avec sa mère dont il ne sait pas encore se différencier. De cette période, nous gardons tous un noyau psychotique, mais normalement ce stade est dépassé, des mécanismes plus élaborés sont mis en place. Ce noyau peut cependant resurgir, soit parce qu'une agression dépasse les possibilités d'intégration et disloque la personnalité, soit parce que celle-ci présentait au départ une faille qui la rendait plus fragile.

Étiologie

On s'est beaucoup interrogé sur les causes de la schizophrénie : génétiques, biologiques, relationnelles, sans qu'on puisse obtenir encore de certitudes. Il est d'ailleurs possible que diverses causes puissent jouer un rôle et qu'il n'y ait pas une part égale à ces causes dans chaque cas.

Graphologie

Il faut distinguer les formes débutantes ou en période de rémission, et les formes graves où le déficit est profond. Ce sont les premières que nous avons en vue, car seules elles présentent un intérêt pour le graphologue.

Le trait commun est l'absence de rythme, de vie. Ce n'est pas surprenant, puisque le rythme est précisément ce qui signe l'identité de la personne, à la fois semblable à elle-même et évoluant librement dans un mouvement qui se crée au fur et à mesure.

Dans la schizophrénie, il y a absence de rythme :

– soit par rigidification : la personnalité se fige pour ne pas se morceler ;

– soit par la dissolution : il y a absence de rythme par lâchage, abandon.

Dans le premier cas, le scripteur lutte, mais perd toute liberté ; dans le second, il renonce à lutter et perd pied.

Aspect général

Contrairement à ce que pourrait penser un néophyte, l'aspect général n'a rien d'extravagant, il frappe au contraire par le côté terne, pauvre, dévitalisé, figé : peu de force dans le trait, peu de mouvement, peu de richesse dans les formes, peu d'amplitude dans le geste.

Le trait est dévitalisé, terne, sans pression, par perte de l'investissement libidinal, indifférence, désintérêt.

La forme est banale, pauvre, conventionnelle, ou parfois enrichie de petites fioritures gratuites et inutiles.

La dimension tend à se réduire, et ceci aussi bien pour la zone médiane que pour les prolongements (pas de participation).

La continuité est pratiquement toujours perturbée dans le sens de la rupture : le mouvement est haché, juxtaposé ; les coupures et reprises sont fréquentes.

L'ordonnance est respectée tant que le processus de dissociation et de désorganisation reste enrayé, mais elle donne plus l'impression d'un alignement mécanique que d'une mise en valeur du texte. Il faut se méfier des ordonnances trop denses et « chahutées » qui peuvent annoncer une période délirante.

Les espaces entre les mots ne sont pas exagérés, au contraire. En revanche les espaces entre les lignes ne sont pas toujours respectés, certains sont plus grands. C'est peut-être la raison pour laquelle ces scripteurs utilisent volontiers du papier ligné ou un transparent.

On peut aussi observer des ondes de chute et des permutations de zone.

Comme nous l'avons dit, ces considérations ne s'appliquent plus aux périodes de désorganisation, où l'ordonnance peut être très perturbée.

SCHIZOPHRÉNIE (ÉCRITURES)

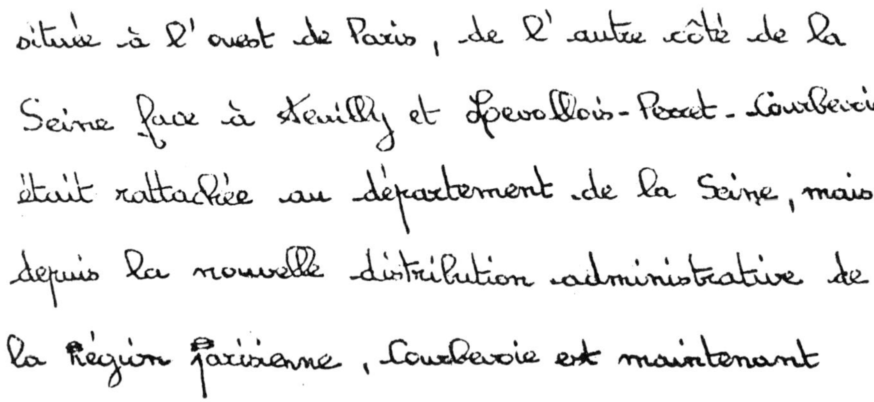
située à l'ouest de Paris, de l'autre côté de la
Seine face à Neuilly et Levallois-Perret. Courbevoie
était rattachée au département de la Seine, mais
depuis la nouvelle distribution administrative de
la Région parisienne, Courbevoie est maintenant

Jeune homme, vingt ans, schizophrénie à forme de délire, de rêverie, autisme, sentiment d'angoisse, impression de se rapetisser, lenteur, apragmatisme, obsessions, rêveries politiques : se voyait chef d'État !

Écriture : monotone, sans rythme, mise en page « en éventail ». Tout le graphisme est dominé par la fixité, le débit est continu sans la moindre fantaisie. La personnalité est encore très immature, la pensée rigide, mécanisée.

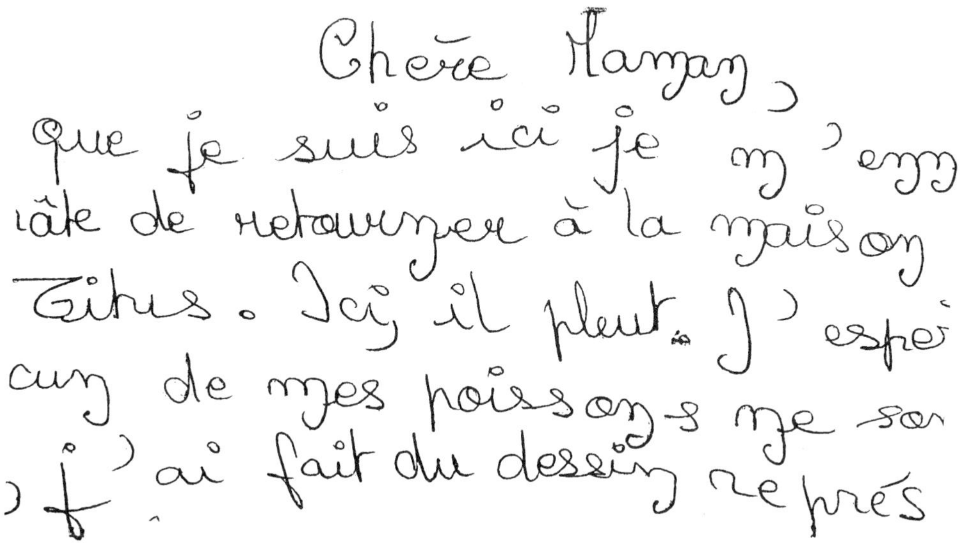
Chère Maman,
que je suis ici je m'enn
âte de retourner à la maison
Titus. Ici, il pleut. J'espé
cun de mes poissons me sa
j'ai fait du dessin représ

Fille, douze ans, schizophrénie de forme précoce avec rationalisation morbide, panthophobie (peur de tout, par exemple : peur de devenir un fantôme et d'étrangler les chiens, etc.), hallucinations auditives, attitude générale très catatonique.

Écriture : lente, compliquée avec formes en crochet (voir le dernier jambage des *m* et des *n*), points « en ballon », grandes virgules. Les tendances obsessionnelles et narcissiques sont ici manifestes, de même que l'immaturité et la lenteur de l'idéation. La scriptrice est enfermée dans son délire, et les formes fœtales (voir le *c* de chère, première ligne) signent la régression vers un stade primitif.

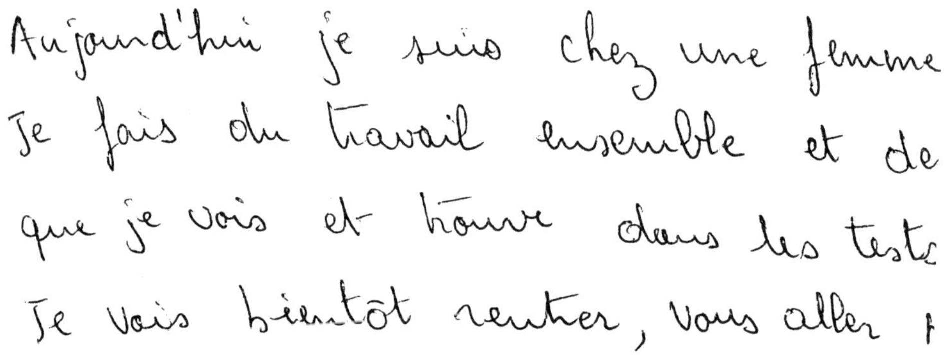

Jeune homme, dix-huit ans, début de dissociation, schizophrénie de type paranoïde. A l'âge de cinq ans, est tombé dans un puits profond de vingt-cinq mètres, énurétique jusqu'à l'âge de dix ans. La vie affective est vécue dans l'irréel, à noter l'indifférence et une énorme ambivalence.

Écriture : inégale, claire, simplifiée, redressée, trait net, signature à droite avec majuscule initiale très gonflée. Le graphisme ici ne traduit pas encore les troubles profonds du scripteur, qui par contre sont manifestes dans le test de l'arbre (voir reproduction), le test de Szondi et le test de Rorschach. L'écriture, qui correspond à l'acquisition d'un automatisme grâce à un modèle enseigné, se détériore moins rapidement lorsqu'il n'y a pas de troubles moteurs et que le sujet possède un certain acquis culturel.

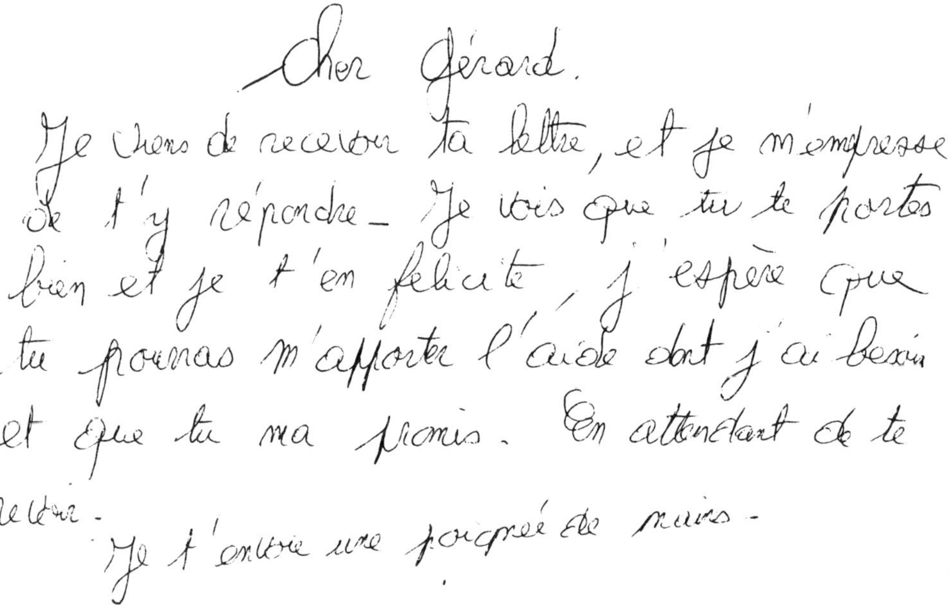
Cher Gérard.
Je viens de recevoir ta lettre, et je m'empresse
de t'y répondre – Je vois que tu te portes
bien et je t'en félicite, j'espère que
tu pourras m'apporter l'aide dont j'ai besoin
et que tu ma promis. En attendant de te
revoir.
Je t'envoie une poignée de mains.

Jeune homme, dix-huit ans, orphelin de père à l'âge de huit ans, mère remariée. Sentiment d'étrangeté et de bizarrerie, à tenté de se pendre. Fait du mal à une petite sœur du deuxième mariage et menace de la tuer pour faire souffrir sa mère. N'a jamais eu de rapport sexuel, voulait assommer les femmes et les violer.

Écriture : inharmonieuse et contrainte, étrécie et lancée, en arcade, très inégale, enchevêtrée, tordue, mauvaise disposition dans l'espace, spasmodique, voir le *e* majuscule en « crabe » (signe de l'obsession). L'immaturité intellectuelle et la fragilité nerveuse sont ici flagrantes, y compris l'angoisse et la violence.

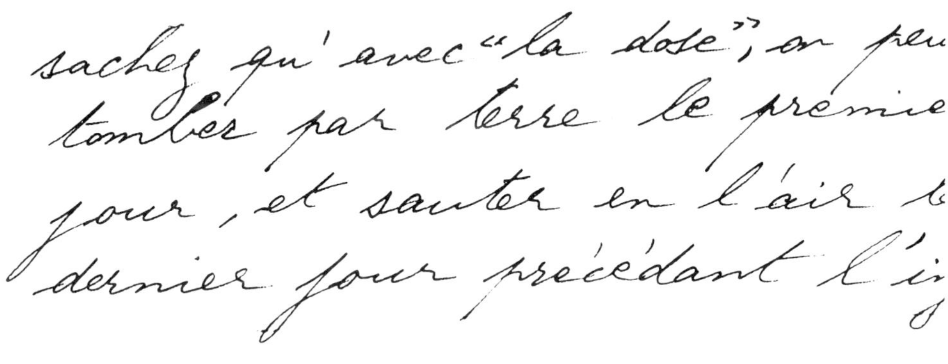

Homme, quarante ans, schizophrénie de type paranoïde. A été plusieurs fois interné, célibataire, vit chez ses parents.

Écriture : inclinée, retouchée, finales lancées. Niveau culturel fruste, anxiété, tendance à la persévération.

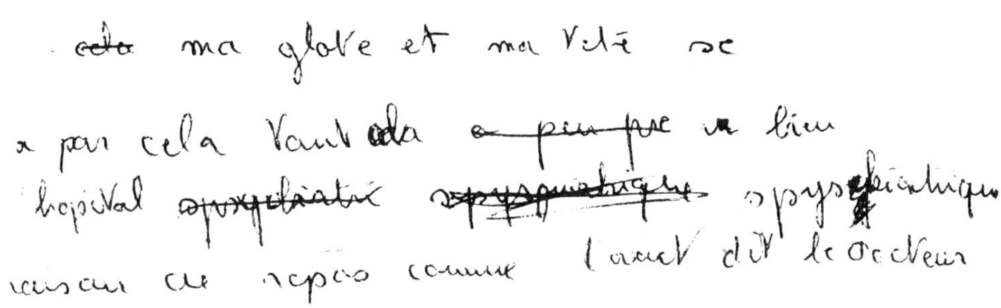

Homme, vingt ans, schizophrénie, délire à thème d'influence (se sent épié), transformation corporelle, automatisme mental, célibataire, vit avec sa mère.

Écriture : désordonnée, très retouchée, très inégale de direction, crispée, cabossée, finales lancées, tempérament nerveux.

Nervosité, anxiété et troubles de l'idéation sont ici évidents.

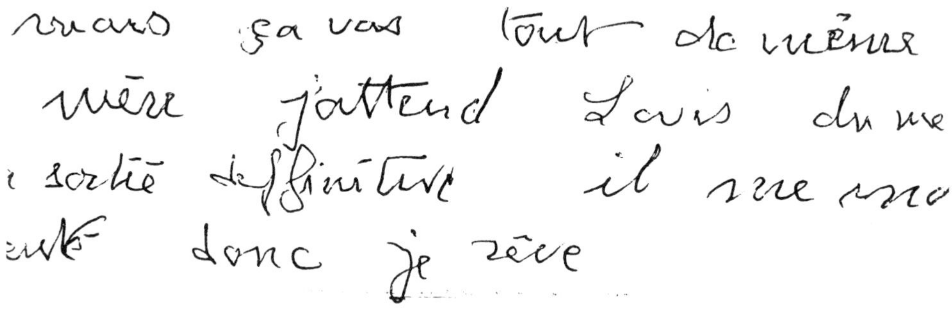

Homme, dix-huit ans, arabe, schizophrénie, délire à thème d'influence automatisé, apragmatique.

Écriture : très détériorée, crispée, cabossée, grands espaces entre les mots, niveau culturel très fruste.

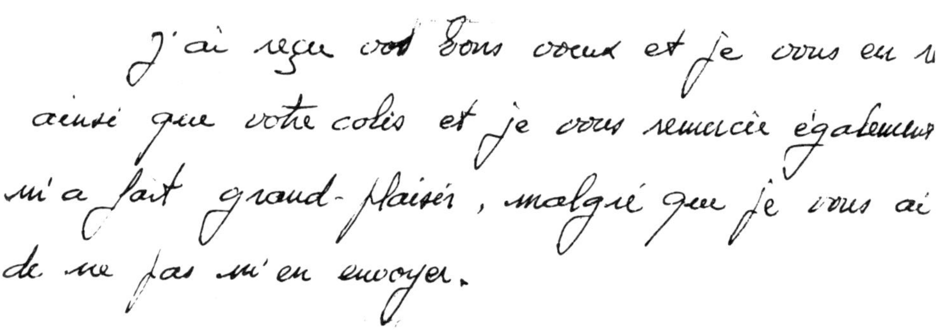

Homme, quarante-cinq ans, schizophrène, entend des voix, sentiment de persécution.

Écriture : inclinée, tordue, étrécie, gros points noirs, pression spasmodique. Personnalité conventionnelle et anxieuse.

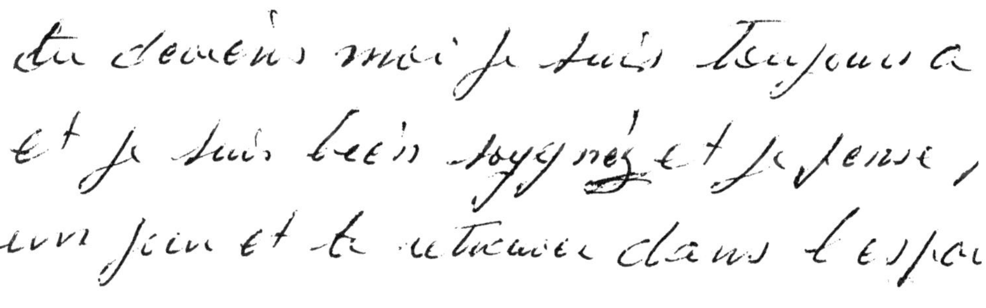

Homme, quarante ans, schizophrène, automatisme mental. Se sent persécuté par des ondes magnétiques, délire à thème érotique, est impuissant.

Écriture : inclinée, chevauchante en descendant, retouchée.

Ce graphisme est peu significatif des troubles du scripteur et révèle essentiellement un jugement très affectif (type sentiment de Jung) et une tendance dépressive.

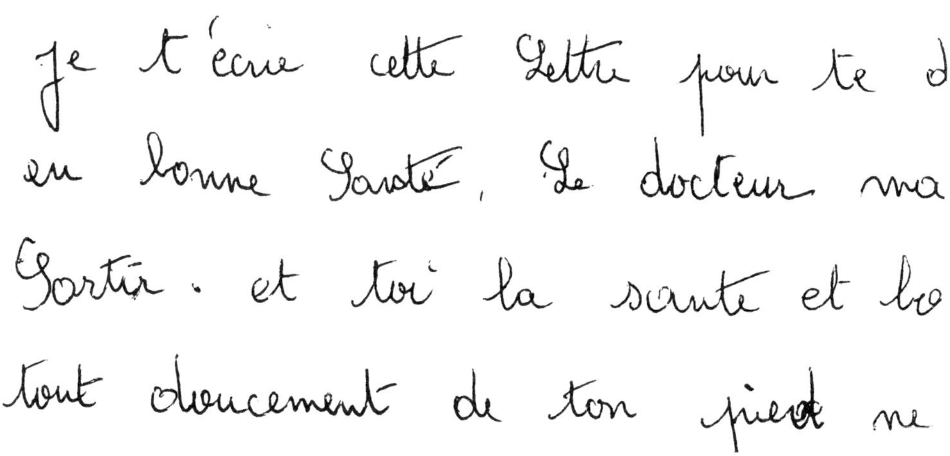

Homme, vingt-huit ans, schizophrène, délire, hallucinations multiples, automatisme mental, thème d'influence et thème érotique. Est sous neuroleptique.

Écriture : niveau culturel très fruste, barres de *t* et finales lancées, mots espacés, trait « luisant ».

Le graphisme traduit l'impulsivité et le mauvais contrôle émotif.

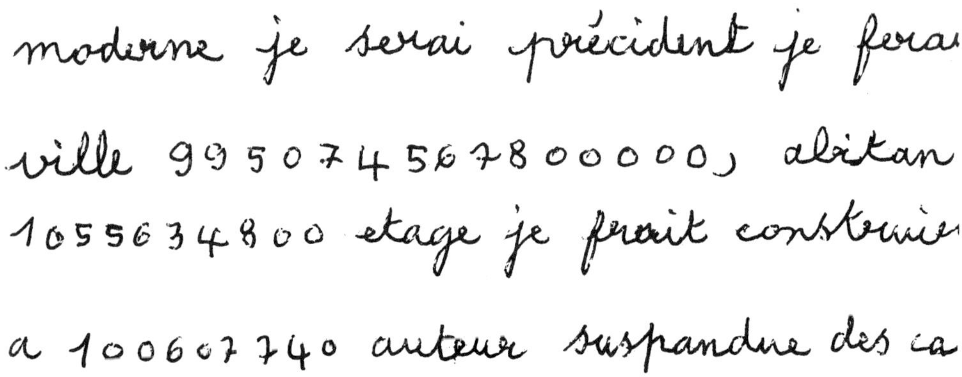
moderne je serai précident je ferai
ville 99507456780000, alitan
1055634800 etage je frait construie
a 10060740 auteur suspandue des ca

Homme, seize ans, schizophrène, délire mégalomaniaque.

Écriture : très scolaire, infantile, crispée, cabossée, nombreuses ondes de chute, le contrôle émotif est des plus aléatoires.

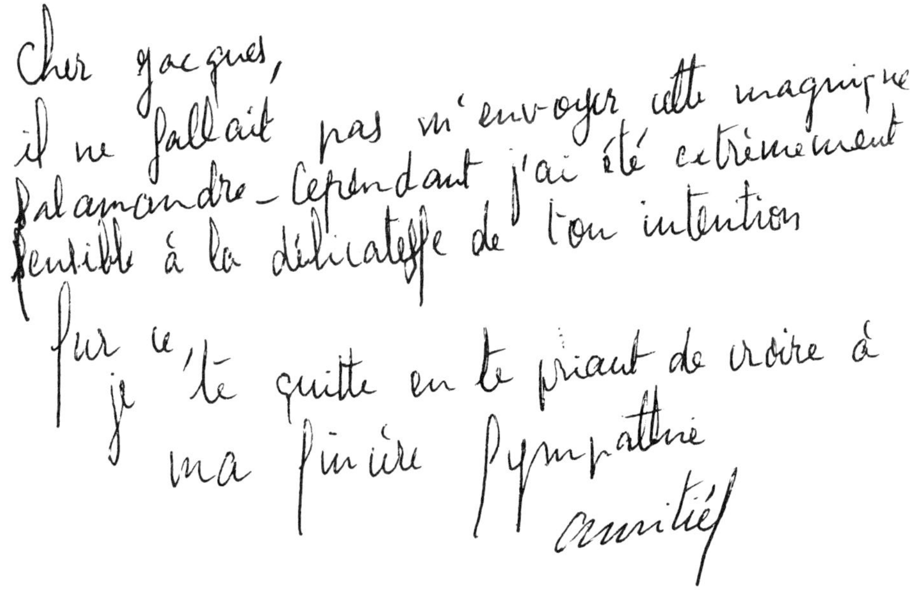

Cher Jacques,
il ne fallait pas m'envoyer cette magnifique
salamandre – Cependant j'ai été extrêmement
sensible à la délicatesse de ton intention
Sur ce,
je te quitte en te priant de croire à
ma sincère sympathie
amitiés

Homme, dix-huit ans, schizophrène, violent, nerveux, mais bon niveau culturel.

Écriture : rigide, étrécie, prolongée bas et haut, rythme tendu et crispé, ondes de chute. Signature avec paraphe très prolongé à droite. Le caractère très réactif et l'émotivité transparaissent dans ce graphisme qui a perdu toute flexibilité.

Test de l'arbre : nous avons tenu à reproduire ce test car il est particulièrement spectaculaire. Dans le premier arbre, le sujet traduit son angoisse (noircissement des branches) et son avenir brisé (branches sciées). Dans le troisième arbre, il montre la dissociation de sa personnalité (âme de l'arbre en dehors du tronc). Ces dessins mériteraient bien sûr des commentaires plus détaillés, ce qui n'est pas possible dans cet ouvrage (voir reproductions pages suivantes).

arbre
adulte

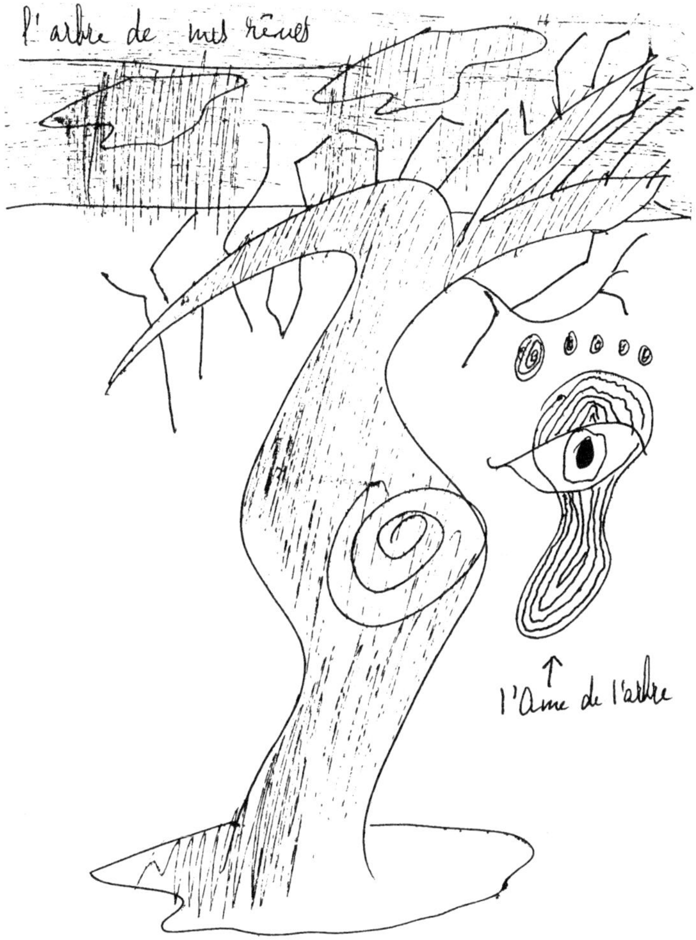
l'arbre de mes rêves
l'âme de l'arbre

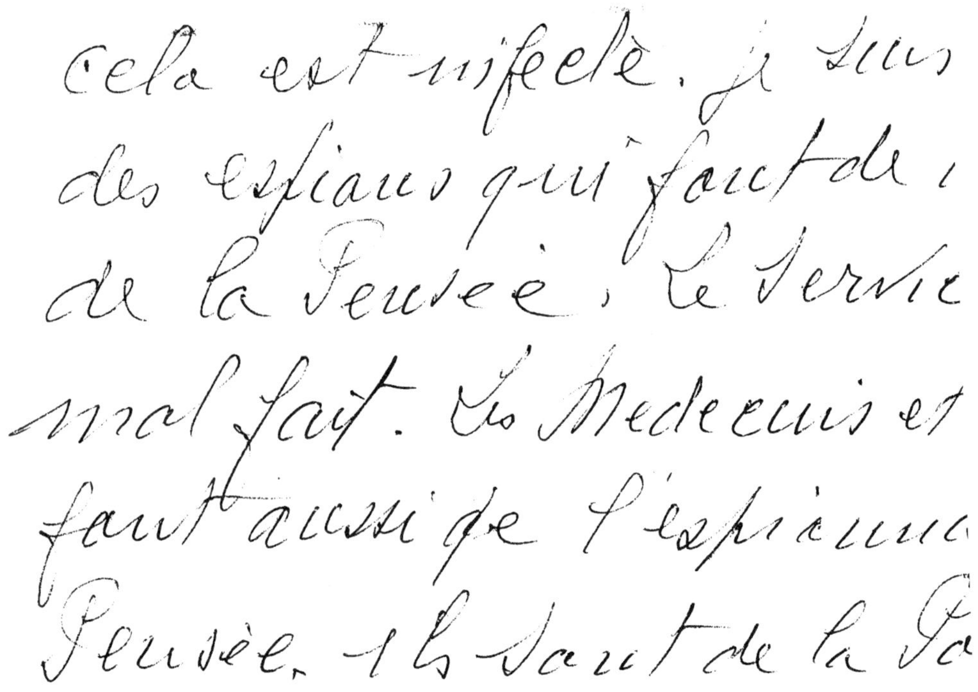

Homme, quatre-vingts ans, schizophrénie à forme paranoïde, automatisme mental, syndrome interprétatif, idée d'empoisonnement, exaltation vaniteuse, stéréotypies délirantes, sentiment de persécution.

Écriture : très sthénique pour son âge ! spasmodique, grande, inclinée, jugement très affectif, exaltation imaginative.

9.

DÉRÈGLEMENTS DE L'HUMEUR

L'humeur oscille constamment de part et d'autre d'une moyenne. Chez un sujet normal et en bonne santé, ces oscillations restent modérées, grâce à l'existence d'un système complexe de régulation interne, sorte de « thermostat » de l'humeur, destiné à amortir et à corriger les écarts trop prononcés.

Ces mécanismes peuvent se dérégler, les oscillations se font alors plus amples et surtout plus durables, le retour à la moyenne tardant à se rétablir. L'humeur peut alors devenir exagérément euphorique, joviale, expansive, avec surexcitation : ce sont les états maniaques ou hypomaniaques. Ou bien au contraire l'humeur devient dysphorique, triste, avec sensation de fatigue et ralentissement psychomoteur : ce sont les états dépressifs, dont le summum est atteint dans le grand accès mélancolique.

Les états d'excitation euphoriques sont naturellement beaucoup mieux tolérés, autant par le sujet lui-même que par son entourage, et ne sont considérés comme pathologiques que lorsqu'ils conduisent à des comportements ridicules, excessifs, dangereux ou inconvenants. A l'inverse, les états dépressifs, avec leur cortège de tristesse, d'inaction, de plaintes, sont péniblement ressentis même s'ils restent modérés dans leur expression.

LES ÉTATS DÉPRESSIFS

Leur intensité est très variable, puisqu'ils vont de la petite « déprime » à la grande mélancolie stuporeuse ou délirante.

Les symptômes

Le premier symptôme est la *tristesse,* la morosité, l'indifférence, l'absence de désirs, le sentiment de vide, d'ennui profond. Une anxiété diffuse ajoute souvent sa note pénible aux symptômes précédents.

Le ralentissement psychomoteur est perçu par le malade qui se plaint d'une difficulté à fixer son attention. Il l'est aussi par l'entourage qui est frappé par la mimique figée, l'attitude en flexion, la voix éteinte, monocorde, le geste rare, le discours pauvre, lent, les réponses par monosyllabes, la difficulté d'association. L'*asthénie* accompagne ce tableau. Elle a pour particularité d'être plus marquée le matin, au réveil, et de s'atténuer en fin d'après-midi.

Les troubles du sommeil consistent surtout en insomnie, et, comme pour l'asthénie, les variations nychtémérales ont leur allure particulière et prennent une valeur diagnostique : c'est une insomnie de la deuxième partie de la nuit.

Divers troubles s'ajoutent aux précédents, parmi lesquels la perte de l'appétit et la baisse de la libido sont assez constantes.

Formes

Les formes mineures sont d'une grande fréquence. Elles sont parfois difficiles à détecter, lorsque le déprimé cache pudiquement ses difficultés, affectant même en public un entrain factice. Il en est de même lorsque des justifications telles que surmenage, manque de sommeil, soucis professionnels sont mises en avant pour expliquer la baisse de tonus. Encore plus trompeuse est *la dépression masquée* où le malaise ne s'exprime qu'au travers de symptômes physiques tels que migraine, maux d'estomac, douleurs lombaires, qui ne réagissent pas aux traitements habituels mais cèdent à un traitement antidépressif.

A l'opposé, sont *les formes graves : la mélancolie* où la douleur morale est intense, où le ralentissement se fait prostration.

La forme délirante où le délire s'alimente de thèmes de culpabilité, d'indignité, de persécution.

La mélancolie agitée, dans laquelle l'angoisse est au premier plan et se traduit par une gesticulation incessante, un flot de paroles.

Causes

L'accès dépressif peut être un épisode d'une psychose maniaco-dépressive. Cette maladie se manifeste par la survenue d'accès dépressifs, ceux-ci étant souvent précédés ou suivis d'accès maniaques. Entre les accès, qui peuvent être séparés par des intervalles de plusieurs années, l'état est normal.

Il s'agit d'une maladie liée à un terrain particulier, et pour cette raison souvent héréditaire. Elle réagit bien au traitement pharmocologique qui doit être mis en œuvre sans retard.

Les dépressions psychogènes s'observent chez des sujets prédisposés par un terrain névrotique, par une personnalité dépendante, par une situation conflictuelle, ou encore à la suite d'un traumatisme affectif ou d'une situation de stress. On parle alors de *dépressions réactionnelles.* Dans ce type de dépressions, on note souvent que la tristesse est moins accentuée, l'humeur plus agressive et revendicatrice, et l'anxiété au premier plan. Les thèmes sont plutôt des thèmes de rejet, d'isolement, de dévalorisation. Ces dépressions réagissent bien aux modifications existentielles ou aux prises en charge par une psychothérapie de soutien.

Autres causes

Une dépression peut avoir une cause organique : de nombreuses maladies peuvent en être l'origine.

On les observe aussi dans des états psychiatriques, au cours de la schizophrénie en particulier, dont elles peuvent précéder, suivre ou accompagner les épisodes. Il existe des formes mixtes dont on se demande longtemps s'il s'agit de l'une ou l'autre maladie.

Les dépressions sont parfois la conséquence de certaines maladies particulièrement asthéniantes. Elles font aussi partie des suites du sevrage, dans l'alcoolisme, ou dans d'autres toxicomanies, et même au cours des régimes hypocaloriques.

Évolution et traitement

Le propre de l'accès dépressif est d'être réversible, ce qui signifie qu'après un délai dc quelques semaines ou quelques mois il se termine, tout en laissant parfois place, comme on l'a vu, à un accès maniaque ou hypomaniaque. Ce retour à la normale est actuellement grandement accéléré par la chimiothérapie antidépressive. La guérison serait donc la règle, sans le risque majeur que constitue l'éventualité du suicide. Ce risque est parfois évident, lorsque le malade en parle ou en prépare l'exécution. Mais souvent le déprimé se garde bien d'alerter l'entourage. Le suicide du déprimé est un suicide sincère, souvent bien préparé et réussi. Il peut aussi être un suicide altruiste et collectif, le déprimé entraînant avec lui dans la mort ceux qu'il aime, pour ne pas les laisser souffrir.

Psychanalyse

La cause de la dépression est la perte d'amour, que cette perte soit due à une séparation (deuil, abandon) ou qu'elle soit vécue comme la sanction d'une indignité (blessure narcissique). Cette situation réactive les affects de la période orale, celle où le bébé ne peut survivre sans l'amour de sa mère. Elle libère en même temps une agressivité que le sujet retourne sur lui-même sous forme d'autodestruction et d'auto-accusation.

Graphologie

L'observation de l'écriture permet de constater des signes de dépression, mais non d'en déceler la cause. Il en est d'ailleurs de même des états d'excitation. Cette étude est grandement facilitée lorsqu'on a la possibilité de comparer divers documents écrits à des périodes différentes.

L'observation graphologique est également utile en renseignant sur la personnalité de base, et permet souvent de mieux comprendre par quel cheminement, par quel mécanisme psychologique une ou plusieurs causes ont pu être à l'origine d'une dépression.

Le trait est pâle, délavé, sans pression, ce qui traduit aussi bien la fatigue que le manque d'intérêt et le désengagement.

Parfois le trait est noir, lourd, par lenteur plus que par appui ; c'est un trait qui s'enlise.

En ce qui concerne certaines maladresses dans la conduite du trait : cabossages, saccades, léger tremblement, elles peuvent être une conséquence du traitement antidépresseur lui-même. Parfois la zone inférieure, celle des jambages, est atrophiée, réduite : perte de l'instinct vital.

Le rythme perd son élasticité, son élan, le mouvement devient stagnant, l'écriture n'avance pas. Des ruptures, des arrêts viennent encore ralentir la progression.

Les formes ont tendance à se rapetisser, elles sont souvent écrasées, effondrées, parfois inachevées, avec des traits qui retombent. On note aussi des torsions, des cabossages.

La direction est flottante ou sinueuse, souvent chevauchante en descendant, ou encore les lignes présentent des chutes en marches d'escalier. Les lignes sont parfois montantes, lorsqu'il y a réaction contre la dépression et un certain degré de forçage pour réagir contre un début de dépression.

En revanche, une écriture régulièrement descendante n'est pas forcément un signe de dépression, s'il n'y a pas d'autres signes associés. Ce peut être l'expression d'une opposition, d'une résistance.

MANIE, HYPOMANIE, ÉTATS D'EXCITATION

La manie est un état d'excitation caractérisé par une exaltation de l'humeur à tonalité euphorique, joviale, optimiste, jointe à une hyperactivité désordonnée.

Cet état débute plutôt brusquement, parfois succédant à un état dépressif, parfois annoncé par quelques modifications subites du comportement telles que fantaisies vestimentaires, dépenses excessives et injustifiées, excès de table.

Au cours de l'accès, le malade est volubile, jovial, le visage animé, coloré, les yeux brillants. Il s'agite, déambule, ne tient pas en place, apostrophe l'entourage, plaisante, souvent avec une ironie très mordante, très caustique, où se devine l'agressivité. Sa tenue est négligée, fantaisiste, parfois débraillée, il met du désordre partout, même dans son discours qui passe d'un sujet à un autre, par simple association. Il fait de vastes projets, se sent en état de tout faire, il balaie les objections, s'impatiente des délais, méprise les obstacles.

Il est en superforme, ignore la fatigue, ne dort pas ou presque pas, mange et boit en quantité.

Ce tableau serait magnifique si l'observation ne relevait la fuite des idées, l'impossibilité de se fixer, la logorrhée parfois assortie de graphorrhée (surproduction d'écriture), la fabulation qui peut aller jusqu'à la mythomanie. Pourtant le malade ne semble pas tout à fait dupe de ses exagérations.

Le relâchement des censures habituelles peut conduire à des débordements et même à des actes délictueux : attentats à la pudeur, actes agressifs, exhibitionnisme, gloutonnerie, chèques sans provision.

Évolution

L'évolution se fait spontanément vers la guérison, et cette guérison est aujourd'hui rapidement obtenue par le traitement approprié, le premier problème étant souvent d'obtenir que le sujet consente à se laisser soigner. Mais l'accès peut se renouveler, après un temps plus ou moins long. Il peut aussi alterner avec des accès dépressifs. Le traitement par le lithium a transformé le devenir de ce type de malade, puisqu'il permet de régulariser l'humeur, mais c'est un traitement qui demande à être prolongé et surveillé.

Formes

Nous citerons les formes graves avec agressivité : *manie furieuse,* ou les *formes délirantes,* assez rares heureusement.

Beaucoup plus fréquentes sont les formes atténuées de *l'hypomanie.* Les symptômes sont les mêmes, mais atténués : excitation intellectuelle et motrice, hyperactivité impatiente, parfois brouillonne, ignorant la fatigue, loquacité, caractère irritable, autoritaire, mais chaleureux. Ces formes donnent une impression de dynamisme conquérant, audacieux, plutôt enviable, mais souvent l'éparpillement, le manque d'organisation, la précipitation constituent des obstacles à l'efficacité.

Il faut citer aussi, bien qu'il ne s'agisse pas ici de pathologie, *les personnalités cycliques,* qui sont en fait des personnalités orales, extraverties, sociables, hyperactives, optimistes que leur résistance physique, leur aptitude aux contacts sociaux, leur attitude bienveillante et encourageante rend particulièrement aptes à certains rôles d'animateurs, d'entraîneurs. Leur caractère est réactif, mais peu oscillant, et ils se maintiennent dans un état de légère hyperexcitation qui leur permet d'endosser gaillardement décisions et responsabilités. Notre époque, avec son culte du dynamisme, privilégie largement ce type de « battant ».

Il faut cependant savoir que ces inébranlables optimistes ne supportent ni l'inaction, ni la solitude. Le tourbillon d'activités, de contacts renouvelés dans lequel ils se meuvent est pour eux une drogue absolument indispensable. On les voit s'effondrer inexplicablement dès qu'ils sont privés de ces échanges, de cette vie de relation. C'est le genre de dépressions qu'on observe chez des sujets qui sont mis à la retraite ou en chômage, après une période d'activité débordante, ou qui sont brusquement transplantés dans un milieu étranger ; eux-mêmes en sont souvent surpris : ils ne se savaient pas si fragiles.

Causes

La psychose maniaco-dépressive comporte des formes bipolaires, dans lesquelles accès dépressifs et accès maniaques se succèdent, à des intervalles qui peuvent être longs (plusieurs années), mais qui ont tendance à se rapprocher au fur et à mesure de l'évolution.

Dans les formes unipolaires, on n'observe que des accès d'un seul type. Les formes unipolaires à type uniquement maniaque sont plus rares que les formes avec accès uniquement dépressifs.

En dehors de cette étiologie, les causes d'un accès maniaque peuvent être :

– *toxiques* (alcool, amphétamines, etc.) ;

– *cérébrales* (certaines tumeurs, traumatismes crâniens, troubles circulatoires, etc.) ;

– *endocriniennes ;*

– *psychiatriques*, en particulier la schizophrénie. On y pense en cas d'accès atypique avec euphorie grinçante, discordante.

Psychanalyse

Il y a dans la manie une réaction contre la dépression, comme si le sujet ayant perdu ce qui était son objet d'amour essentiel se jetait sur des objets de remplacement destinés à être consommés et détruits avec une fébrilité dévorante, et en réalité désespérée.

L'hypomanie semble relever d'un effort pour dénier, ou repousser, les représentations pénibles, pour colmater la frustration essentielle par de multiples satisfactions de remplacement.

Graphologie

Dans les états d'excitation, l'écriture est mouvementée, agitée, d'une mise en page plus ou moins bouleversée par la turbulence et la précipitation.

Le trait est plus rapide que vraiment fort et appuyé. C'est un trait qui glisse, mais qui parfois échappe et pique.

Le rythme est ample, agité, irrégulier.

Le mouvement est rapide, avec des gestes excessifs et mal contrôlés.

Les dimensions sont agrandies, gonflées, avec des exagérations.

L'ordonnance est perturbée, bousculée, il y a des surcharges, des enchevêtrements. Les lignes sont parfois très montantes. Souvent des rajouts viennent s'intercaler en augmentant la confusion d'ensemble.

En ce qui concerne les *personnalités cycliques,* qui correspondent assez, graphologiquement, à ceux que Suzanne Bresard appelle les « instinctifs organisés », on trouve un *trait* nourri, plutôt pâteux ; un *rythme* cadencé, alerte, régulier ; une *forme* arrondie ou ovoïde, en guirlande ; une zone médiane confortable en *dimensions ;* une *ordonnance* dense qui remplit bien la page sans laisser de vide.

La continuité est du type groupé à lié. Lorsque l'écriture est juxtaposée, ou même un peu bâtonnée, c'est qu'il y a beaucoup d'anxiété surajoutée.

Lorsque ces personnalités, en elles-mêmes non pathologiques, subissent un épisode dépressif, on constate que le trait s'affaiblit, devient mité, ou délavé, que le rythme se casse, que les formes s'abîment par des effondrements ou des inachèvements.

DÉPRESSION (ÉCRITURES)

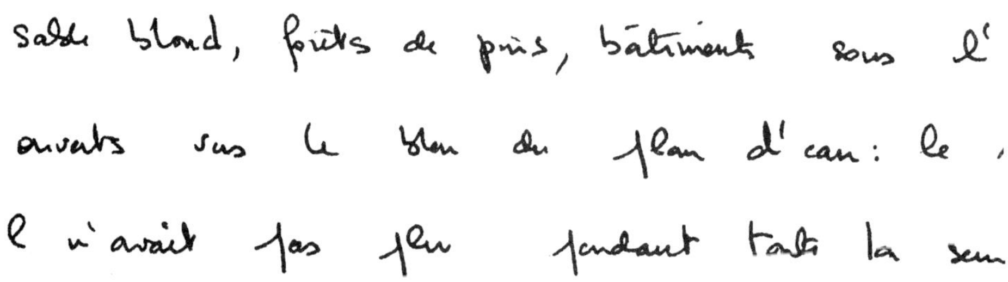

Jeune femme : vingt-six ans, a des phases de dépression. A été anorexique vers l'âge de quatorze ans.

Écriture : petite, redressée, nourrie à pochée, traits initiaux, espacée entre les mots. Type suivant Jung : pensée introvertie, sensation. Le graphisme révèle un bon niveau culturel, mais de l'anxiété (noircissements) et des contacts sélectifs. Les inhibitions, la tendance anale et dépressive, la culpabilité, le besoin de soutien affectif sont faciles à déceler dans l'écriture. Les tests projectifs ont mis en lumière une relation insécurisante avec les images parentales.

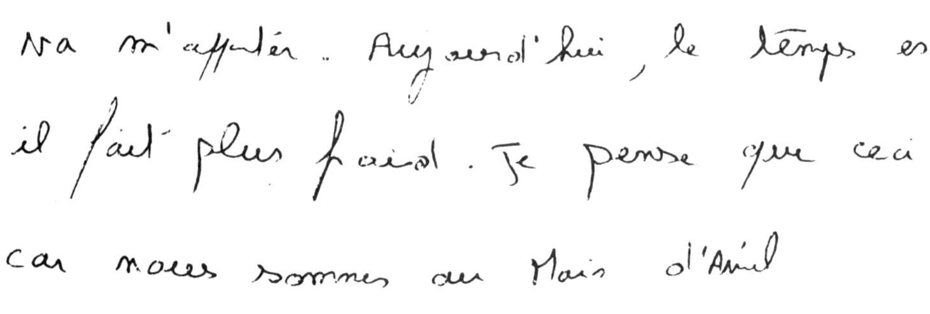

Homme : vingt-sept ans, célibataire, dépression à la suite d'une rupture sentimentale, et psoriasis.

Écriture : descendante, très inégale de direction, spasmodique. Le niveau culturel est fruste et faute de pouvoir verbaliser son anxiété le sujet exprime sa nervosité à travers son corps. C'est un cas typique de maladie psychosomatique.

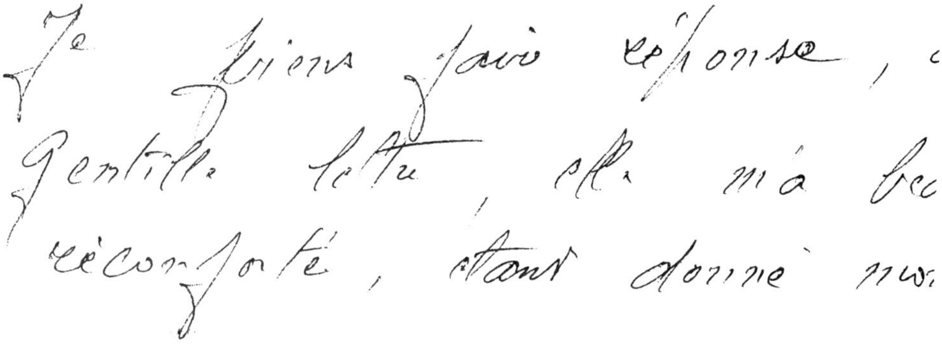

Femme : cinquante ans, a eu deux dépressions et deux ulcères. Divorcée sans enfants. Enfant naturelle, a été élevée par des nourrices très dures, à onze ans est partie travailler dans une ferme, où pour la punir on lui mettait la tête dans un seau d'eau...

Écriture : inclinée, spasmodique, barres de *t* et finales lancées, espacées entre les mots. Personnalité ambivalente faite d'impulsivité (lancements) et de contraintes (étrécissements de *n* et espacements entre les mots).

N'arrivant pas à vivre son agressivité (justifiée par les mauvais traitements subis dans son enfance), elle retourne cette dernière contre elle-même, d'où les ulcères et la dépression.

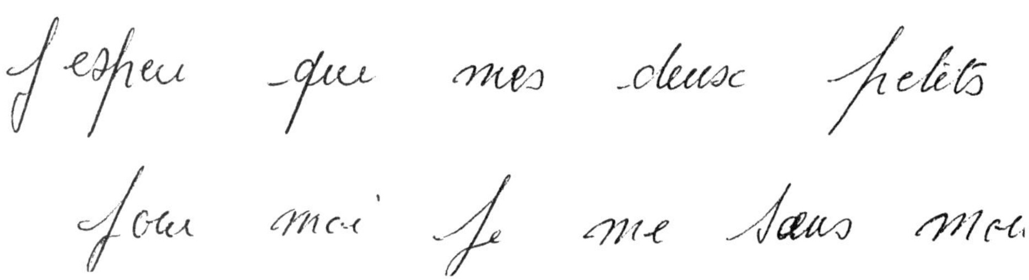

Femme, quarante-quatre ans, veuve, trois enfants, deux dépressions nerveuses (est sous valium). Signes fonctionnels sans étiologie organique : vertiges, sensation ébrieuse... tendance phobique.

Écriture : inclinée, prolongée haut et bas, espacée entre les mots, surélevée, spasmodique. Personnalité constamment insatisfaite sur le plan affectif avec un besoin intense d'accrochage (m + !! au Szondi).

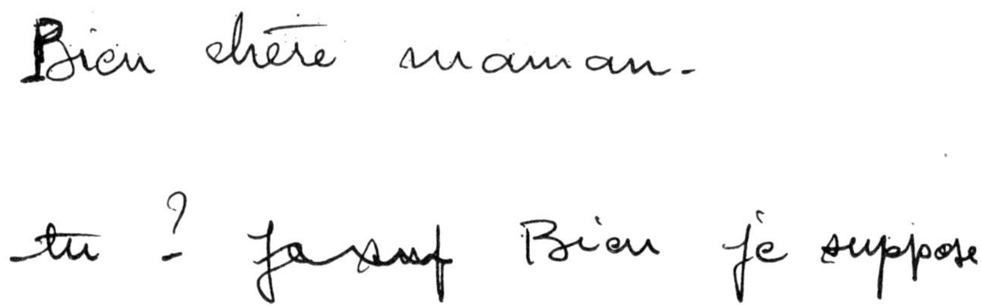
Bien chère maman.
as - tu ? - Je suis Bien je suppose

Femme (noire), trente-sept ans, mariée, trois enfants, épisode dépressif. Insécurité de la première enfance (terriblement battue par ses parents).

Écriture : très retouchée, acérée, noire, jointoyée. Personnalité anxieuse. Les frustrations passées ont engendré une agressivité qu'elle n'arrive pas à investir dans son travail. Les images parentales sont au Rorschach catastrophiques (père : « bête éventrée » ; mère : « bloc de glace » !).

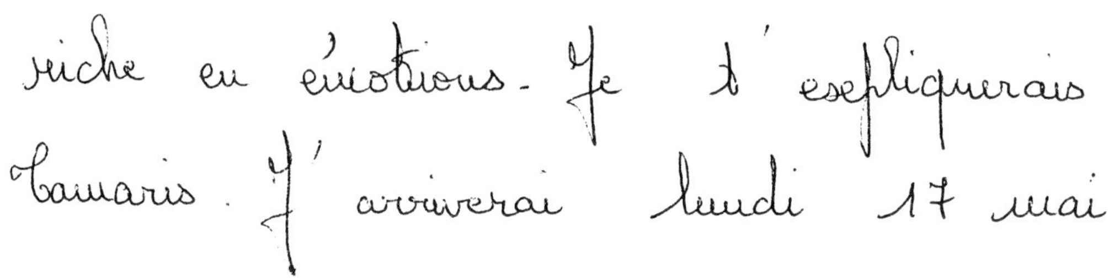
riche en émotions. Je t'expliquerais
tamaris. J'arriverai lundi 17 mai

Femme, vingt-neuf ans, célibataire, fille unique. Dépression à l'âge de dix-neuf ans avec perte de cheveux. Pèse 39 kilos pour 1,61 mètre.

Écriture : verticale, rigide, spasmodique, tordue, prolongée, *j* surélevés, espacée entre les mots. Personnalité insatisfaite, exigeante et immature. Sa mère hyperprotectrice et très anxieuse a contribué à sa vulnérabilité. Les *j* surélevés montrent la susceptibilité, et les hampes prolongées la fuite dans l'imaginaire. La sexualité n'est pas vécue et l'anorexie est préoccupante.

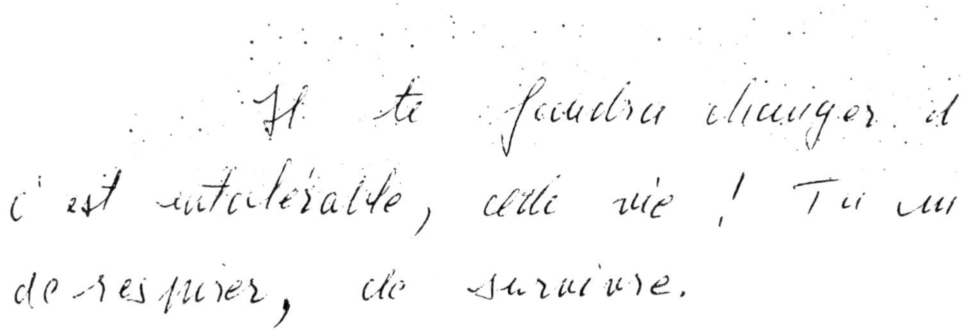

Femme, cinquante-huit ans, 1,60 mètre, 80 kilos. Dépression à la suite du suicide de sa sœur. Divorcée, un fils.

Écriture : rigide, anguleuse, grandes virgules, espacée entre les mots, inégale de direction. La nervosité et la crispation se voient tout de suite dans ce graphisme tendu où des apports d'inconscient incontrôlés perturbent la lucidité de la scriptrice. Au Rorschach, son espace de vie n'est pas structuré, ce qui explique les réactions dépressives.

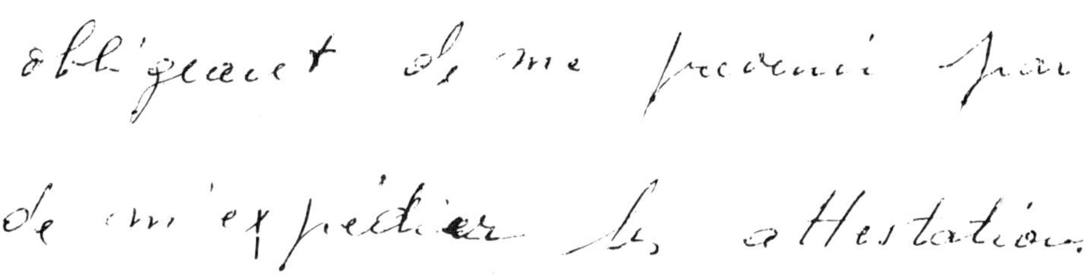

Homme, cinquante-huit ans, marié, sept enfants. dépression nerveuse, a été traumatisé dans sa jeunesse par son envoi au STO à Berlin, sous les bombardements. A également souffert d'avoir un père absent et insouciant.

Écriture : inclinée, rapide, retouchée, chevauchante en descendant. Le scripteur s'efforce de lutter contre son pessimisme, mais son moral est atteint (voir onde de chute de première ligne) et son idéation perturbée (retouchée).

Homme, trente-trois ans, célibataire. Tendance dépressive avec névrose d'angoisse et note hystérique et phobique sous-jacente.

Écriture : filforme, avec zone médiane écrasée, hampes et jambages importants, imprécise, rapide, virgules et accents acérés, certaines majuscules gonflées. Besoin d'importance, fuite, nervosité et insatisfaction se lisent dans cette écriture évoluée mais le scripteur rêve sa vie plus qu'il ne réalise ses ambitions, d'où par moments des effondrements.

PSYCHOSE MANIACO-DÉPRESSIVE (ÉCRITURES)

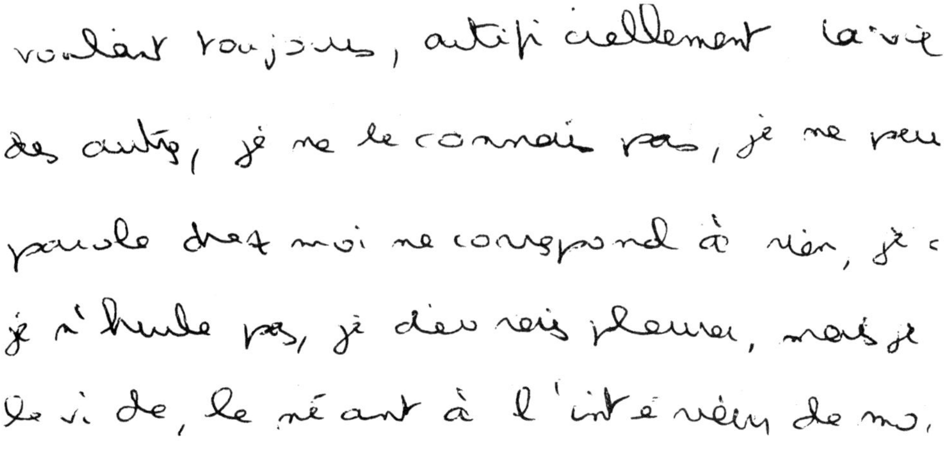

Jeune homme, vingt ans, dépression mélancolique, aîné de trois garçons. S'est pendu trois mois après que son père en eut fait autant. Très intelligent. Avait été admis à une grande école parisienne.

Écriture : très inégale, saccadée, cabossée. Lettres télescopées, jambages amenuisés, hampes gonflées, pression nette à spasmodique, effondrement de la zone médiane, trous dans les mots.

L'envahissement par l'inconscient et le sentiment de solitude ont contribué à l'angoisse et au morcellement de la personnalité.

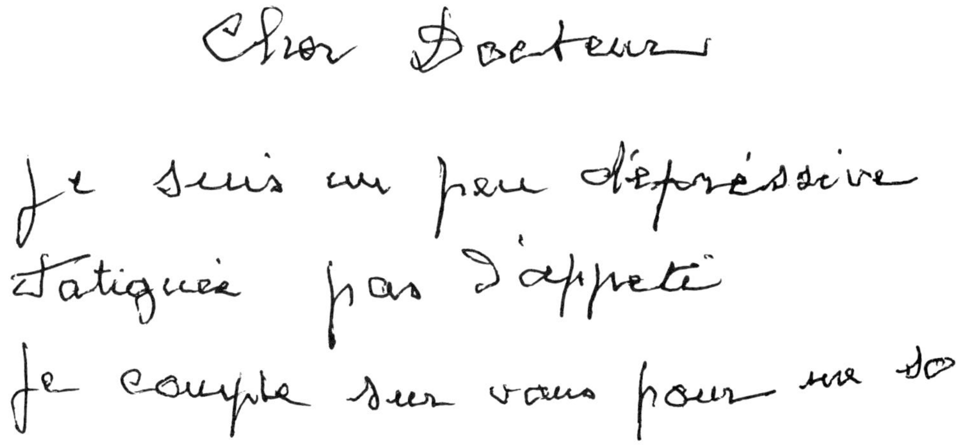

Femme, quatre-vingt-trois ans, psychose maniaco-dépressive. Traitée au lithium. Le texte a été écrit en phase dépressive.

Écriture : cabossée, spasmodique, tremblée, finales lancées. Le mauvais contrôle gestuel est dû à la sénilité, néanmoins les traits lancés révèlent une impulsivité latente (le danger suicidaire est toujours à redouter dans les cas de mélancolie).

a)

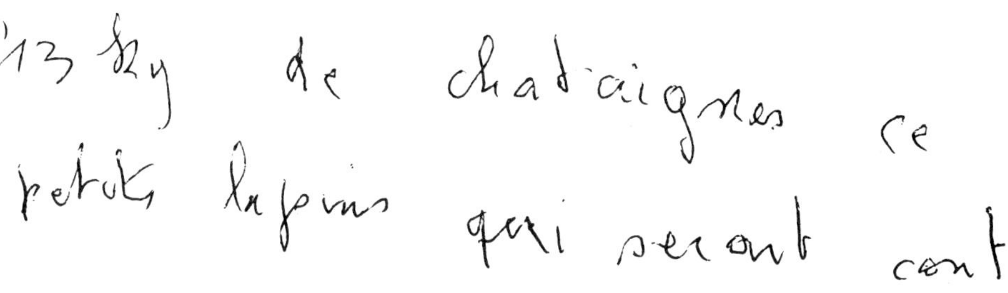

b)

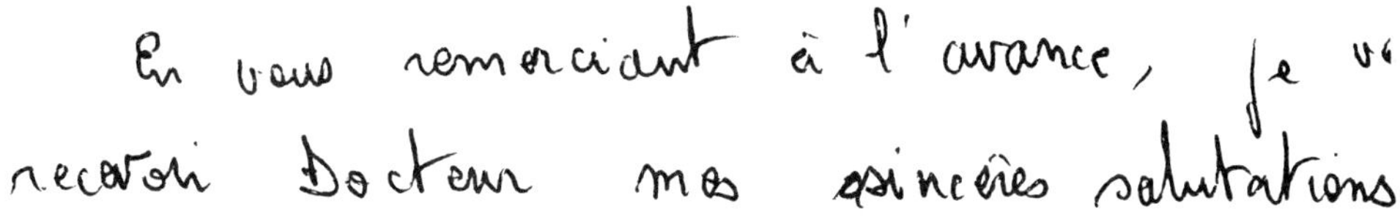

Femme mélancolique. Voir l'écriture à un an de distance pendant et après le traitement.

a) Sous anafranyl à haute dose : écriture crispée, cabossée, tremblée, espacée entre les mots.

b) Écriture après traitement, le tonus est meilleur, le graphisme n'est plus tremblé, mais la pression demeure spasmodique, les finales sont lancées, et les espacements toujours importants entre les mots prouvent les difficultés de contact.

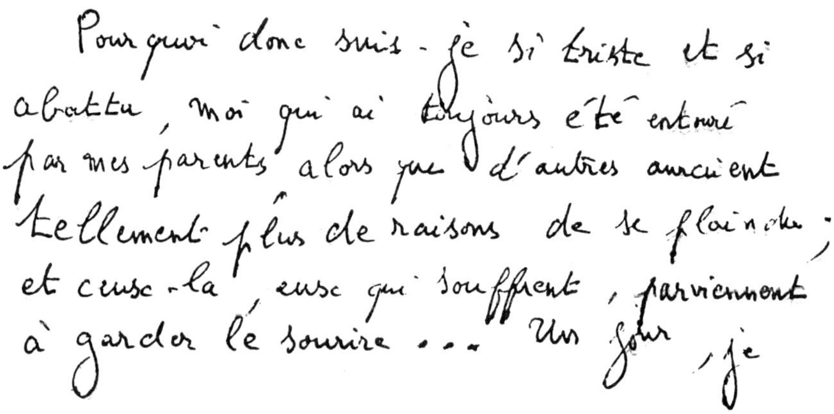

Jeune homme, vingt-deux ans, célibataire, est l'aîné de deux enfants. Psychose périodique en évolution depuis quatre ans. Dépression, idées délirantes.

Écriture : noire, cabossée, parfois tremblée, jambages importants, gros points noirs. Le graphisme traduit l'altération des facultés psychomotrices et un déficit vital important. La résistance physique est amoindrie.

Le scripteur s'efforce de lutter contre son pessimisme, mais les chutes très fréquentes de la ligne de base prouvent les échecs répétés.

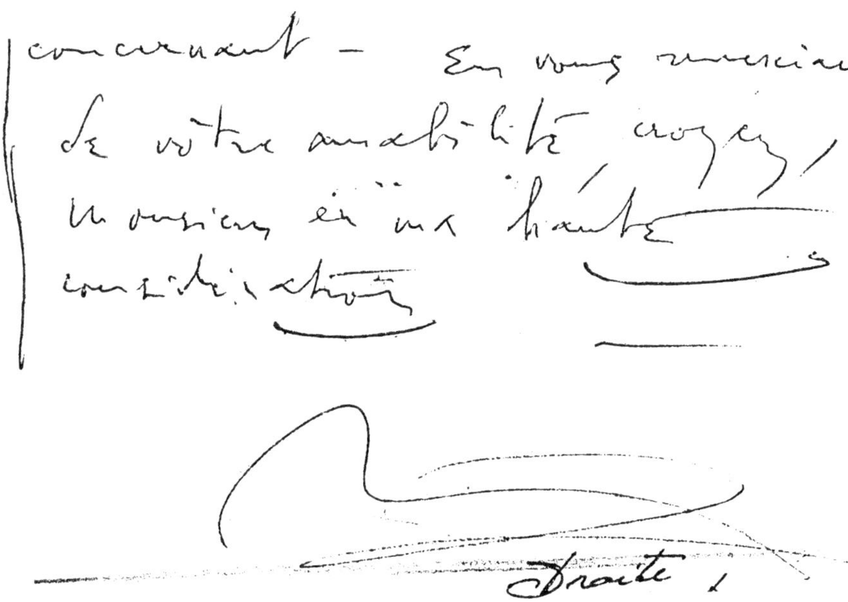

Homme, trente-huit ans. Psychose maniaco-dépressive. État mixte, à la fois excité et déprimé avec une alternance rapide. Persévérance d'un thème à travers des variations thymiques.

Le document ci-dessus a été écrit en phase maniaque.

Écriture : sautillante et rapide, fine et acérée, très inégale, tendance au filiforme, zone médiane « cabossée », parfois abîmée, grandes virgules acérées, signature avec paraphe en zigzag sinistrogyre, finales prolongées. Le scripteur est un nerveux typique avec tout ce que cela peut comporter de curiosité intellectuelle, d'instabilité et d'équilibre fragile. Il est très émotif et beaucoup trop réagissant. Les cabossages et les effondrements font présager des troubles de l'idéation. Son attitude sociale est faite de panache et d'ostentation, mais son activité est plus bouillonnante qu'efficace et le sujet s'épuise en réactions trop vibrantes.

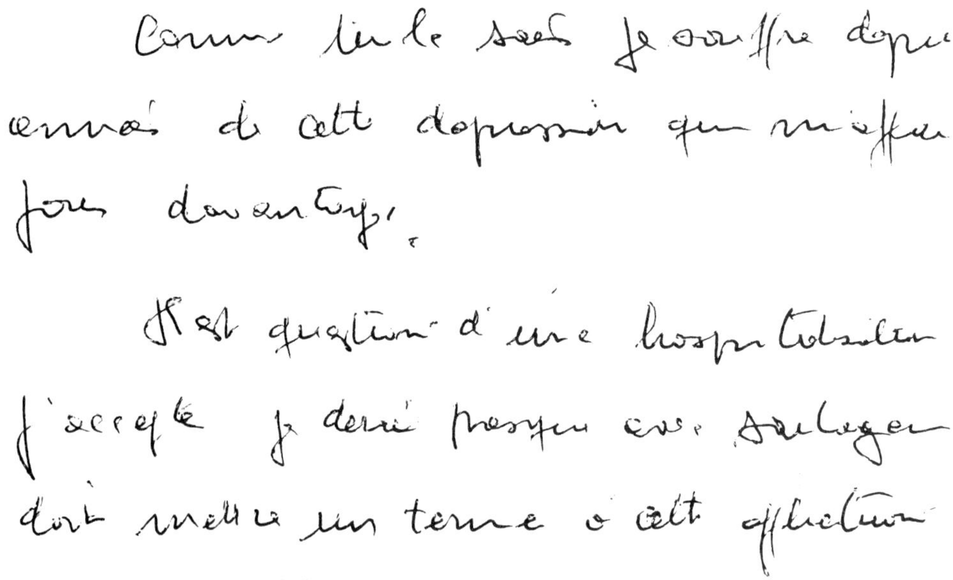

Comme tu le sais je souffre depuis un mois de cette dépression qui m'affecte jour davantage.

Il est question d'une hospitalisation j'accepte je désire presque car soulager doit mettre un terme à cette affliction

Homme, soixante-cinq ans, dépression mélancolique. Éducation stricte, mère très autoritaire, milieu d'origine modeste, au départ travailleur manuel, puis commerçant. Estime qu'il a été élevé très durement sans tendresse. A épousé également une femme très rigide. A été hospitalisé. Le document graphique a été rédigé en période dépressive, le scripteur étant traité par anafranyl, séresta, etc. Des tendances masochistes suicidaires et alcooliques ont été décelées par l'examen de personnalité.

Écriture : la praxie est perturbée par les médicaments, néanmoins le graphisme frappe par son niveau général correct compte tenu de la formation de base, également par ses crispations, écrasement de la zone médiane, spasmes, ondes de chute, lignes descendantes.

Après un traitement au lithium et une psychothérapie d'inspiration analytique qui a duré deux ans, le scripteur a retrouvé son dynamisme et la joie de vivre sans tomber, comme c'est souvent le cas, dans une phase maniaque.

10.

ÉTATS LIMITES

Le groupe des états limites s'est peu à peu dégagé des catégories des névroses et des psychoses. Bien que la part qui doive lui être réservée fasse encore l'objet de discussions, la nécessité d'intercaler une place pour ces états limites s'est imposée peu à peu. Il concerne des sujets en apparence plutôt névrotiques, car ils ne perdent pas contact avec le réel, mais dont l'adaptation reste fragile, et les mécanismes de défense peu élaborés.

Les sujets qui relèvent de cette catégorie des états limites, ou organisation limite de la personnalité, paraissent adaptés, mais cette adaptation n'est maintenue qu'au prix d'une grande angoisse, d'une tension ; elle peut craquer à tout moment sous l'influence d'une frustration, de la perte d'un soutien, d'une blessure narcissique. Aussi la vie relationnelle est-elle conflictuelle, émaillée de déboires, de ruptures, sur fond d'insatisfaction permanente et de revendication agressive. L'humeur est instable, allant de l'excitation à la dépression.

L'angoisse est au premier plan, soit comme malaise existentiel permanent, soit sous forme de crises plus extériorisées.

Les symptômes d'allure névrotique sont eux aussi toujours présents. Ils n'ont pas la fixité d'une vraie névrose, mais sont variables, mouvants. Ils vont de la simple phobie aux idées obsédantes, de la mythomanie aux préoccupations hypocondriaques avec troubles fonctionnels multiples et retentissement psychosomatique.

On note chez ces sujets une grande *dépendance* vis-à-vis des médicaments, drogues, alcool, et parfois simplement nourriture, une *agressivité impulsive* et une tendance au *passage à l'acte.*

La dépression constitue le substrat permanent contre lequel le sujet doit se défendre : sentiment de vide, de manque, d'ennui, morosité, absence de projet réel, si bien que ces sujets sont des touche-à-tout, éparpillés, agités, toujours en quête de quelque chose de nouveau qui donnerait intérêt à leur vie. Sur ce fond dépressif, les tentatives de suicide sont à redouter en raison de la facilité du passage à l'acte.

En dehors des accès dépressifs, d'autres épisodes psychiatriques peuvent survenir, à type de désorientation, dépersonnalisation, prostration, bouffée délirante. Ils sont fugaces et régressent rapidement en deux ou trois jours.

Évolution

L'évolution est très variable puisqu'elle va d'une adaptation en apparence réussie jusqu'à des états plus nettement psychiatriques.

Les cas favorables sont ceux où, au prix d'aménagements coûteux et de renoncements, grâce aussi à des circonstances et à un entourage chaleureux, le sujet parvient à maintenir tout au long de son existence une adaptation suffisante, certes inconfortable, mais finalement réussie.

Une rencontre affective sécurisante peut aussi jouer un rôle décisif en permettant un certain remaniement, en renforçant le narcissisme blessé. Ce renforcement du narcissisme peut aussi se trouver favorisé par un rôle social gratifiant.

Mais souvent l'évolution se fait vers une personnalité pathologique, une névrose de caractère, un état dépressif plus ou moins permanent, ou même vers des conduites délinquantes, toxicomaniaques, chaque événement jouant un rôle désorganisateur pour aboutir à un état d'allure psychotique.

Psychanalyse

Les états limites seraient la conséquence de traumatismes affectifs remontant aux premiers mois de la vie. Ces traumatismes ne seraient ni aussi précoces, ni aussi désorganisateurs que ceux qui sont à l'origine de la psychose, mais ils suffisent pour que l'enfant soit privé de la sécurité nécessaire. Ce manque de sécurité intérieure l'amène, par la suite, à chercher des images parentales de soutien pour lutter contre l'angoisse d'abandon. Il dépend d'un idéal du moi irréaliste et inaccessible, si bien qu'il demande l'impossible à lui-même et à l'existence. Il est donc toujours déçu, toujours frustré, et oscille entre le découragement, le sentiment d'impuissance et la surenchère narcissique destinée à masquer les échecs.

Un mécanisme de défense utilisé par l'enfant et conservé dans les états limites est celui du *clivage* d'objet. Ce mécanisme tend à maintenir séparés les deux aspects, bon et mauvais, d'un même objet, perçu tantôt bon, tantôt mauvais, comme la mère, bonne quand elle donne, mauvaise quand elle refuse. C'est le cas du petit enfant qui dit à sa mère : « tu es méchante, je te déteste », puis court se jeter à son cou sans plus se souvenir de sa colère. Les relations affectives des personnalités limites sont ainsi marquées par les volte-face, les retournements. L'objet est idéalisé et adoré, puis rejeté agressivement.

Dans l'organisation limite, le père n'apparaît pas comme le détenteur de la loi. Le père est un père maternant, chargé de protéger, non d'interdire. Il n'y a pas de véritable sur-moi, mais un idéal du moi qui représente ce que la mère est censée attendre de son enfant.

Graphologie

Étant donné la plasticité, la variabilité des symptômes offerts par les états limites, il est difficile de décrire des aspects graphologiques typiques.

– On peut observer une écriture type abandonnique, avec

zone médiane mal structurée, de hauteur variable, avec des effondrements, des lettres très petites, le *i* surtout.

– Souvent ce sont les signes d'immaturité qui dominent : formes « en surface », molles, inachevées, jambages atrophiés, torsions, lignes fluctuantes, rythme stagnant.

– Enfin une écriture stylisée, du type « persona ». Il s'agit des personnalités « comme si » (ou *as if*), du « faux *self* » décrit par les psychanalystes. Ces scripteurs se conforment à un personnage idéalisé avec lequel ils se confondent plus ou moins, en neutralisant ce qu'ils ont de vraiment authentique.

CAS LIMITES (ÉCRITURES)

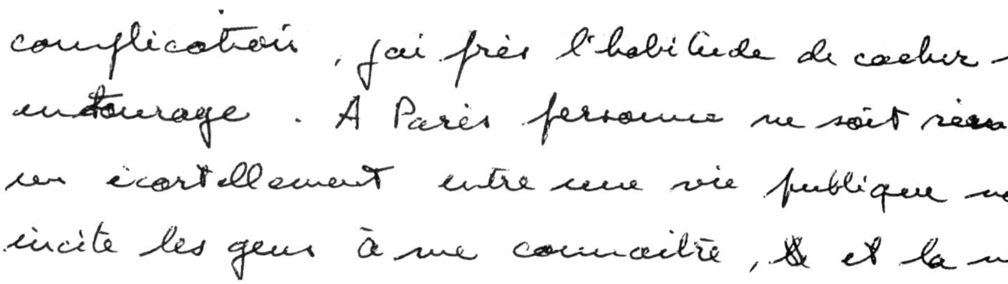

Femme, quarante-quatre ans, formation scientifique évoluée. Père dominateur, très coléreux, et mère castratrice. Est la seconde d'une fratrie de cinq. A été religieuse pendant un an.

L'examen de personnalité (Szondi, Rorschach, test de l'arbre) a révélé un « moi du dressage », une angoisse culpabilisante, une libido perturbée. La note paranoïaque domine le facteur hystérique qui est pourtant très important.

Écriture : petite, retouchée, spasmodique, acérée, type « pensée » selon Jung et stade anal selon Freud.

Nous sommes ici devant un cas *border-line,* et toute intervention risque de provoquer une décompensation.

Le test de l'arbre avec ses noircissements révèle une anxiété majeure et une agressivité latente non négligeable.

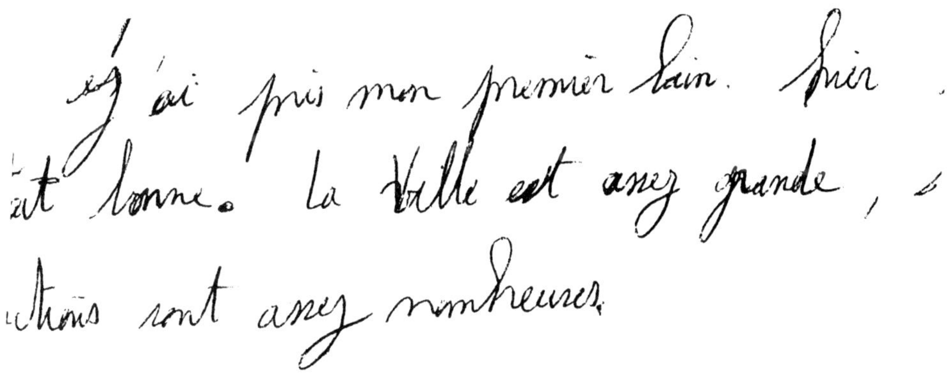

Jeune homme, vingt ans, petit niveau général. Est vendeur dans une confiserie. Difficultés majeures de contact. S'enferme dans sa chambre pendant des journées entières. N'a pas d'amis et est incapable de faire seul une course dans un magasin.

Écriture : étrécie, hampes tordues, grandes virgules, gros points noirs, prolongée haut et bas.

Un sentiment profond d'anxiété et d'insatisfaction anime le scripteur qui souffre de blocages importants (voir les étrécissements). Son tempérament de base est nerveux, ce qui ajoute encore un élément négatif à sa fragilité psychique.

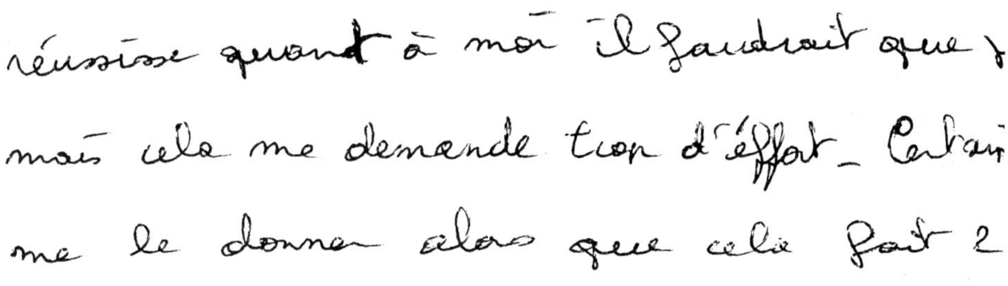

Jeune fille, vingt-trois ans, 70 kilos, 1,56 mètre, a fait une tentative de suicide. A l'impression qu'on l'aimerait moins si elle n'était pas malade. Est bachelière, mais poursuit des études en dilettante. Mange beaucoup de gâteaux.

Écriture : petite, plutôt écrasée sur la ligne, et comporte beaucoup de retouches. Ceci révèle une personnalité anxieuse, peu épanouie, nerveuse. Le sens critique est aiguisé avec une tendance à l'opposition (voir les acérations). Les jambages atrophiés traduisent la castration (au test de Szondi le moi est celui du « dressage »). La marge sociale très respectée indique un sur-moi social important, et l'angoisse qui en résulte est culpabilisante (voir les retouches).

Les bénéfices secondaires sont très bien perçus par la scriptrice qui ne tient pas à s'investir dans une activité professionnelle (voir les bons interlignes). Il existe une capacité relative d'appréhension de la réalité, mais la menace de crise de dépersonnalisation n'est pas à exclure. Il s'agit d'un cas limite.

11.

PSYCHOPATHIE

DÉSÉQUILIBRE MENTAL
PERSONNALITÉ ANTISOCIALE

Cette rubrique rassemble une catégorie de personnalités pathologiques difficile à cerner, embarrassante pour le psychiatre, car ne correspondant pas à une entité morbide précise, et pourtant bien identifiable par le comportement.

Le psychopathe n'est pas à proprement parler un malade : c'est un être qui ne s'adapte pas à la société, car il n'en supporte pas les contraintes ; il n'éprouve ni le désir, ni l'obligation de s'y soumettre.

Causes

On s'est beaucoup interrogé sur les causes, sur les origines de cette incapacité de s'intégrer au groupe social en acceptant les règles. On a incriminé des causes génétiques, biologiques : la dégénérescence, le « chromosome du crime », un environnement familial précocement défavorable. C'est sans doute à cettc dernière explication qu'on peut rattacher le plus grand nombre de cas : un père absent ou inexistant, ou désavoué ; une mère faible, infantile, instable, au comportement imprévisible, tantôt tendre, possessive, tantôt rejetante, lointaine, insaisissable. Il arrive aussi que l'enfant ait été confié à des remplaçants de parents indifférents et durs.

Description

Dès l'enfance, le psychopathe se signale (c'est plus souvent un garçon, d'après les statistiques) par un caractère difficile, opposant, instable, agité, coléreux. La scolarité est émaillée d'incidents, d'échecs, de conflits, avec des fugues, des punitions, des changements d'établissement. Le gamin se rend partout indésirable, ce qui ne fait que renforcer ses conduites de révolte et d'opposition.

Très tôt, il se sent seul en face d'un monde indifférent vis-à-vis duquel la seule attitude possible est un opportunisme égocentrique. Si toutefois quelqu'un lui témoigne de la bienveillance, la partie n'est pas gagnée pour autant, car il a l'art de décourager les bonnes volontés.

L'apprentissage est souvent un nouvel échec, le service militaire une source de conflits. Compte tenu de la passivité et de l'impulsivité de ces jeunes psychopathes, la fréquentation des « bandes » et des groupes marginaux débouche facilement sur la petite délinquance, la prostitution, les expériences toxicomaniaques.

A l'âge adulte, l'instabilité persiste : changements de métier, de domicile, recours aux expédients, existence parasitaire si le milieu est tolérant, mais aussi combines, escroqueries, alcoolisme. Il existe des degrés, du marginal au délinquant, du parasite à l'escroc, mais ces différences tiennent pour une grande part aux circonstances, au hasard des rencontres, tant ces sujets sont le jouet des influences et des événements.

Évoquant le polymorphisme de ces comportements, le Dr Deniker a parlé du psychopathe comme d'un « caméléon psychiatrique ». Outre les conduites asociales, on note des tendances dépressives, des conduites à risque, des suicides ou des tentatives de suicide. Le psychopathe flirte aussi avec la perversion de caractère, avec des traits hystériques tels que la fabulation et la mythomanie.

Parmi les constantes de sa personnalité, notons :

– *La passivité,* la dépendance, une tendance dépressive, sans doute moins visible au premier abord que l'agressivité, l'arrogance, les fanfaronnades, la vanité naïve, mais bien réelle. Cette passivité explique l'absence de projet, le manque de ténacité, le côté instable et versatile, l'ennui, ainsi que le recours facile à l'alcool, aux drogues, ainsi que le fatalisme avec lequel les influences sont subies sans sélection ni résistance.

– *L'impulsivité,* l'agressivité, le passage à l'acte qui traduit l'impossibilité d'élaborer les conflits, de différer la réalisation du désir, si bien que toute tension est « agie » dans l'immédiat.

Le psychopathe semble ne garder aucun souvenir du passé ; en tout cas, il n'en tient pas compte, oublie ses échecs et n'en tire pas la leçon, pas plus qu'il ne semble capable d'anticiper les conséquences de ses actes.

– *L'instabilité* découle de ce qui précède. Le psychopathe ne s'attache pas, ne se fixe pas. Sa vie est faite de ruptures, qu'il provoque souvent et qui lui donnent l'impression de se libérer.

Sur le plan *intellectuel,* on ne constate aucun déficit particulier. Mais le défaut d'attention, la difficulté à se concentrer, les lacunes d'apprentissage empêchent souvent le potentiel d'être bien utilisé.

Sur le plan *relationnel,* le psychopathe est souvent d'un abord agréable, d'un contact facile. Mais très vite ses exigences, son sans-gêne, lassent les bonnes volontés.

Évolution et thérapeutique

Avec les années, l'impulsivité s'atténue, comme l'agressivité ; le psychopathe aurait tendance à s'assagir, mais c'est souvent au prix d'un alcoolisme chronique et d'une marginalisation plus poussée.

Par ailleurs, étant donné la multiplicité des risques encourus : rixes et règlements de comptes, accidents ou suicide, alcoolisme et toxicomanies, l'avenir de ces sujets est grevé de menaces largement supérieures à la moyenne.

On peut citer des cas heureux, rares il est vrai, qui ouvrent une brèche dans ce pessimisme. Ces cas semblent relever de rencontres providentielles, de hasards bénéfiques, plus que d'un plan thérapeutique concerté.

La thérapeutique en effet reste bien décevante et désarmée devant ces inadaptés sociaux qui semblent échapper à toutes les tentatives de rééducation. La répression est inefficace, l'internement psychiatrique ne se justifie pas, quant à l'hospitalisation, elle n'a sa raison d'être qu'en cas de maladie intercurrente.

Un milieu d'accueil assez tolérant peut être utile comme stade de transition, mais c'est souvent au sein d'une communauté très structurée et très motivée que ces sujets trouvent une stabilisation relative.

Psychanalyse

Faute d'images parentales valables, faute d'une image paternelle positive à laquelle s'identifier, le psychopathe n'a pu se construire. Son moi est inconsistant et manque d'une assise narcissique solide ; il oscille entre un moi grandiose infantile et un moi écrasé, insignifiant. N'ayant pas introjecté les interdits parentaux, il n'a pas de sur-moi et ne s'est pas forgé de règles de conduite. Les blessures narcissiques ne font que raviver le sentiment de honte et l'incitent à chercher des compensations mégalomaniaques.

Graphologie

Lorsqu'un graphologue est mis en présence d'une écriture de psychopathe, c'est bien souvent parce que celui-ci a déjà donné du fil à retordre à ses parents ou à l'entourage responsable : problèmes caractériels, échecs scolaires, prédélinquance ou même délinquance.

On s'attendrait donc à trouver une écriture très discordante, violente, turbulente. Or le graphisme se révèle plutôt terne, médiocre, quelconque, d'une banalité un peu mollassonne.

Le manque de structure personnelle conduit ces sujets à s'abriter derrière un conformisme de façade, mais ce n'est qu'un placage fragile qui craque facilement, d'où, souvent, le manque d'homogénéité du graphisme.

L'absence de rythme est un trait commun à ces écritures. Tantôt le rythme est lâché, tantôt il se crispe en un mouvement raidi. Roda Wieser avait signalé, en étudiant des écritures de délinquants et de criminels, qu'on n'y rencontrait jamais cette élasticité souple du trait qui témoigne d'une adaptation spontanée et aisée.

Le mouvement est absent ou peu marqué : l'écriture est stagnante, ou bien le mouvement est heurté et l'écriture donne l'impression de faire du sur place.

Le trait est fort ou léger, mais c'est surtout la conduite du trait qui traduit la difficulté à faire face à la situation qui se présente.

– *Des spasmes* dénotent les décharges agressives, celles-ci étant d'autant plus dangereuses que l'écriture est plus lente. Il y a là une réactivité non maîtrisée.

– *Une pression déplacée,* et surtout *inversée,* l'appui se faisant là où devrait se trouver le délié, alors que le trait vertical, qui devrait être appuyé, est léger. C'est l'indice d'un manque d'affirmation dans la décision, compensé par une certaine violence dans l'action ou vis-à-vis de l'autre. Faible dans la décision, brutal dans la réaction, tel est bien le psychopathe dans sa vie relationnelle.

– *La pression massuée* traduit une agressivité qui se décharge violemment.

La forme est proche du modèle scolaire qu'elle reproduit servilement, ou bien les formes typographiques, le script, sont utilisés. On y retrouve le même souhait de ne pas se trahir, de se dissimuler derrière une façade de convention aussi impersonnelle que possible.

On rencontre aussi des formes enfantines, maladroites, indice d'immaturité, indice aussi du niveau social et des lacunes de l'apprentissage scolaire.

Le mode de liaison le plus employé est l'arcade, autant parce qu'elle va avec la conservation du modèle scolaire que parce qu'elle est un geste d'autoprotection et parfois même de dissimulation.

L'ordonnance est conformiste, avec une mise en page envahissante sans marge : difficulté à se situer, à respecter ses limites, à tenir compte de l'autre.

La continuité est marquée par l'importance des composantes enfantines (ruptures, reprises, fausses liaisons, soudures, saccades) : manque de maturité, difficulté à coordonner une action d'ensemble.

La direction est plus volontiers verticale ou oscillant autour de la verticale. L'écriture n'est pas propulsive, le psychopathe n'ayant en général pas de projet, mais flottant plus souvent au gré du moment.

L'ensemble donne donc parfois une impression plutôt sage : claire, lisible, organisée, tranquille. C'est en particulier le cas des délinquants incarcérés, assagis par force. Quand ils sont en liberté, l'écriture se débarrasse du carcan, comme leur personnalité qui trouvait une pseudo-cohérence dans la contrainte carcérale, et supporte mal l'absence de discipline imposée du dehors.

PSYCHOPATHIE – SOCIOPATHIE – PERVERSIONS (ÉCRITURES)

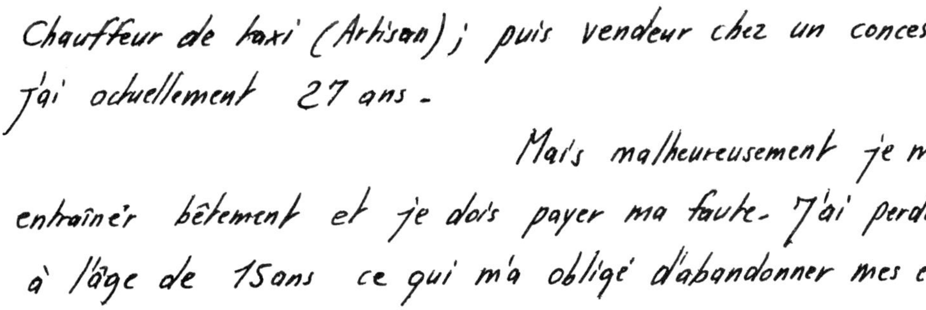
Chauffeur de taxi (Artisan) ; puis vendeur chez un concess
J'ai actuellement 27 ans -
Mais malheureusement je me
entraînér bêtement et je dois payer ma faute - J'ai perdu
à l'âge de 15ans ce qui m'a obligé d'abandonner mes é

Homme, vingt-sept ans, orphelin de père, souffre de malformation cardiaque, a eu enfant la danse de Saint-Guy. A fait un hold-up, la lettre a été écrite en prison.

Écriture : script, stylisée, étrécie, ralentie par excès d'application, rythme assez mécanisé, inclinaison trop régulière, juxtaposition statique, ordonnance très stricte, pression intense, trait luisant et appuyé, virgules fortes, paraphe agressif. Il faut toujours être en alerte devant ces écritures artificielles et ce d'autant plus que le rythme est absent.

Sous l'exemplarité apparente, ces « écritures masques » recouvrent souvent le manque de vie et de force véritable de la personnalité. L'agressivité révélée par la densité de la pression, par les traits libres, est fortement réprimée, mais prête à surgir, à la moindre brèche de cette construction rigide qui est le « corset » d'un moi fragile aux instincts violents.

Le test de l'arbre du scripteur est beaucoup plus révélateur que son écriture. Nous nous contenterons de reproduire simplement son deuxième arbre qui représente son moi intime, et nous ne pouvons donner que les explications essentielles le concernant, bien que ce test se soit révélé d'une richesse inouïe.

Le tronc au trait zébré et noirci révèle l'angoisse et l'irritabilité. Le soleil brille dans l'avenir (à droite) mais celui-ci est brisé (branche droite cassée et tombante).

Les racines nombreuses et visibles sont le signe d'une vie sexuelle exigeante et insatisfaite (du fait de la vie carcérale).

Le coin enfoncé, à gauche du tronc, correspond au traumatisme dû à la mort du père lorsqu'il avait quinze ans (indice de Wittgenstein).

La caisse mise au pied de l'arbre et sur laquelle est inscrit « chasse gardée » est probablement le butin de son hold-up qu'il espère, peut-être, récupérer à sa sortie de prison.

Le troisième arbre, non reproduit ici, représente ses aspirations futures et nous montre, suspendu à droite du tronc, un revolver faisant feu, ce qui ne laisse pas d'être inquiétant pour l'avenir... L'agressivité perçue grâce à la pression de l'écriture est ici confirmée de façon spectaculaire.

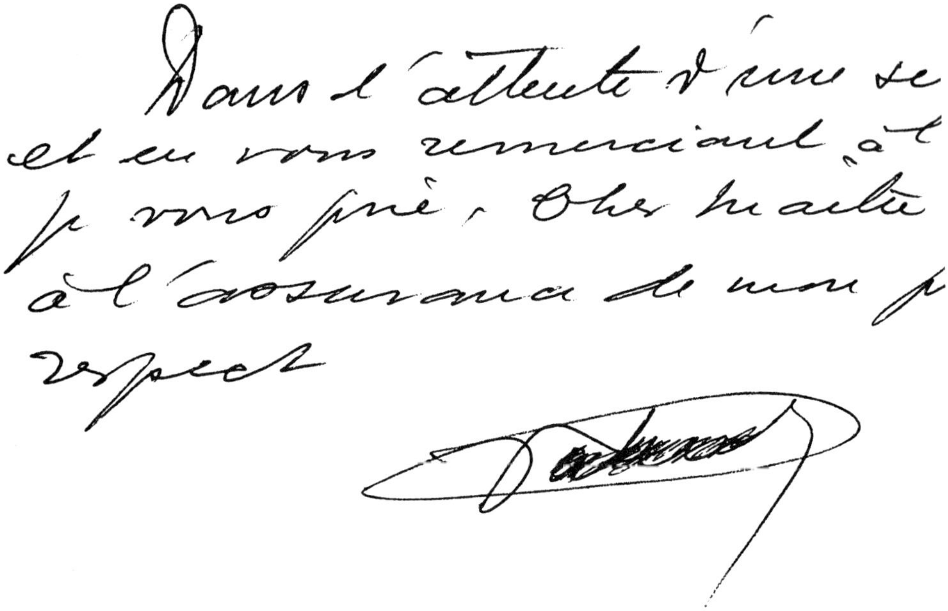

Homme, quarante ans, proxénète.

Écriture : inclinée, rapide, semi-anguleuse, mouvementée, surélevée, en spirales et lassos, nette et acérée, très appuyée, spasmodique. Majuscules gonflées, à rebours, dents de sanglier et dents de requin. Signature au centre complètement enclavée.

Type : paranoïde, sadique. Le besoin de puissance, le côté calculateur et l'aspect fascinateur font du scripteur un être d'une grande dangerosité. La cruauté est masquée par le charme, le savoir-faire, l'entregent. La signature enclavée révèle la méfiance.

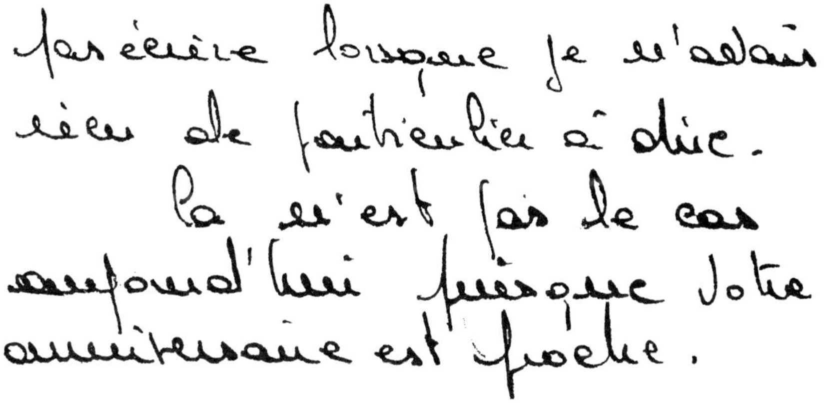
pas écrire lorsque je n'avais rien de particulier à dire. Ce n'est pas le cas aujourd'hui puisque votre anniversaire est proche.

Jeune homme, vingt ans, psychopathe et menteur. Soupçonné d'avoir fait cambrioler une parente. Vivait avec une prostituée dont il tirait des revenus. A fait de bonnes études (préparation aux grandes écoles), mais après un échec a cessé de travailler et a fréquenté les gens du « milieu ».

Écriture : renversée, spasmodique, pression boueuse, lettre fermées en dessous, lettre en deux morceaux (voir les *q*), surélevée, jointoyée. Personnalité féminoïde, narcissique, manquant de franchise, à la fois secrète et orgueilleuse.

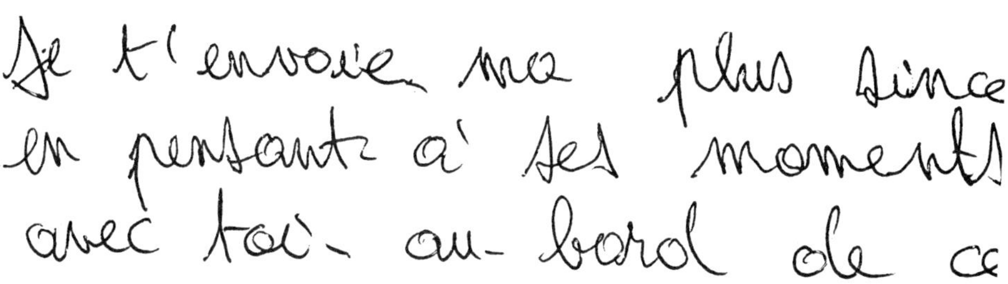
Je t'envoie ma plus since
en pensant à ses moments
avec toi au bord de ce

Homme, trente et un ans, célibataire, est le sixième d'une fratrie de dix enfants. Adolescent, a fait une fugue, puis vol de bicyclette, activité clastique, et relation homosexuelle, peur du père.

Écriture : grande, anguleuse, spasmodique, nombreux collages, finales grossissantes. Personnalité immature et instable, labilité émotionnelle, moi infantile, importante demande affective non satisfaite d'où décharges agressives.

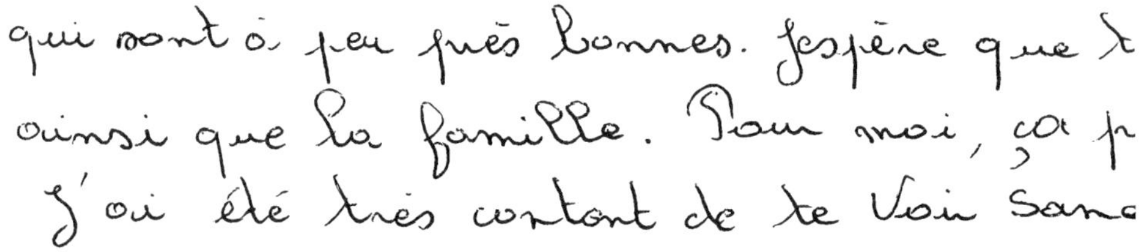

Homme, vingt-quatre ans, célibataire, chauffeur livreur. Vol, puis homicide (était ivre le soir du crime).

Écriture : redressée, tordue, formes encore très « scolaires », spasmodique, signature avec paraphe anguleux à gauche. Le graphisme traduit les immaturités et le petit niveau culturel. Ils s'agit d'un moi faible, incapable de contrôler ses pulsions, l'alcool ayant de plus levé les inhibitions.

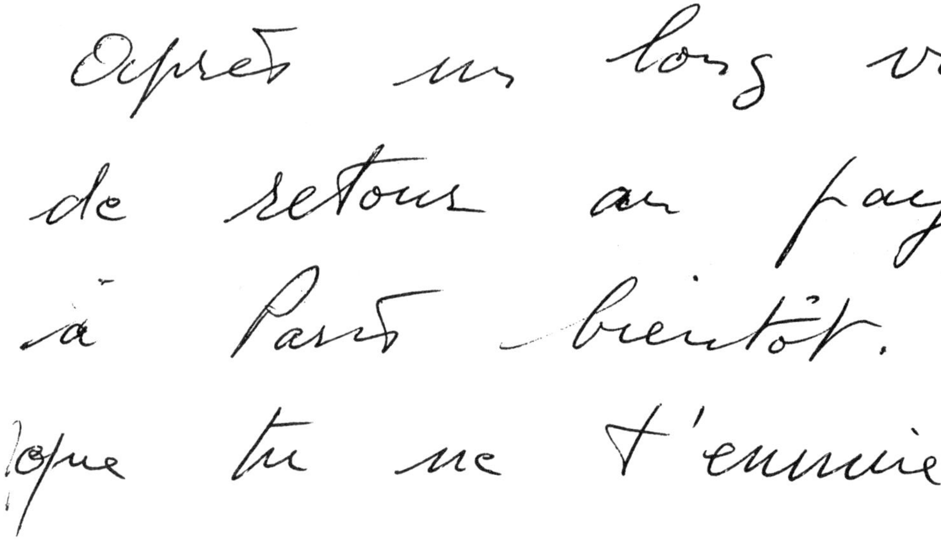

Homme, quarante-sept ans, attentat à la pudeur sur enfant de six ans. Eczéma intense, impuissance sexuelle, vie affective très pauvre, forte impulsivité et contrôle émotionnel fragile.

Écriture : inclinée, acérée, espacée entre les mots, spasmodique, gros points noirs. Personnalité à la fois anxieuse, frustrée et agressive. Les cheminées (grands blancs verticaux) traduisant les difficultés de contact et la possibilité de surgissement d'un inconscient mal contrôlé. L'eczéma est ici une forme d'hystérie de conversion.

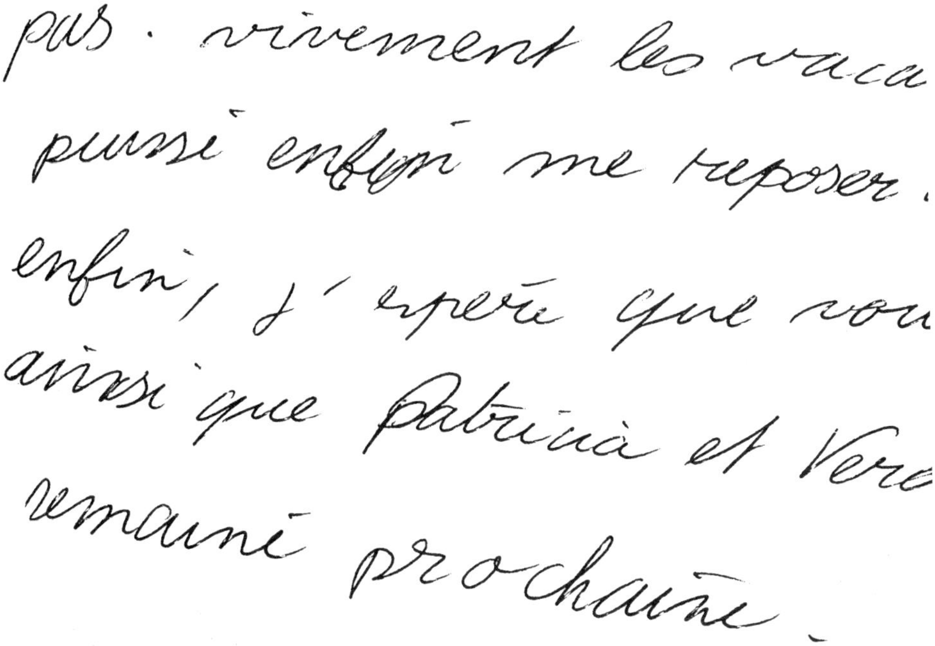

Adolescent, quinze ans, a commis des vols avec des camarades. Onychophagie, est le deuxième enfant d'une fratrie de trois. Les parents sont perçus au Rorschach comme très castrateurs. Le test de Szondi révèle de la panique (e-hy) et la rupture de contact (d- ! m-).

Écriture : inclinée, descendante, mise en page « en éventail », finales lancées, grandes virgules. Sujet nerveux, immature, construit en révolte dès l'enfance, dépressif ; une évolution vers la schizophrénie est à redouter.

12.

PERSONNALITÉ ABANDONNIQUE

SYNDROME D'ABANDON

C'est en 1950 que Germaine Guex attire l'attention sur ce qu'elle nomme d'abord névrose d'abandon. Par la suite, elle substitua au terme de « névrose » celui, purement descriptif, de syndrome d'abandon.

Ce syndrome, tout en offrant le tableau d'une névrose, avec troubles du caractère et difficultés relationnelles, répondait mal à la cure psychanalytique classique centrée sur les problèmes œdipiens.

On retrouvait dans le passé de ces sujets une situation d'abandon, mais souvent plus vécue subjectivement que réalisée objectivement.

L'abandon radical, définitif, tel qu'il survient en cas de mort ou disparition des parents, engendre agressivité et volonté de puissance. Dans un article paru en 1976 dans la revue *Médecine et hygiène,* intitulé « Les orphelins mènent le monde », le Dr P. Rentchnick notait qu'un grand nombre de leaders de l'histoire, chefs politiques ou religieux, avaient été soit orphelins, soit rejetés par leur père, soit de naissance illégitime, cette constatation l'amène à dire que, pour ces enfants, la politique ou la religion apparaissaient comme des moyens privilégiés de recréer un ordre du monde où ils trouvaient une place à leur convenance (à condition bien sûr qu'ils en aient les capacités).

L'abandon ou l'absence, ou la défaillance du père est souvent notée dans les antécédents des psychopathes et des personnalités antisociales. Ceux-là voudraient probablement aussi recréer le monde à leur convenance, mais, faute d'énergie, de volonté, de persévérance, ils se contentent souvent de rafistolages plus ou moins bricolés sous la poussée des circonstances : ils ne réussissent ni à refaire le monde, ni à s'y adapter, ce qui confère à leur existence cet aspect de « ratés » successifs.

Dans les cas d'abandonnisme, il s'agit moins d'un abandon avoué que d'une menace d'abandon, d'un abandon possible, suspendu comme une menace, mais non tout à fait consommé, et qu'on peut encore tenter de conjurer, ou encore d'un abandon insidieux, subtil. L'enfant n'est pas en danger, il ne manque pas de soins, il est simplement confié à une parente, une voisine, une institution, pour un temps qui se prolonge. Les abandonniques ne sont pas forcément, tant s'en faut, des « cas sociaux », mais tout simplement des enfants qui ne se sont pas sentis indispensables à leurs parents, qui ont pensé qu'on pouvait très bien se passer d'eux, et que par conséquent ils étaient en danger d'abandon. Il y a eu blessure narcissique plus ou moins grave, plus ou moins réparée par la suite, ce qui explique le manque de confiance en soi, la passivité, la tendance presque masochiste à l'autodénigrement, le sentiment d'être vaincu d'avance.

Description

Déjà enfant, l'abandonnique se signale par son comportement déroutant, à la fois indifférent, distant, et capable d'élans soudains très démonstratifs. Il est morne, apathique, et tout à coup agité, brouillon, versatile, passant d'une activité à une autre de manière décousue.

Les résultats scolaires sont affectés par un tel comportement, et plus médiocres que ce qu'on pourrait attendre des capacités intellectuelles qui sont normales.

Les passages à l'acte tels que fugues, petits vols, vandalisme, boulimie, viennent renforcer l'impression d'enfant difficile.

Parvenu à l'âge adulte, le comportement s'est assagi et socialisé, du moins en apparence, et l'abandonnique se présente comme un sujet assez bien adapté, parfois même hyperadapté, tant est grand pour lui, ou pour elle, le désir de se faire adopter par le groupe. Pourtant, malgré ces efforts, l'adaptation n'est que superficielle et peu satisfaisante.

D'abord parce qu'elle est *onéreuse.* Elle se fait au prix d'un renoncement à tout désir, à toute affirmation personnelle et originale. L'abandonnique ne vit, pense, agit qu'en fonction de ce qui sera approuvé par le groupe, ou par des remplaçants idéalisés des instances parentales.

Ensuite parce qu'elle est *fragile :* la moindre menace de rejet fait basculer l'abandonnique dans la dépression, en réactivant l'angoisse primitive et la blessure narcissique.

Enfin parce qu'elle est *décevante,* car elle laisse subsister trop d'insatisfactions, donc d'agressivité toujours prête à resurgir sous forme de revendication, de reproches, de ruptures, qui donnent à la vie relationnelle une allure conflictuelle et orageuse.

Si bien que les principaux symptômes de l'abandonnisme sont :

– *L'angoisse* avec sentiment de catastrophe menaçante.

– *Le sentiment de dévalorisation,* reliquat de la blessure narcissique : sentiment de rejet, d'exclusion, de ne pas pouvoir être aimé, de ne pas être capable de faire face aux situations ; en un mot, ne pas être à la hauteur, et ceci radicalement et définitivement, malgré de brefs sursauts d'espoir.

– *Une exigence affective démesurée,* vécue sous le mode infantile d'une demande dévoratrice, insatiable.

Germaine Guex distingue deux types : le type positif aimant, et le type revendicateur agressif. En fait, les deux se juxtaposent, ou plutôt ne sont que les deux faces d'une même personnalité. Chez l'abandonnique, l'agressivité et la revendication jalouse sont toujours présentes en même temps que la demande affective. Il souhaite désespérément être adopté, et semble parfois tout faire pour provoquer le rejet qu'il redoute. Il va même jusqu'à en prendre l'initiative pour ne pas avoir à le subir, ce qui relance le cycle rejet-dévalorisation-agressivité.

C'est le paradoxe de l'abandonnique qu'il ne puisse supporter l'affection qu'il réclame. Il la cherche et la redoute : le rejet le désespère, mais un attachement trop envahissant lui fait peur. Les critiques l'accablent, mais les compliments le mettent mal à l'aise, comme s'il craignait de se laisser engloutir ou manipuler.

On retrouve chez l'adulte les alternances d'entrain un peu survolté et d'apathie désenchantée, cette horreur de la solitude, ce sentiment de vide et d'ennui qu'il faut essayer de conjurer par l'agitation, ce côté très disponible, très ouvert, mais aussi volage, sans persévérance, ces emballements suivis de rupture ou de condamnations sans appel.

Pour échapper à l'angoisse, les passages à l'acte sont possibles, surtout chez le sujet jeune. En dehors des tentatives de suicide, toujours possibles dans les moments dépressifs, ils prennent souvent des allures plus socialisées que chez l'enfant ou chez les psychopathes : les fugues sont remplacées par des voyages et des déplacements inopinés, les vols par des frénésies d'achats, il peut y avoir crise de boulimie ou alcoolisme aigu et même, bien que ce soit plus rare, conduite toxicomaniaque.

L'abandonnique est sociable, aimable et sait en général se présenter sous un jour favorable. Il n'a le plus souvent aucune peine à trouver un emploi, et les premières semaines se passent dans la satisfaction générale. Ce n'est que par la suite que les difficultés peuvent apparaître. En ce cas, l'abandonnique n'insiste pas et s'en va. On se trouve, au bout de quelques années, devant un *curriculum vitae* très discontinu, où les emplois se succèdent sans beaucoup de suite logique.

Graphologie

Les signes graphologiques de l'abandonnisme portent essentiellement sur la zone médiane, zone du moi.

La zone médiane est peu solide, mal construite et mal défendue : elle comporte des formes imparfaites, inachevées, crénelées, effondrées, et parfois filiformes. Les effondrements montrent le fléchissement de la confiance en soi ; le filiforme, l'adaptation à tout prix, au détriment de ses valeurs personnelles.

Il peut y avoir coexistence de formes ouvertes, inachevées, et de formes très enroulées qui marquent une tentative de protection.

Le trait est rarement fort, plutôt léger, parfois spasmodique ou pâteux.

Le mouvement est progressif ou un peu flottant. La continuité va dans le sens de la juxtaposition ou du groupage avec souvent de jolies combinaisons.

Lorsque *la direction* est ferme, le moi prend appui sur des principes. Le comportement est plus socialisé et mieux compensé.

PERSONNALITÉ ABANDONNIQUE (ÉCRITURES)

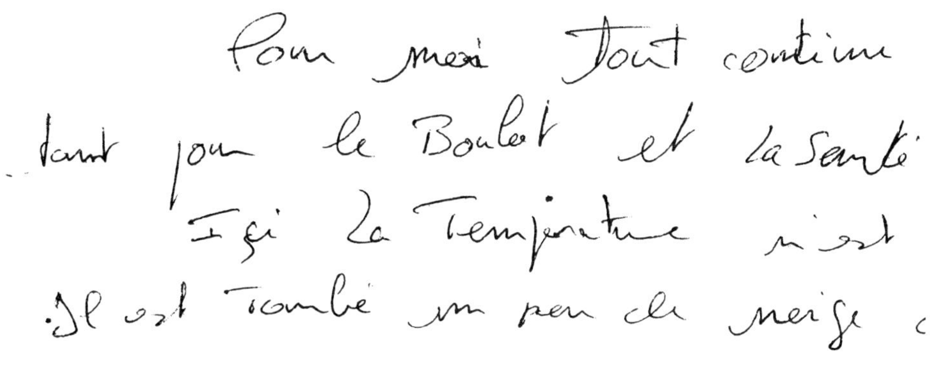

Homme, vingt-trois ans, martiniquais, célibataire, névrose d'abandon avec tendance phobique et hystérie d'angoisse. A un CAP. Souffre d'un prurit anal.

Écriture : très inégale, désordonnée, imprécise, discordante, majuscules inutiles, traits initiaux en courbe. Le graphisme révèle une personnalité peu structurée, un jugement immature, un niveau général peu évolué et un très grand besoin de soutien affectif. Le test de Szondi donne les réactions d'angoisse (e - hyo) et de panique (e- hy - !).

Femme, cinquante-cinq ans, célibataire, névrose d'abandon, origine polonaise, a été abandonnée à l'âge de quatorze jours, puis mise en nourrice où elle faisait, dit-elle, « la bonniche ». Souffre d'un tic d'arrachage des cheveux.

Écriture : grande, spectaculaire, hampes et majuscules gonflées, finales lancées. L'exaltation imaginative, l'impulsivité et la tendance à l'opposition sont ici flagrantes. Le besoin inflatif est compensatoire des frustrations douloureuses de l'enfance. L'agressivité est retournée contre soi (arrachage des cheveux). La demande affective est énorme et insatisfaite.

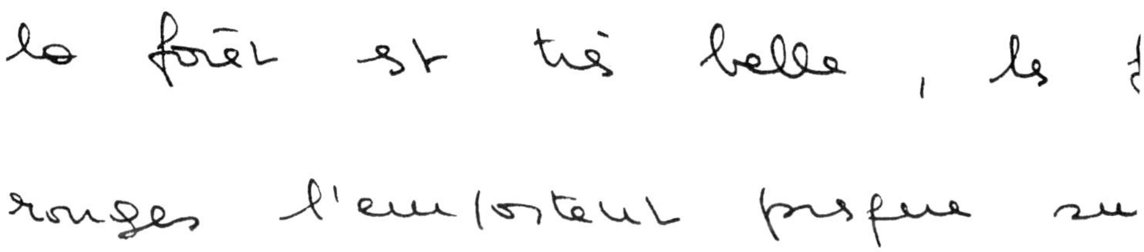

Femme, vingt-neuf ans, niveau culturel évolué, névrose d'abandon. A été adoptée à l'âge de trois mois, mais ne l'a su que vers l'âge de six ans. Dit avoir vécu son enfance dans un climat d'insécurité (mère adoptive à la fois tendre et dure).

Écriture : claire, redressée, espacée entre les mots, en guirlande, jointoyée. La peur de perdre et l'angoisse qui s'y attache empêchent la scriptrice de faire confiance à la vie et d'établir un contact profond. Elle n'a pas dépassé le stade narcissique, et son univers apparaît au test de Rorschach très sadomasochiste.

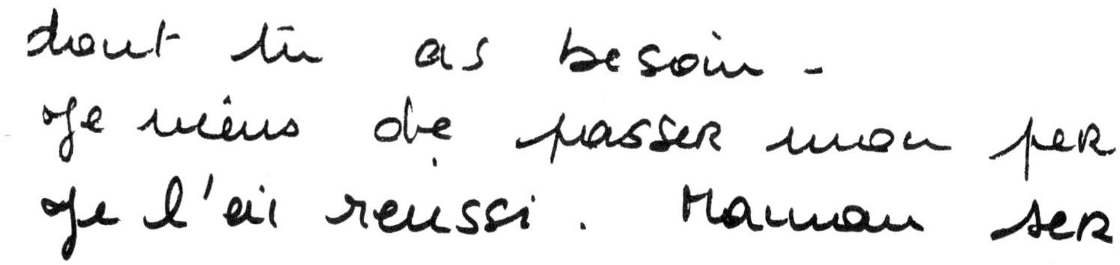

Jeune fille, dix-sept ans, névrose d'abandon. A été mise en nourrice dès l'âge d'un an et demi à cinq ans. A des demi-frères et sœurs des premiers mariages de ses parents.

Écriture : nourrie, en guirlande, jointoyée, *r* majuscules inutiles, traits initiaux en guirlande, type selon Jung « sentiment – sensation ». La pensée est concrète, mais pas très évoluée. Le besoin de soutien affectif se voit dans les traits initiaux, et se comprend si l'on sait que la scriptrice dans son enfance a été battue par ses deux parents...

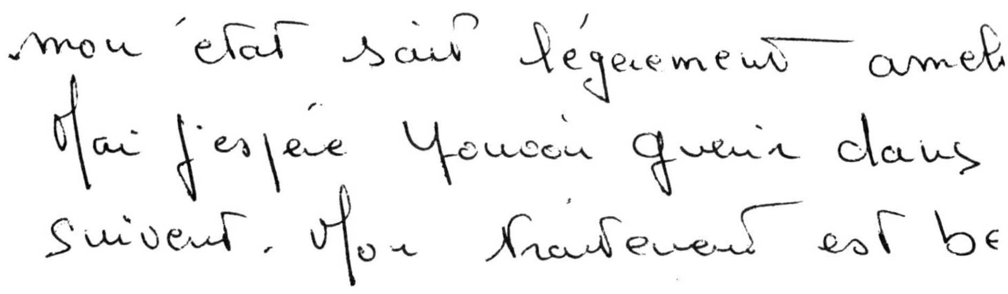

Homme, vingt-deux ans, célibataire, asthme, eczéma, note abandonnique sous-jacente. Il s'agit d'un oral frustré sur le plan affectif, qui se comporte en anal dépressif agressif.

Écriture : acérée, appuyée, lancée, redressée, aspect général un peu féminoïde (Szondi : ho s+ ! et e - hy -).

L'asthme est ici un cri d'appel à l'amour de la mère. L'agressivité particulièrement évidente dans l'écriture traduit la revendication et la frustration.

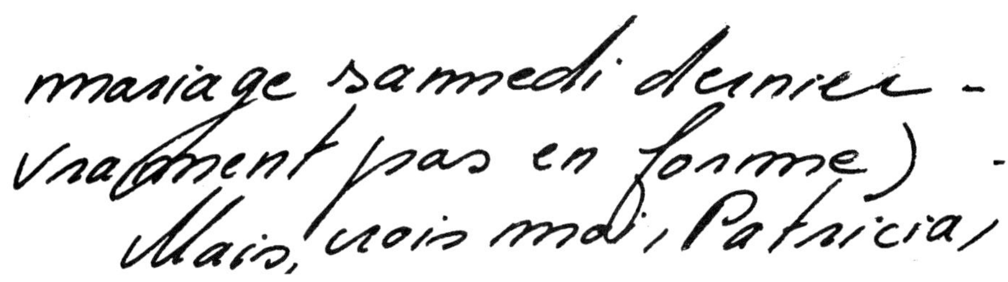

Jeune fille, vingt-deux ans, névrose d'abandon, anorexie avec tendance hystérique et paranoïde, pèse 46 kilos pour 1,61 mètre, possibilité suicidaire.

Écriture : inclinée, nourrie, en arcade, enchevêtrée, signature conforme au texte. Personnalité évoluée et chaleureuse, mais profondément insatisfaite. La relation parentale est très mauvaise (mère dépressive, père d'une « nervosité incroyable »). Au test de l'arbre, a intitulé son deuxième arbre (moi intime) : « arbre qui pleure dans la solitude ». La difficulté de remise en cause se voit dans les enchevêtrements de l'écriture, de même que la fuite en avant (suicidaire) se traduit dans l'inclinaison presque « couchée » du graphisme.

13.

PERSONNALITÉ NARCISSIQUE

La personnalité narcissique-phallique a été décrite par W. Reich qui la caractérise par la surestimation de soi, de ses capacités, de ses réalisations, par une ambition sans limites, par la recherche de domination, de pouvoir, de succès, ainsi que par une grande énergie mise au service de ces buts. Il insiste aussi sur une sexualité parfois perturbée par des tendances homosexuelles avec amour en miroir, ou par l'abstinence sexuelle.

La recherche de prestige, l'orgueil, la suffisance rapprochent ce type de personnalité de la personnalité paranoïaque, dont elle se distingue pourtant parce qu'elle n'a pas la même méfiance agressive, le côté revendicateur et querelleur qui vient de ce que le paranoïaque part toujours d'une position défensive pour attaquer.

Le narcissique, lui, est plutôt charmeur, affable, il cherche à séduire, à intéresser, à captiver pour satisfaire son besoin de conquête et marquer des points.

Mais, sous l'amabilité de façade, on perçoit vite la froideur affective, la sécheresse, l'absence d'empathie d'un être qui ne s'attache à personne, pour qui les autres sont toujours remplaçables. Le narcissique ne peut aimer qu'en miroir son reflet, son double, son écho.

Il se retient de désirer, car désirer c'est avouer un manque. Lui veut ne rien devoir à personne, ne rien demander, se suffire à soi-même.

Il est fier de son apparence physique, qu'il soigne avec attention, de ses prouesses sportives, de sa réussite sociale, de sa virilité, encore que sa vie sexuelle ne soit pas toujours exempte de problèmes, comme le notait Reich, probablement parce qu'il investit surtout le symbole phallique de puissance.

Il est capable d'incontestables réussites sociales et professionnelles, car il est fortement motivé et concentre ses efforts. Lorsqu'il n'a rien à prouver, rien à dominer, il est guetté par l'ennui, par un sentiment de vide, car il ne tient à rien qu'à lui-même. Les échecs le blessent et il y réagit par des accès de rage froide, blanche, violente, destructrice. La rage narcissique peut être redoutable.

Le narcissique tend à devenir à soi-même son propre idéal, ce qui peut le rapprocher du pervers dans la mesure où il ne connaît d'autre loi que la sienne. Il est aussi pervers dans la mesure où il ne reconnaît pas à l'autre le droit à avoir son propre narcissisme. Pour assurer sa domination, il n'hésite pas à se comporter en véritable prédateur : il intimide, neutralise et détruit sa proie, c'est-à-dire le narcissisme des autres. Il veut régner seul et ne tolère pas qu'on lui fasse de l'ombre.

La personnalité narcissique-phallique n'est pas le fait du seul sexe masculin. Chez la femme, elle se manifeste par les mêmes tendances ambitieuses et dominatrices, par la même froideur affective et la manière d'utiliser les autres à son profit et à ses fins personnelles, sans empathie ni reconnaissance, par la même énergie mise au service de la compétition et de la réussite. Si elle cherche à séduire, c'est pour mieux dominer, elle se veut inspiratrice, égérie. Elle a grand soin d'elle-même et de son apparence, mais vêtement et parure sont moins un plaisir et un jeu qu'un instrument de compétition et l'extériorisation du prestige et de la supériorité.

Graphologie

Ce qui caractérise les écritures narcissiques-phalliques, c'est l'étirement en hauteur, l'importance des hampes, des majuscules, des surélévations.

Les verticales sont souvent bâtonnées, la zone médiane est parfois réduite, effondrée, filiformisée, par suite du peu d'importance accordée à l'affectivité et au quotidien. Parfois la zone médiane est elle-même assez grande, ou plus souvent inégale.

Si on la compare à l'écriture des paranoïaques, elle est moins serrée, moins étrécie, moins enchevêtrée, et aussi moins rigide dans l'inclinaison. Le mouvement peut être progressif, mais dans l'ensemble il est moins « fonceur » que celui du paranoïaque : le narcissique prend le temps de soigner son image, et il tient à se surpasser plus encore qu'à parvenir au but.

Note : A côté de la personnalité phallique-narcissique, on emploie souvent le qualificatif dc narcissique pour désigner un égocentrisme ingénu qui serait un reliquat du narcissisme primaire, autrement dit le sentiment d'être seul à exister dans un monde où tout l'entourage n'est qu'un milieu nourricier où puiser selon ses besoins.

Le narcissisme, comme amour de soi et intérêt porté à soi-même, se prolonge évidemment tout au long de la vie. Les relations affectives du stade oral, celui du jeune enfant, en sont tout imprégnées, ce qui explique qu'on rassemble parfois sous un même terme les écritures orales et les écritures narcissiques.

Du point de vue graphologique, les écritures narcissiques (non phalliques) sont des écritures à grosse zone médiane ronde, avec des formes gonflées, enroulées, lovées sur elles-mêmes. Les prolongements sont souvent plutôt modestes, car il y a peu de désir de participation.

PERSONNALITÉ NARCISSIQUE (ÉCRITURES)

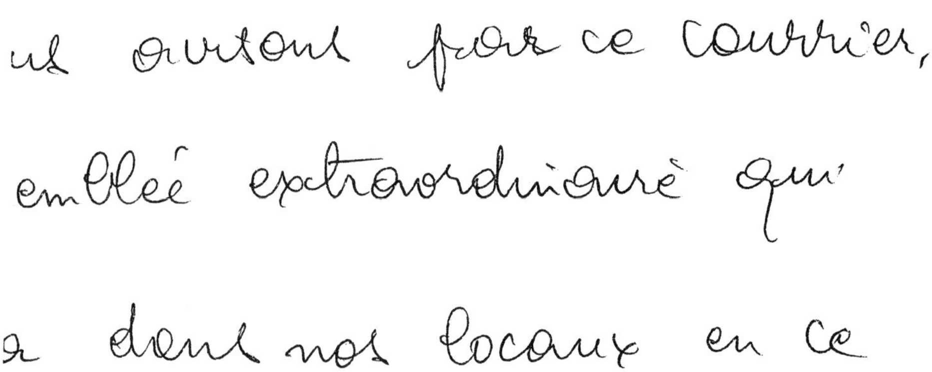

Femme, vingt-cinq ans, névrose narcissique, chute de cheveux, aménorrhée. Parents polonais, pas de vie sentimentale.

Écriture : jointoyée, oves gonflés, *e* apraxique, formes en lassos (voir le *q*), acérée. Écriture narcissique, non phallique.

Personnalité à la fois frustrée et très égocentrique, centrée sur ses problèmes personnels et qui retourne son agressivité contre elle-même (chute de cheveux). C'est l'orale frustrée qui devient agressive.

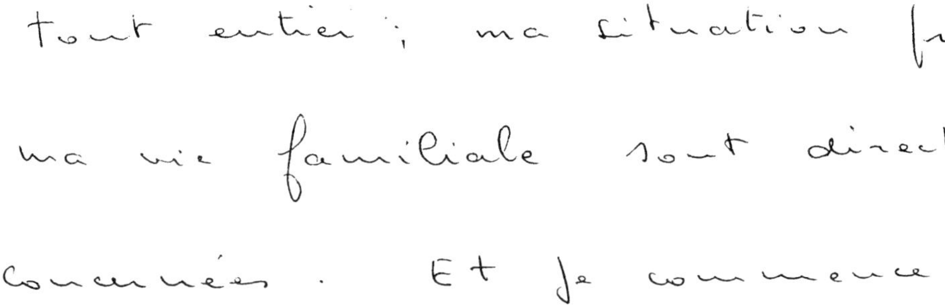
tout entier ; ma situation pro
ma vie familiale sont direct.
concernées. Et je commence

Homme, quarante-deux ans, marié, deux enfants, aviateur, est le second d'une famille de dix enfants. Névrose narcissique phallique.

Écriture : étalée, spasmodique, nette à acérée, en guirlande avec tendance au filiforme.

Le graphisme traduit l'ambivalence d'un scripteur qui se tient sur la défensive (écriture redressée), et en même temps cherche à éluder ses difficultés intimes par une sorte de fuite (écriture filiforme) et de besoin de plaire. L'accrochage affectif n'est pas fait (m - au test de Szondi) et ses problèmes sont liés à l'enfance (choc important à la planche 2 du Rorschach).

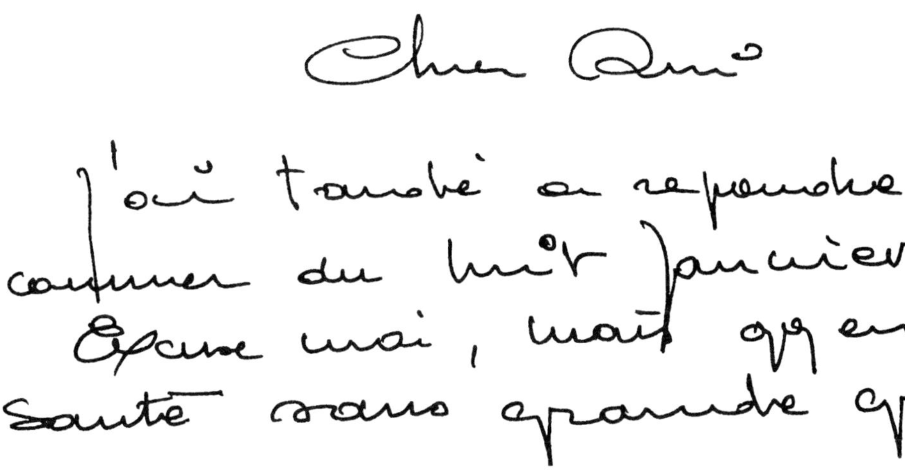
Cher Ami
J'ai tardé à répondre
confirmer du huit janvier
Excuse moi, mais en
santé sans grande

Homme, quarante et un ans, névrose narcissique, état dépressif. Marié, séparé, un enfant.

Écriture : stylisée, étalée, nourrie, en guirlande, jointoyée, imprécise, points en ballon, *c* majuscule en spirale, lettres en chiffres (voir le *a* de « ami » première ligne), finales lancées.

Le besoin de supériorité est très important. C'est ici la blessure narcissique qui a causé l'élément dépressif.

14.

PERVERSION

Le terme de perversion s'applique à ce qui semble une déviation volontaire par rapport aux normes admises. C'est ainsi qu'on parlera de perversion des conduites sociales, de perversion des conduites sexuelles, de perversion des conduites alimentaires.

En psychanalyse, on ne parle de perversion qu'en référence à la sexualité : la satisfaction sexuelle est obtenue par des pratiques autres que le coït normal hétérosexuel. Encore faut-il, pour utiliser le terme, que le comportement déviant soit à la fois habituel et nécessaire.

Fétichisme, exhibitionnisme, voyeurisme, travestisme, sadomasochisme, pédophilie, bestialité n'épuisent pas la liste des perversions.

Moins qu'un choix volontaire, la perversion est parfois une issue de secours au conflit névrotique : lorsque le refoulement ne suffit pas à empêcher l'émergence de la pulsion et l'angoisse de castration, on peut y échapper en niant la castration. En ce sens, névrose et perversion s'opposent, l'une est l'envers de l'autre.

La perversion peut aussi être un compromis pour sauver le narcissisme menacé.

Certains individus évoluent ainsi aux confins de la perversion, de la névrose, de la psychopathie.

Lorsqu'on emploie le terme de perversité, ou de caractère pervers, on se réfère à un choix délibéré : c'est volontairement que le pervers choisit de faire du mal, ou de faire le mal. Le plaisir est dans la transgression.

A vrai dire, le plaisir de la transgression n'est pas le fait uniquement de la perversité. Il est largement répandu, mais habituellement il est dérivé vers des secteurs anodins et socialement acceptables. Chez le pervers, il devient essentiel et peut même être poussé comme un défi narcissique de toute-puissance.

Psychanalyse

Si le névrosé est corseté par un sur-moi trop rigide, auquel il se sent obligé d'obéir, le pervers refuse le sur-moi en niant la castration. Il n'y a donc pas de loi pour lui (mais il sait quand même qu'elle existe... pour les autres).

Pour le psychopathe, il n'y a pas de loi, mais des règlements arbitraires, qu'on essaie de contourner comme on peut.

Pour le psychotique, le monde est incompréhensible, donc sans loi : il ne choisit pas, il subit.

Graphologie

Dans le cas de perversions sexuelles, on note parfois l'importance anormale de la zone inférieure de l'écriture, zone liée aux forces instinctuelles. Cette zone s'enrichit de formes molles, gonflées, parfois nouées en lassos, poches, vasques.

On peut trouver des signes névrotiques tels que spasmes, noircissements, des signes d'agressivité.

Le rythme lâché indique un relâchement du contrôle. Lorsque la perversion est honteuse, dissimulée, les signes de dissimulation peuvent être notés.

Aucun de ces signes n'est vraiment caractéristique ni de la perversion en général ni d'une perversion en particulier.

PSYCHOPATHIE – SOCIOPATHIE – PERVERSIONS (ÉCRITURES)

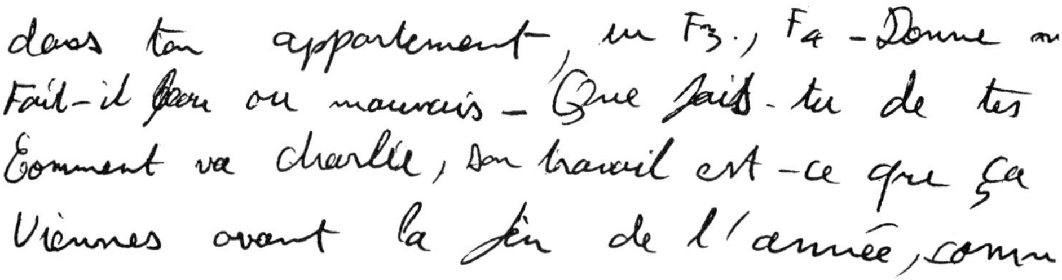

Homme, vingt ans, célibataire, voyeuriste, prurit des organes sexuels.

Écriture : petite, descendante, très inégale, retouchée, acérée, mise en page en éventail. Le scripteur possède un tempérament de base « nerveux ». Le graphisme traduit la culpabilité (retouches nombreuses) et également l'agressivité (acération). Le niveau culturel est fruste (QI 80), et le test de Szondi révèle une censure morale très faible (e-hyo), de l'immaturité affective, et des possibilités de passage à l'acte sur le plan sexuel (H± so). Le surmoi n'est pas structuré et l'Œdipe n'est pas résolu (voir l'accrochage de l'écriture à gauche de la page). Le test de Rorschach a révélé des blessures affectives dans la première enfance. Les problèmes se situent dans la sphère génitale, ce qui explique l'endroit de la somatisation.

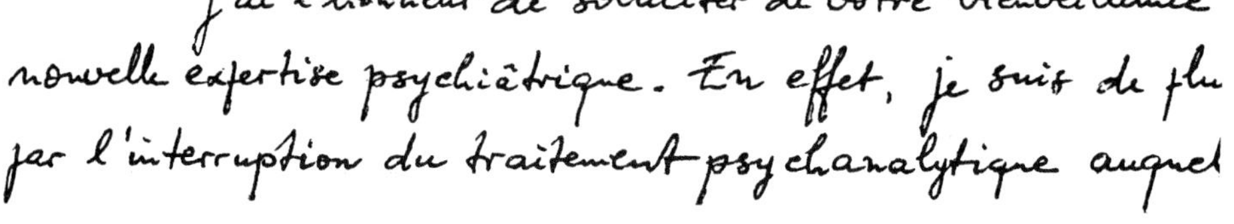

Homme, quarante ans, attentat aux mœurs sur de jeunes garçons.

Écriture : acérée, noire, très appuyée, trait net et luisant, dents de requin. Le scripteur possède un niveau culturel assez évolué, mais son affectivité est demeurée au stade anal. De nombreux signes (acérations, dents de requin, etc.) révèlent des tendances sadiques que l'éducation n'est pas arrivée à réprimer.

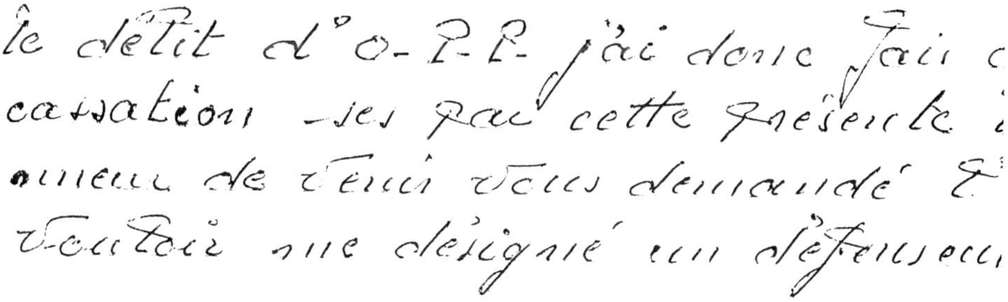

Homme, trente ans, outrages publics à la pudeur.

Écriture : stylisée, inclinée, juxtaposée, parfois bâtonnée, très retouchée, signature avec paraphe arachnéen, points en ballon.

Personnalité fabriquée et petit niveau général. Le graphisme appliqué et de forme scolaire est une façade derrière laquelle le scripteur cache son agressivité. Les hampes constamment retouchées et en coup de fouet sont le signe d'un important égocentrisme, de même que les lettres bâtonnées traduisent la nervosité. La signature illisible avec paraphe « entortillé » confirme le caractère mensonger du sujet.

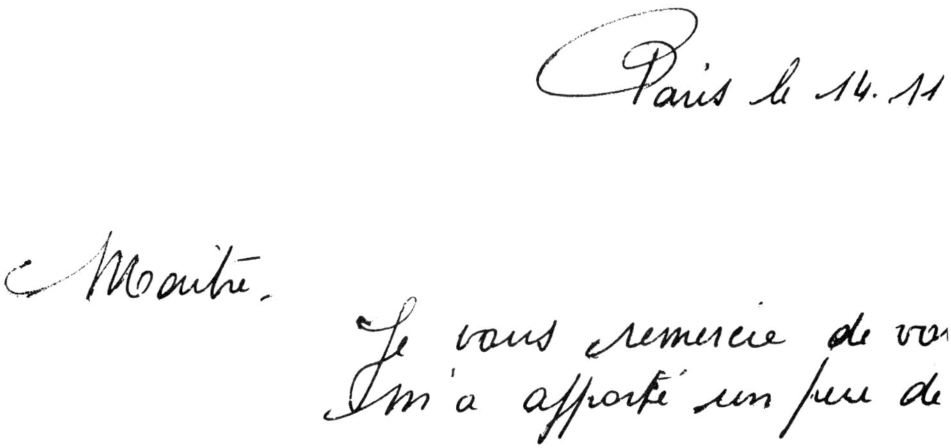

Femme, tenancière de « maison close ».

Écriture : inclinée, avec d'importants traits initiaux en courbe. *P* majuscule avec paraphe en panache, barres de *t* fortes et cruciales, oves jointoyés. L'amabilité de la scriptrice est faite d'obséquiosité et cache un sens poussé de ses intérêts (voir le *m* majuscule de « Maître » avec sa finale régressive). Le calcul domine ici l'affectivité.

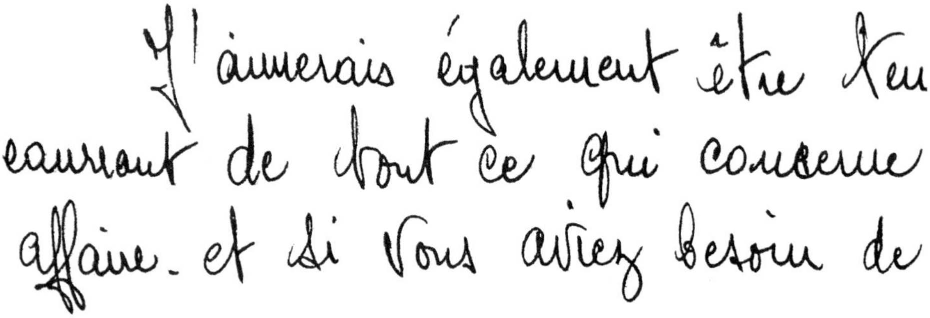

Femme, tenancière de « maison close ».

Écriture : grande, surélevée, avec finales lancées et acérées, jointoyée. Personnalité exigeante, autoritaire et très personnelle. Le besoin de jouer un rôle et de dominer se voit dans les majuscules surélevées et surplombant le mot, de même que les barres de *t* en coup de fouet et acérées révèlent l'agressivité.

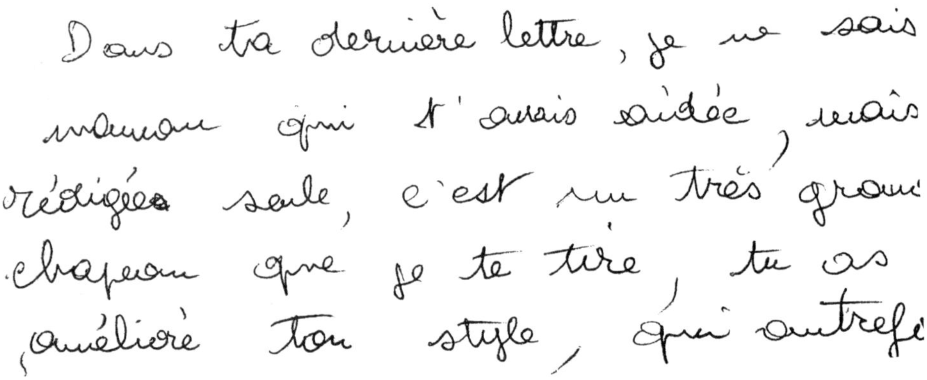

Jeune fille, quinze ans, troubles du comportement, perverse, fabulation, casse des objets parfaitement de sang-froid, défie l'autorité, fait des fugues. Dans sa petite enfance, anorexie très grave et retard généralisé (a marché à deux ans, parlé à trois ans). A des colères très violentes et mensonges systématiques, était une enfant non désirée, a été mise à la crèche. La mère a une attitude inaffective et rejetante. Le père est très intolérant, jaloux et violent, avec une ascendance alcoolique.

A une sœur également perturbée. La mère est à la fois immature et froide.

Écriture : cabossée, tordue, spasmodique, très jointoyée, inharmonieuse, discordante. Les formes ovales sont très développées avec des nœuds et des enroulements. Il y a des formes couvrantes, des dents de requin. La scriptrice est une orale frustrée qui souffre d'une très grande avidité affective et qui, en s'octroyant des compensations matérielles, s'efforce de récupérer un objet d'amour perdu.

Incapable de s'adapter, les réactions agressives sont ses seuls moyens d'expression. Elle souffre d'un complexe abandonnique profond. C'est une instinctive chez qui il y a une violence contenue et un grand besoin de puissance. Les grosses difficultés caractérielles pourraient se traduire dans l'avenir par une attitude délinquantielle.

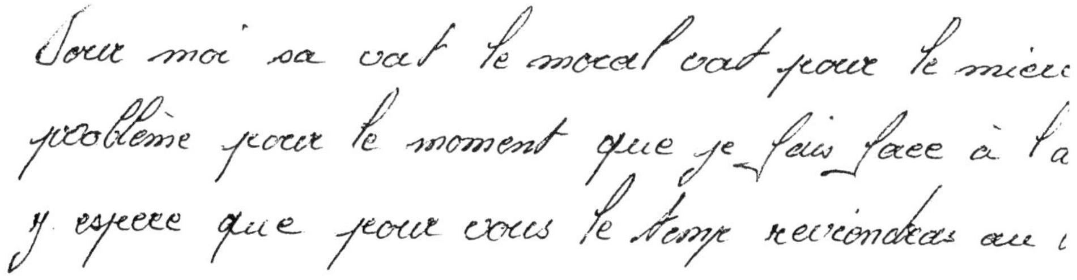
Pour moi sa vat le moral vat pour le mieu
problème pour le moment que je fais face à la
y espere que pour vous le temp reviendras au

Homme, trente-deux ans, proxénète, indélicatesses, viol.

Écriture : rigide, calligraphique, inclinée, étrécie, en arcade, spasmodique, traits initiaux, niveau culturel fruste. Une nervosité contenue, de la sécrétivité et de l'opposition (voir les jambages régressifs) se cachent dans ce graphisme apparemment paisible. Les arcades révèlent la dissimulation, et les très fines acérations (jambages des *f*) sont l'indice d'une agressivité latente.

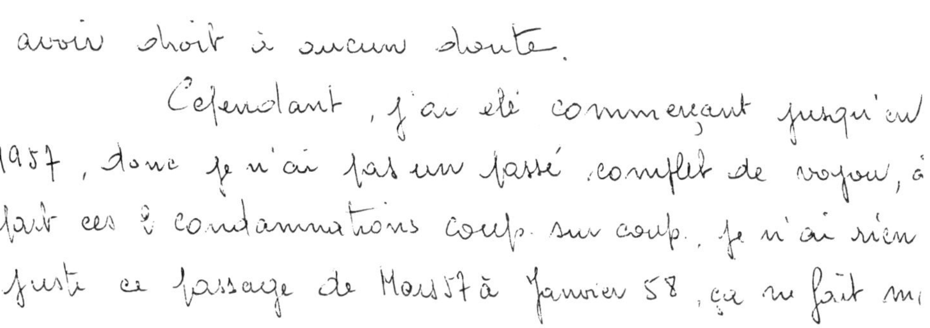
avoir droit à aucun doute.
Cependant, j'ai été commerçant jusqu'en
1957, donc je n'ai pas un passé complet de voyou, à
fait ces 2 condamnations coup sur coup. je n'ai rien
juste ce passage de Mars 57 à Janvier 58, ça ne fait m

Homme, quarante-trois ans, proxénète.

Écriture : petite, fine, redressée, avec finales lancées et acérées, spasmodique. Nombreuses lettres en deux morceaux, oves ouverts à gauche. Sujet intelligent, mais avide de prestige, agressif et manquant de franchise. L'aspect féminoïde de l'écriture est ici un élément négatif.

La pression nette indique la sécheresse de cœur, de même que les lancements dénotent une impulsivité prête à se manifester.

15.

AGRESSIVITÉ, CRIMINALITÉ

L'agressivité est une notion ambiguë et ambivalente. Pour certains, en effet, elle correspond à l'esprit d'entreprise, alors que pour d'autres elle serait une « force radicalement désorganisatrice et morcelante ».

L'agressivité est, en partie, une réaction naturelle de l'être humain. On lui a donné de nombreuses définitions parmi lesquelles on peut retenir celle du vocabulaire de psychologie d'Henri Piéron : « comportement caractérisé par l'acte d'attaquer ou d'aller de l'avant et s'opposant, à celui de refuser le combat ou de fuir les difficultés ».

Pour Freud, cette agressivité est innée, et il a établi que cet instinct latent se manifeste dès l'enfance par une hostilité à l'égard du père (complexe d'Œdipe) qui, si elle n'est pas dérivée ou sublimée, se dirigera plus tard contre le groupe.

Pulsion de vie et pulsion de mort sont opposées dès 1920 dans *Au-delà du principe de plaisir.* Ces deux forces instinctives fondamentales peuvent soit se combiner soit se contrarier.

La sexualité nécessaire à la survie de l'espèce peut atteindre son but grâce aux impulsions agressives, mais par ailleurs celles-ci peuvent entraîner la destruction de l'environnement.

Adler conçoit plutôt l'agressivité comme une compensation à l'angoisse éprouvée à la suite d'un sentiment d'infériorité. Elle serait la conséquence d'une frustration, c'est-à-dire d'une impossibilité ou d'une difficulté à atteindre un but. Jung est plus optimiste en estimant que l'agressivité peut être modifiée par la culture. La diversité de ces conceptions de l'agressivité trouve son origine dans la diversité de ses causes.

Ces causes sont ou naturelles ou pathologiques.

– *Les causes naturelles* sont des plus élémentaires. C'est la faim : qui ne serait tenté de voler pour se nourrir, soi ou les siens ? C'est le besoin sexuel, qui conduit au viol ou à l'inceste. C'est la passion et son corollaire, la jalousie. C'est la peur : le cambrioleur tue s'il est surpris.

On a constaté que les accidents de voiture étaient souvent l'œuvre de conducteurs ayant des soucis financiers.

Il y a aussi la sensation d'étouffement. Dans les grands ensembles, les habitants manquent d'espace, de même dans les prisons où les détenus sont entassés. Tout ce qui crée, artificiellement ou non, les conditions d'une captivité, d'un enchaînement, tout ce qui est attentatoire à la liberté provoque une explosion du désir de respirer, d'agir à sa guise.

Il y a encore la nécessité de se maîtriser, cette impossibilité d'abréagir ses pulsions agressives. Tel employé modèle sera un époux odieux. Ce cadre attentif devient un fou du volant. Enfin, citons les frustrations affectives. Elles provoquent des accidents du travail, conduisent à une agressivité revendicatrice, à une tendance à la révolte.

L'adolescent meurtrier est presque toujours un mal aimé. Le dégoût de soi conduit au mépris d'autrui. L'enfant qui ne peut se construire dans un climat sécurisant (trop sévère ou trop laxiste) va donner des réactions d'opposition (fugues, haines, menaces), et risque de devenir caractériel.

– *Les causes pathologiques* de l'agressivité peuvent être très nombreuses.

Nous nous contenterons ici d'énumérer les différentes maladies où l'agressivité peut se manifester, et nous conseillons à nos lecteurs de se reporter pour plus de détails, dans notre livre, aux chapitres concernés.

Parmi celles-ci, citons : la névrose obsessionnelle, la paranoïa (délire de persécution), la schizophrénie, l'épilepsie, les perversions (sadisme), l'alcoolisme et les toxicomanies, le suicide (auto-agressivité), les séquelles d'encéphalite, de traumatisme crânien, la psychose maniaco-dépressive (suicide du mélancolique), l'érotomanie.

Certains troubles psychosomatiques sont l'expression d'une agressivité larvée : eczéma, psoriasis, recto-colite hémorragique.

L'agressivité peut enfin se manifester d'une façon négative : bouderies, refus de porter secours, ou de manière plus intellectuelle (calomnies, lettres anonymes, injures).

Traitement de l'agressivité

Il dépend des causes qui, nous l'avons vu, sont multiples. Suivant les cas, le médecin prescrira des tranquillisants dans les formes anxieuses, des narcoleptiques dans les formes paroxystiques, ou des antiépileptiques.

De toute façon, celui qui est sujet à une pulsion agressive, quel que soit son degré, quelle que soit sa cause, doit se soumettre à une hygiène de vie particulièrement stricte et doit s'interdire toute substance excitante : alcool, drogue, café, etc.

Graphologie

Une pression forte, parfois même « gaufrée », se rencontre fréquemment chez les criminels.

Un trait net, coupant, spasmodique, acéré, se voit plutôt chez les sadiques et les pervers.

Les dents de requin et les dents de sanglier sont également des signes d'agressivité.

Les barres de *t* en coup de fouet sont, si elles sont prolongées, signes d'impulsivité, d'opposition.

Les formes anguleuses, saccadées, discordantes, les ondes de chute, les inclinaisons variables sont des signes à observer. Les écritures très inclinées, parfois « couchées », rigides, dénotent une tendance à l'emportement, une capacité d'écoute très limitée.

Une mise en page confuse, désordonnée, peut être le signe d'un manque d'équilibre, de troubles mentaux.

A noter, enfin, que le tempérament hippocratique « bilieux » donne la combativité, et, si celle-ci se trouve associée avec une condition hypersthénique, la charge agressive peut augmenter.

Le lymphatique est plus passif (bouderies, opposition larvée), le nerveux est irritable (colères blanches), tandis que le sanguin aura des colères rouges (« J'ai vu rouge », diront certains assassins).

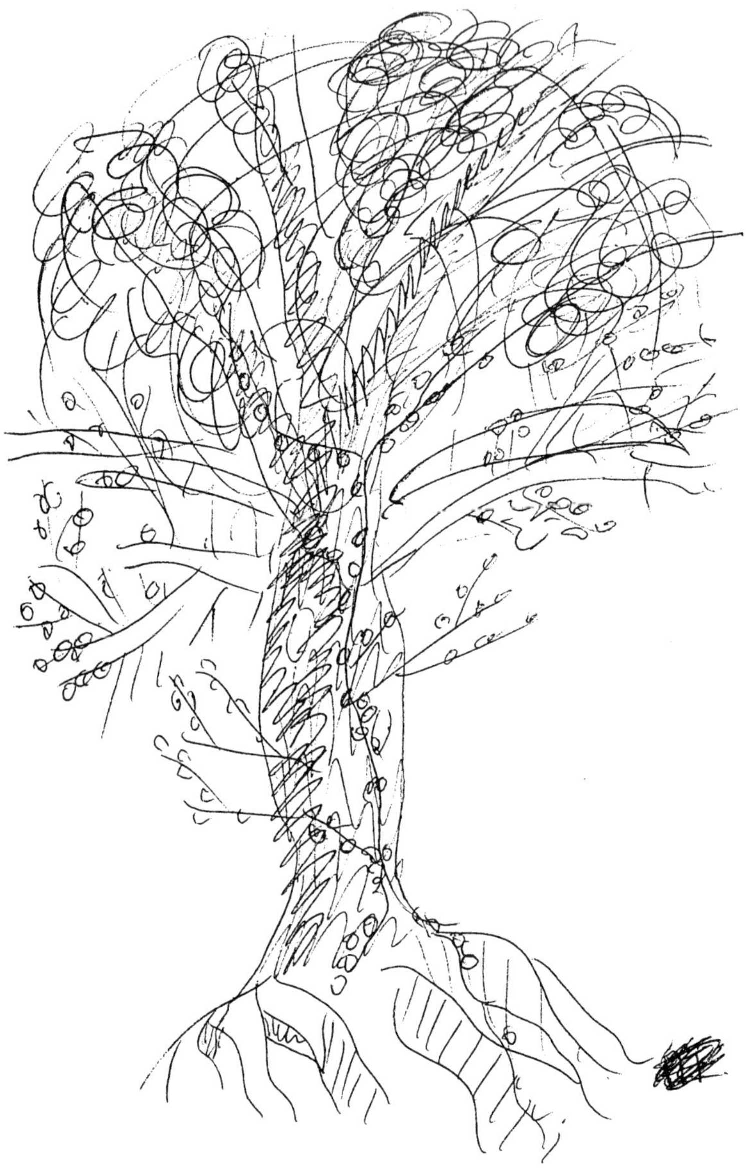

Le test de l'arbre est particulièrement révélateur de la nervosité, du déséquilibre et de l'exaltation imaginative de cet adolescent. L'agressivité est au cœur de l'arbre (voir traits anguleux de la frondaison), en même temps que l'agressivité se traduit dans toutes les flèches dirigées vers le tronc. Son acte aberrant est une façon détournée de se détruire physiquement et moralement.

AGRESSIVITÉ (ÉCRITURES)

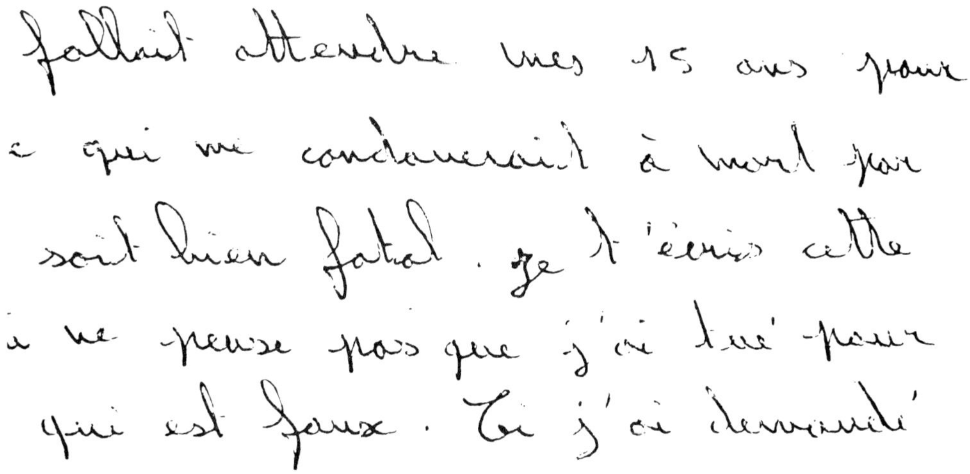
fallait attendre mes 15 ans pour
e qui me condamnerait à mort par
soit bien fatal. Je t'écris cette
a ne pense pas que j'ai tué pour
qui est faux. Car j'ai demandé

Adolescent, quinze ans. Meurtrier d'un enfant de sept ans.

Écriture : renversée, saccadée, tordue. Les prolongements et les gonflements des hampes contrastent avec les jambages atrophiés. Le trait est fragile, souvent tremblé, poreux, spasmé. Angles, guirlandes, doubles arcades soulignent la difficulté de choisir un mode de liaison et d'expression valable. Lignes parfois descendantes ou concaves, souvent chevauchantes ; présence d'ondes de chute. Observer les *f* à rebours en forme de couteau, les barres de *t* et les finales acérées, les petits *j* tordus, rabougris. L'agressivité est ici une compensation à l'angoisse provoquée par l'infériorité ressentie. Dans les jambages rognés, les minuscules *j*, le sentiment d'insuffisance s'exprime ; le refuge dans le fantasme se voit dans les prolongements de la zone supérieure.

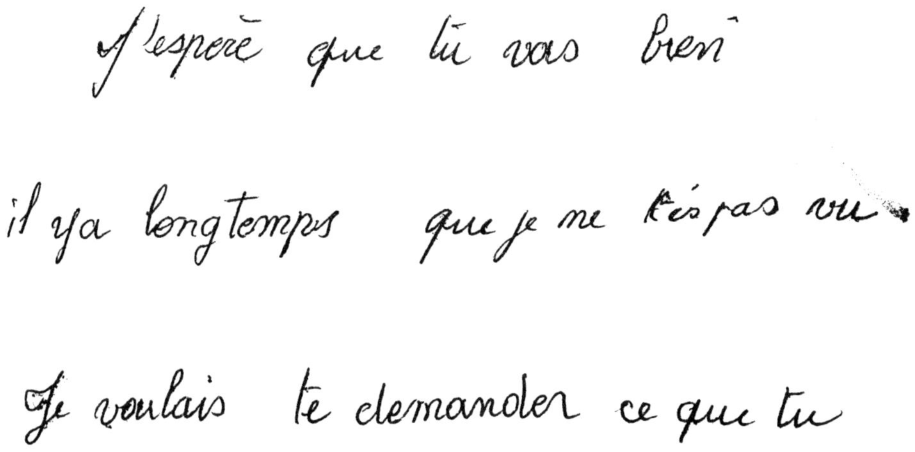

Jeune homme, seize ans, activité destructurée sans colère (découpe ses chemises, déchire ses dictionnaires). Dépression schizoïde chez un psychasthénique.

Écriture : lente, contrainte, très espacée entre les lignes, spasmodique inégalement espacée entre les mots, en arcade, tordue, majuscules ornées. Signature conforme au texte, très éloignée, sans paraphe. Les trous entre les mots montrent qu'il est parfois submergé par son inconscient de façon inattendue ; ils révèlent son isolement et sa tendance à vivre dans un monde imaginaire. La fragilité émotive et les tendances autistiques sont très marquées. Le test de l'arbre révèle une tendance obsessionnelle.

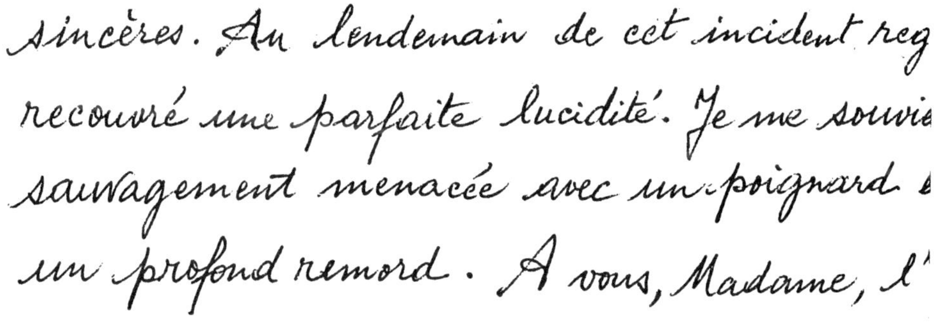

Homme, trente-neuf ans, instituteur. Deux fois hospitalisé pour dépression atypique. Brutalement et sans motif, après s'être enivré au whisky, est allé au domicile de son médecin menacer la femme de ce dernier avec un poignard.

Écriture : soignée, appliquée, conventionnelle, ralentie par excès d'application. La pression est forte, spasmodique, la zone médiane est importante (charge affective), anguleuse, l'inclinaison très régulière. Malgré l'apparente monotonie de l'ensemble, on peut observer la violence sous-jacente dans les finales remontantes, les appuis spasmodiques en contradiction avec une écriture lente et contrôlée. Le rythme un peu mécanisé signale l'intensité du refoulement d'une agressivité prête à surgir dès que le contrôle sera moins vigilant : l'excès d'alcool a levé les inhibitions et rompu un équilibre précaire parce que acquis à force de contrainte. Le test de l'arbre est un sapin très noir aux aiguilles acérées et piquantes.

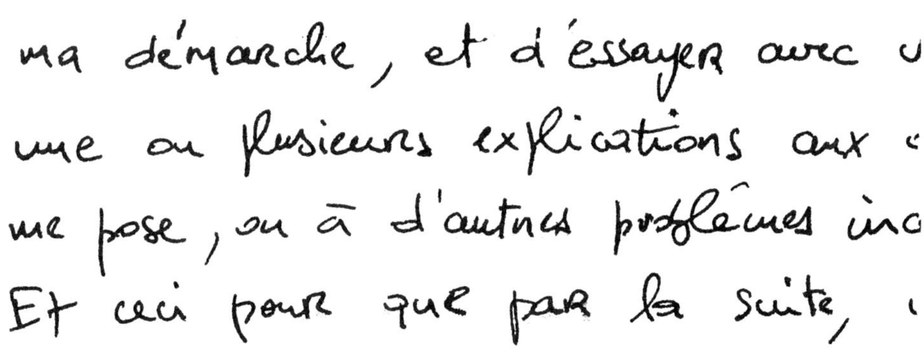

Homme, quarante ans, violent, a battu plusieurs fois sa femme, est très jaloux et possessif. Son père était très brutal.

Écriture : très inégale sous toutes ses formes, pression nourrie, grandes virgules, gros points poirs. Personnalité immature et mal structurée. Nervosité et anxiété conduisent le scripteur à répéter inconsciemment le comportement paternel.

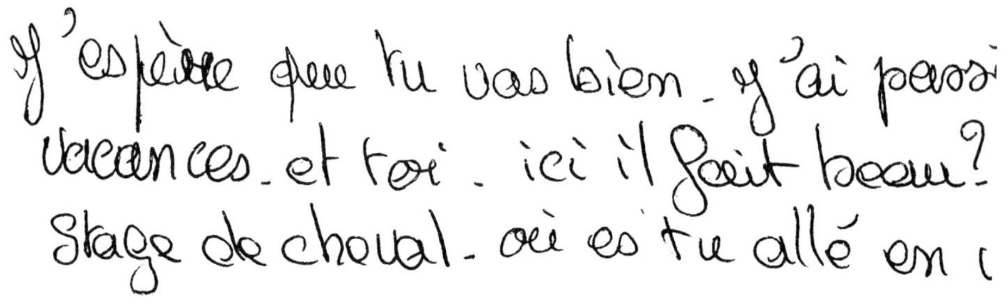

Adolescente, quinze ans, se ronge les ongles et s'arrache les cheveux. Parents divorcés, mère très agressive à son égard.

Écriture : assez grande, étrécie, spasmodique, très appuyée, lente, redressée. La scriptrice retourne contre elle-même une violence contenue, faute d'avoir le droit de l'extérioriser, en raison d'un milieu familial très castrateur. Au test de Szondi, on a les réactions (S+, SO et e - hy-, k–).

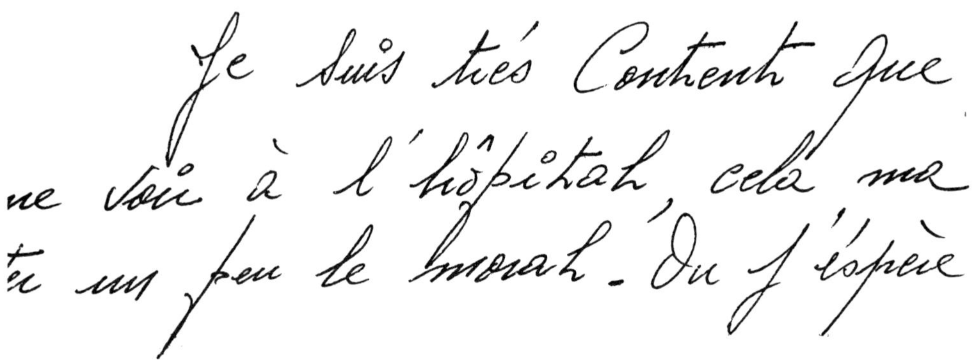

Homme, quarante ans, tendances agressives et hypersexualité.

Écriture : grande, inclinée, spasmodique, barres de *t* appuyées, arcades anguleuses, dents de requin, prolongements hauts et bas. Personnalité dynamique et volontaire. Nature survitale et facilement insatisfaite, ne supporte pas les frustrations.

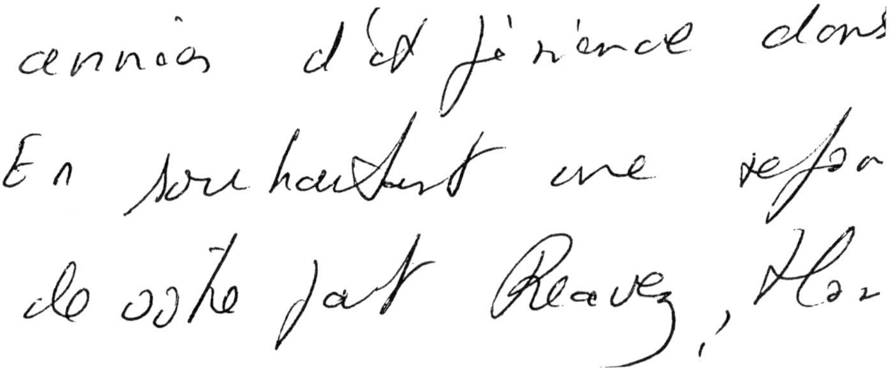

Femme, trente et un ans, souffre d'un acné excorié. Dit qu'elle se sent très agressive, est séparée de son mari.

Écriture : rapide, inégale, imprécise, spasmodique, acérée, inclinée, zone médiane amenuisée, barres de *t* régressives. La nervosité se voit dans ce graphisme très inégal. Le sentiment de soi est mal établi (voir la zone médiane écrasée). La scriptrice retourne son agressivité contre elle-même (voir traits régressifs des *t* et des *p*).

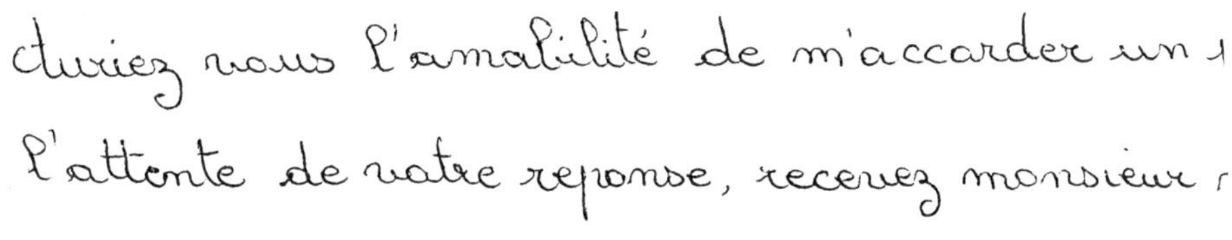

Homme, vingt-neuf ans, incendie volontaire (était ivre avec 3,4 grammes d'alcool dans le sang). Aurait aimé être pompier ! Colères clastiques, crises nerveuses.

Écriture : lente, très appliquée et calligraphique, pression spasmodique, niveau général primaire, conformisme. L'ivresse a provoqué la levée des inhibitions et lui a permis de libérer tout un arriéré de rancœurs, de désirs de vengeance.

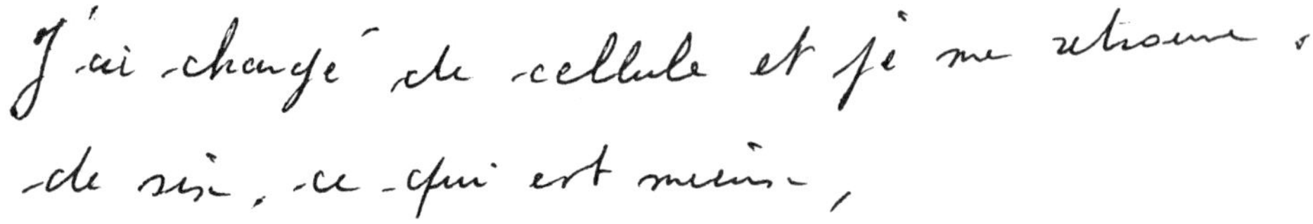
J'ai changé de cellule et je me retrouve de six, ce qui est mieux,

Homme, trente-huit ans, homicide. Deuxième enfant d'une fratrie de sept. Divorcé.

Écriture : petite, étriquée, descendante, accrochée à gauche. Sentiment dépressif d'échec, inhibition, caractère faible, nerveux, irritable.

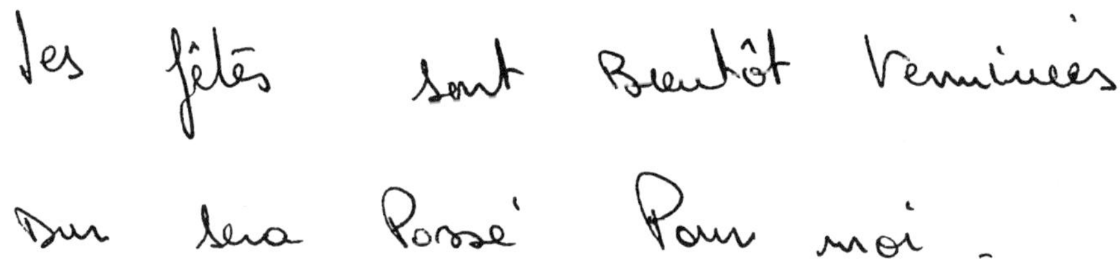
Les fêtes sont Bientôt Terminées Sur sera Passé Pour moi.

Homme, vingt-six ans, vol à main armée (hold-up), enfance très difficile : mère très dure. A fait onze fugues en trois ans. Père décédé. Engagé dans l'armée à dix-sept ans. Plusieurs condamnations pour cambriolages.

Écriture : niveau relativement évolué par rapport à la formation de base. Grands blancs entre les mots (difficultés relationnelles), majuscules inutiles (jugement subjectif), pression forte.

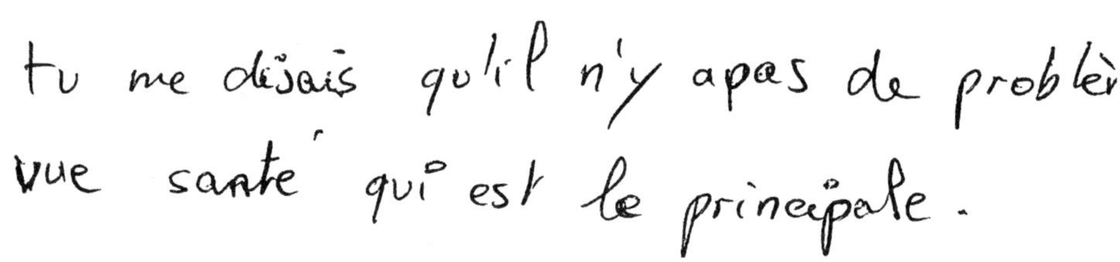
tu me disais qu'il n'y apas de problèm vue santé qui est le principale.

Homme, vingt-quatre ans, homicide. A tué un homme avec un ciseau à bois parce qu'il était brutal avec sa sœur. Parents portugais, père cordonnier, mère totalement illettrée. Avait auparavant participé à un cambriolage.

Écriture : lente, maladroite, appuyée, légèrement descendante, point en ballon, signature plus petite que le texte. Niveau culturel fruste, immaturité affective, contact relationnel difficile à établir, plus impulsif que vraiment agressif.

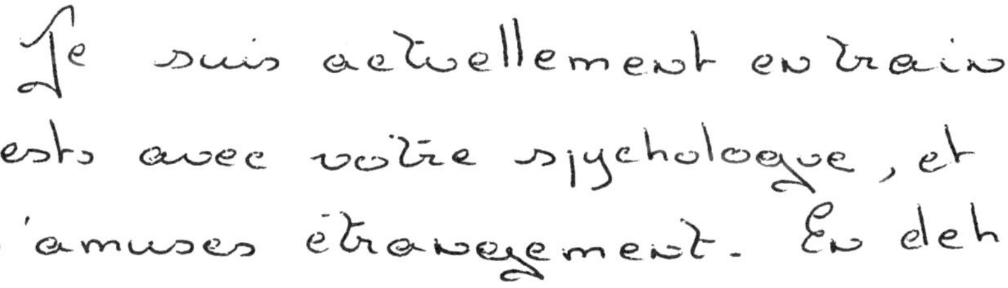
Je suis actuellement en train
des tests avec votre psychologue, et
ça m'amuses étrangement. En deh

Femme, dix-neuf ans, célibataire, a essayé de trancher la gorge d'une rivale avec un cutter. A eu une crise d'épilepsie après avoir bu un whisky et fumé un joint. Se dit très nerveuse, a fait de nombreuses fugues.

Écriture : très discordante, pression spasmodique, hampes des *t* tordues. Caractère revendicateur et agressif, influx nerveux mal contrôlé et possibilité de décharges.

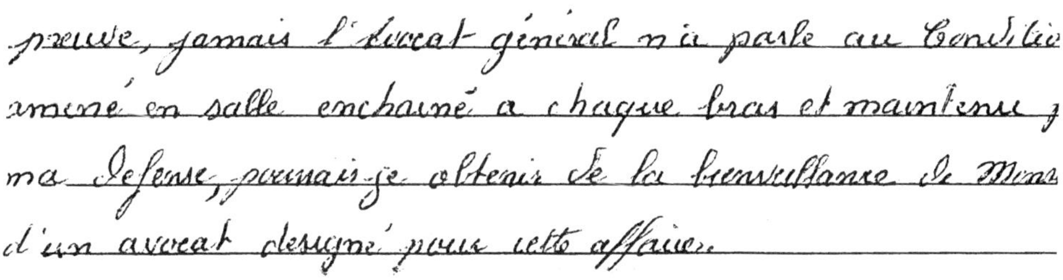
preuve, jamais l'avocat général n'a parlé au
amené en salle enchaîné à chaque bras et maintenu,
ma Défense, pourrais-je obtenir de la bienveillance de
d'un avocat désigné pour cette affaire.

Homme, quarante ans, a assassiné trois femmes. Condamné à la réclusion à perpétuité.

Écriture : étrécie et contrainte, mais par moments on note des « dérapages » d'inclinaison ; voir les *f* de « affaire » (quatrième ligne) qui dénotent une tendance à se laisser déborder par l'impulsivité. La signature est entre deux « rails », compliquée et inutilement barrée.

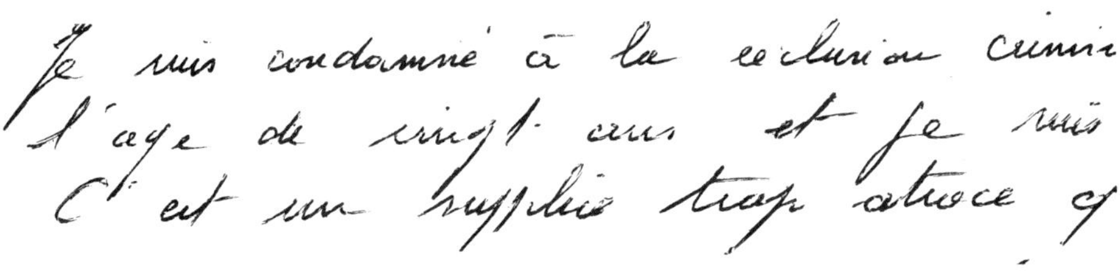
Je suis condamné à la réclusion
l'âge de vingt ans et je suis
C'est un supplice trop atroce

Homme, vingt ans, homicide.

Écriture : traduit une pensée rigide, les acérations de l'agressivité, les finales prolongées de l'impulsivité. Le trait est sec et coupant. La signature illisible est très différente du texte et faite de lassos enchevêtrés.

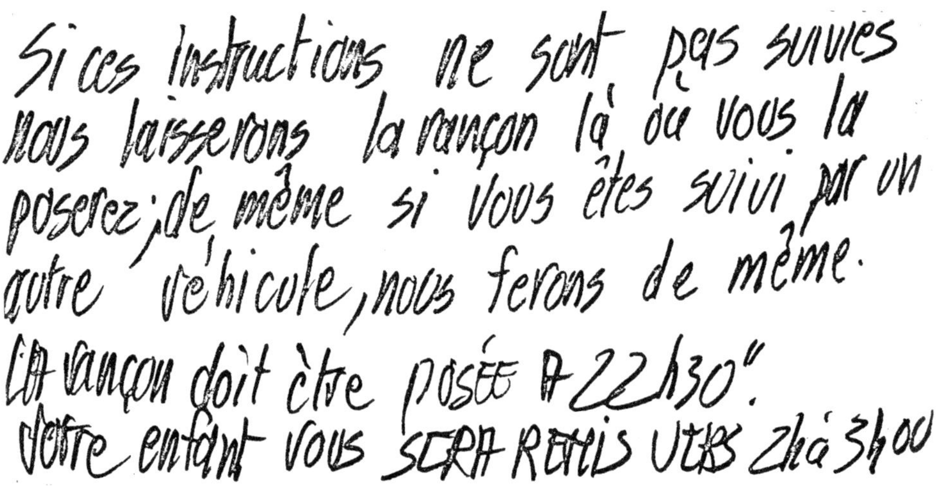

Si ces instructions ne sont pas suivies
nous laisserons la rançon là où vous la
poserez; de même si vous êtes suivi par un
autre véhicule, nous ferons de même.
La rançon doit être posée à 22h30".
Votre enfant vous sera remis vers 2h à 3h00

Écriture déguisée pour obtenir une rançon à la suite de l'enlèvement d'une petite fille. Le ravisseur a emprunté l'écriture script pour dissimuler son identité. Le graphisme révèle néanmoins de l'agressivité (finales lancées et acérées) et une personnalité à la fois nerveuse, anxieuse et révoltée (voir les grandes virgules, les étrécissements, les gros points noirs).

16.

VIOL ET ATTENTAT A LA PUDEUR

« Tout homme est un violeur potentiel » : cette affirmation un peu péremptoire d'un psychiatre, publiée récemment dans un journal, pourrait laisser croire à la banalisation de cet acte, pourtant sévèrement puni par le Code pénal puisqu'il est considéré comme un crime et relève, par là même, de la cour d'assises. Que faut-il donc entendre par viol ? Le *Petit Larousse* en donne la définition suivante : « Le viol est une relation sexuelle imposée par la contrainte. »

Le problème du consentement est donc primordial. C'est pourquoi cette notion a même été étendue, pour la protéger, à la femme mariée, dans des cas extrêmement rares, il faut le dire.

Le coït avec une femme non consentante est beaucoup plus fréquent qu'on ne le pense, et, qu'il soit consommé ou tenté, les conséquences sont les mêmes, tant sur le plan juridique que psychologique.

Le viol individuel est généralement le fait d'individus frustes, isolés sur le plan social, frustrés sur le plan sexuel. Il est rare chez un individu normal et bien inséré dans la société.

C'est souvent le fait d'alcooliques ou de grands timides. Il s'exerce souvent sur des vieilles femmes sans aucun choix. Le viol des petites filles est pratiquement impossible et entraîne des dégâts très graves (rupture du périnée).

Les agresseurs disent toujours que la victime était consentante : en fait, la contrainte morale est suffisante pour qualifier de viol l'acte sexuel. Certains individus particulièrement sadiques menacent de mort (souvent avec un couteau) leur victime pour l'obliger à céder. D'autres, après consommation de l'acte, les étranglent en espérant supprimer ainsi un témoin pour l'accusation.

Les viols collectifs sont généralement le fait de jeunes de quinze à trente ans.

Dans ce genre de délit, la sexualité n'entre en jeu qu'accessoirement, car c'est avant tout un délit de prestige, l'occasion de prouver sa virilité, de ne pas se « dégonfler » devant les copains.

Les auteurs de ce type de viol ont en général une absence totale de culpabilité et aucune notion de morale sexuelle, cette dernière consistant à respecter le corps de l'autre.

Inutile de dire que, pour la victime, ce genre d'agression est particulièrement traumatisant et va engendrer, en dehors des séquelles physiologiques possibles (infection, blessures, etc.), la peur, la nervosité, la honte et un dégoût de la relation sexuelle qui peut perdurer bien longtemps après que le viol a été commis.

Le fait d'être traité comme un vulgaire objet de consommation, et non comme une personne, est très dévalorisant, et bien souvent les victimes n'osent pas en faire état : ce silence contribue d'ailleurs à ce que les trois quarts des viols ne soient pas signalés ; quant à la victime, elle aura beaucoup plus de mal à se libérer de son angoisse si elle ne trouve pas une écoute neutre et bienveillante pour oser dire les causes de son tourment.

Mentionnons enfin *l'inceste* qui est une « relation sexuelle entre un homme et une femme liés par un degré de parenté » *(Larousse).* Dans certains cas, l'inceste se double d'un viol, notamment lorsque la relation sexuelle est obtenue par la contrainte, ce qui est souvent le cas d'un père avec sa ou ses filles. Ces dernières, en général, hésitent beaucoup à dénoncer leur père, à la fois par peur (menaces) mais aussi pour ne pas priver le foyer d'une source de revenus (père en prison).

Contrairement à l'opinion généralement répandue, l'inceste existe dans tous les milieux sociaux et pas seulement à la campagne, mais il est plus ou moins camouflé.

Dans *l'outrage public à la pudeur,* il n'y a pas de contacts entre les individus ; il s'agit de faits et de gestes attentatoires à la pudeur commis en public par un individu, soit sur lui-même, soit sur une autre personne de l'un ou l'autre sexe.

– *L'attentat à la pudeur* consiste en attouchements entre une personne qui veut et une autre qui ne veut pas.

– *L'exhibitionnisme* consiste à montrer ses organes génitaux en public.

– *Le sadisme* est le fait d'éprouver une satisfaction sexuelle grâce à des violences.

– *Le masochisme* est la satisfaction sexuelle obtenue par la douleur.

– *Le fétichisme* est le remplacement de l'objet sexuel par un fétiche.

Graphologie

Il n'y a pas de faciès précis d'écritures de violeurs. On peut néanmoins retenir en général des formes « lâchées », un graphisme mal structuré, avec des signes d'immaturité (voir exemple n° 1). La coordination motrice est très souvent maladroite, cela étant dû essentiellement au fait que l'on est devant des êtres frustes, généralement peu ou pas scolarisés (exemple n° 2).

Lorsqu'une composante sadique s'ajoute au délit, on trouve alors des signes d'agressivité (acérations n° 5 et n° 6) ou de mensonge (écriture jointoyée n° 7).

Des espaces assez grands entre les mots (voir n° 8) sont le signe d'apports d'inconscient mal contrôlés.

Le narcissisme (on ne tient pas compte du corps de l'autre) se voit dans les formes régressives (n° 9) et les enroulements.

Dans l'ensemble, on ne trouve pas d'écritures harmonieuses, fermes et bien structurées.

LE VIOL (ÉCRITURES)

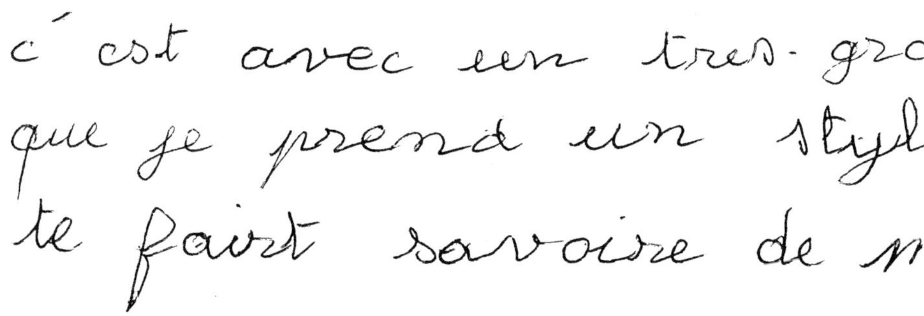
c' est avec un tres· gro
que je prend un styl
te fairt savoire de n

Jeune homme, seize ans, algérien. S'est ouvert les veines plusieurs fois. Viol sur enfant de trois ans et demi. L'enfant a été gravement blessée et a dû être opérée pour réparer les lésions.

Écriture : niveau culturel très fruste, mauvaise coordination motrice, cabossée, tordue.

Le test de l'arbre aux traits très noircis et appuyés révèle la violence et l'agressivité difficilement contenue, les problèmes sexuels non résolus (voir base de l'arbre).

En définitive : un être très primaire incapable de maîtriser ses pulsions et de verbaliser son anxiété. Les tentatives de suicide faites à bon escient relèvent ici aussi bien d'un appel au secours que d'un certain chantage.

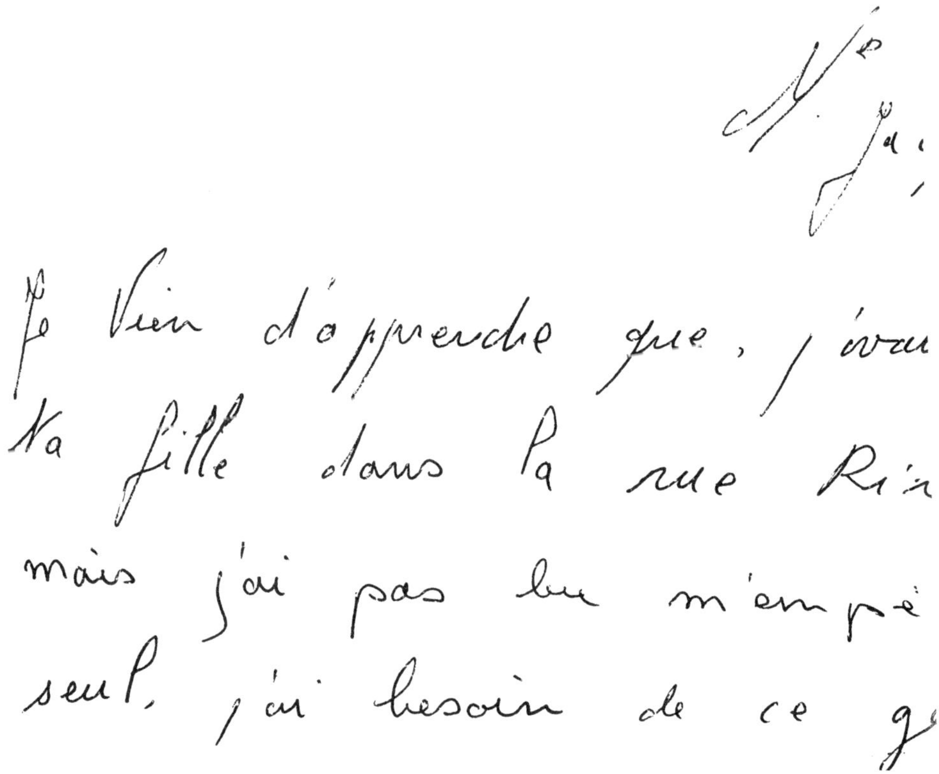

Homme, vingt et un ans, attentats à la pudeur commis avec violence, viols, vols qualifiés. Son père, guadeloupéen, l'a abandonné à sa naissance. Sa mère, d'abord prostituée, puis barmaid à Pigalle, l'a élevé seule. Il est le troisième d'une fratrie de quatre enfants, tous de géniteurs différents. A été placé chez des nourrices successives jusqu'à l'âge de huit ans. Premier problème sexuel à l'âge de huit ans, première incarcération à l'âge de quinze ans. Viole les femmes dans un parking en leur faisant peur avec un couteau, les vole ensuite. En a violé deux par semaine pendant un an ! Ne boit pas.

Écriture : très inégale sous toutes ses formes, dimension, direction, continuité. Pression nette à spasmodique, surélévation (voir *m, j, v*), chevauchante en descendant, lente à accélérée, décharges spasmodiques, signature illisible avec paraphe et lassos.

Personnalité fruste et très immature, pourtant les possibilités intellectuelles sont loin d'être négligeables. La pression spasmodique et la labilité générale du rythme, autant que la forme, indiquent une absence de contrôle émotionnel, une impulsivité avec possibilité de passage à l'acte subit, d'autant qu'on note un apport d'inconscient non maîtrisé qui tend à refluer. Au Rorschach, l'image féminine et maternelle est qualifiée de « maléfique » et l'impulsivité sexuelle se manifeste dans le titre « fusée » donnée à la planche six.

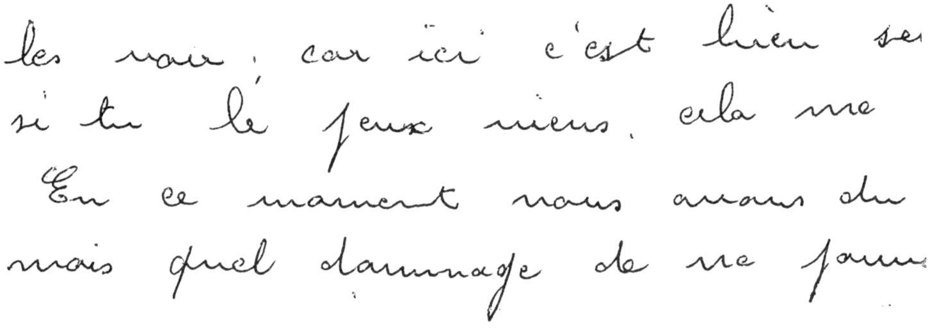

Homme, trente-huit ans, inceste, a violé ses filles mineures de moins de quinze ans. Attentat à la pudeur sur une mineure de moins de quinze ans. A cinq enfants. A eu les oreillons et des séquelles de troubles post-encéphaliques. A tenté une fois de se pendre.

Les tests ont révélé une structure hystéro-phobique avec une note paranoïaque importante d'où besoin de puissance et passage à l'acte compulsif sur des êtres plus faibles que lui.

Écriture : en guirlande, tendance au filiforme, claire, descendante, mise en page en éventail, *e* en « crabe », spasmodique.

Personnalité labile et narcissique (voir les *c* en coquille) avec une tendance dépressive. Les « trous » entre les mots révèlent des apports d'inconscient mal contrôlés.

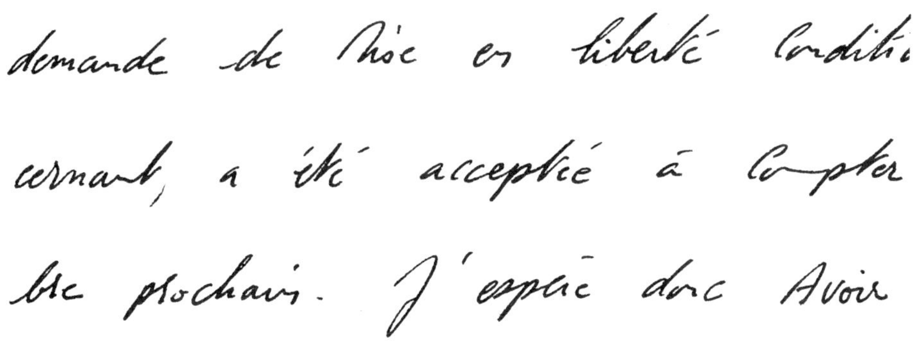

Homme, vingt-huit ans, délinquant primaire, viol.

Écriture : très inclinée, étrécie, nourrie, grandes arcades, majuscules inutiles retouchées, ondes de chute, tendance filiforme.

Le graphisme traduit le besoin de paraître (arcades), le mauvais jugement (majuscules inutiles), l'impulsivité (écriture inclinée). Le filiforme dans le mot laisse prévoir un comportement imprévisible.

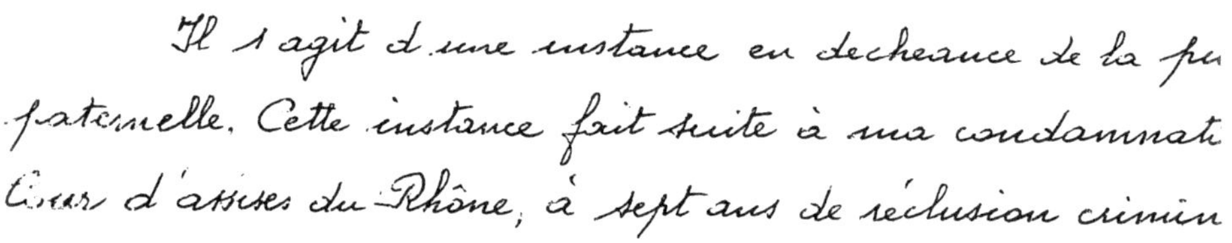
Il s'agit d'une instance en déchéance de la pu
paternelle. Cette instance fait suite à ma condamnati
Cour d'assises du Rhône, à sept ans de réclusion crimin

Homme, quarante ans, inceste.

Écriture : régulière, d'aspect scolaire, ne permet pas au graphologue de déceler les problèmes du sujet, si ce n'est qu'il faut parfois se méfier de l'attitude trop sage d'un scripteur, qui ici ne se dévoile vraiment que dans sa signature, tout à fait différente du texte, faite de lassos et d'un trait filiforme, avec gonflement de la majuscule initiale (le secret professionnel ne nous en permet pas la reproduction).

Personnalité ambivalente qui se présente avec aisance et savoir-faire, et qui cache sous une amabilité de surface une agressivité latente que tous les angles de cette petite écriture pointue nous révèlent enfin.

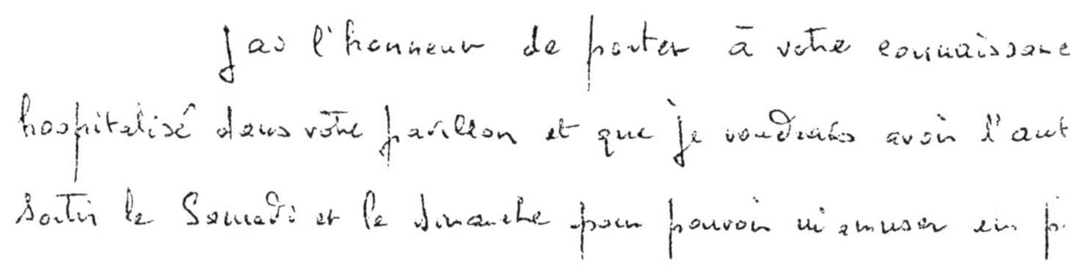
J'ai l'honneur de porter à votre connaissance
hospitalisé dans votre pavillon et que je voudrais avoir l'aut
sortir le Samedi et le dimanche pour pouvoir m'amuser en p

Homme, martiniquais, a violé une petite fille.

Écriture : petite et surélevée de façon discordante, le trait inégal, très appuyé, spasmé, les finales en pointe ou régressives, les *t* acérés. La signature est plus grande, plus souple et plus habile, très différente du texte et très isolée.

L'agressivité et le sadisme que l'on remarque dans les acérations et dans les spasmes, le fort désir d'affirmation et l'incapacité à le réaliser peuvent expliquer l'acte de violence commis envers un être plus faible que lui.

ATTENTAT A LA PUDEUR (ÉCRITURES)

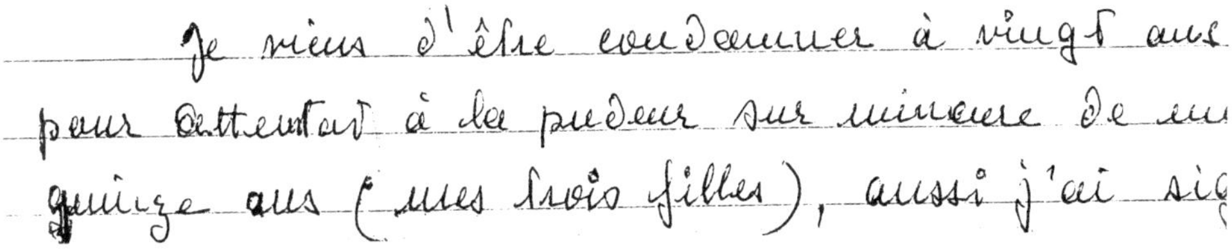
Je viens d'être condamner à vingt ans
pour attentat à la pudeur sur mineure de m
quinze ans (mes trois filles), aussi j'ai sig

Homme, condamné à vingt ans de réclusion criminelle pour attentat à la pudeur sur ses trois filles.

Écriture : très jointoyée (voir les *a*), révèle une personnalité complexe, manquant de franchise et de sens moral. La zone médiane prédominante indique que la conduite est moins soumise à la raison qu'à l'affectivité, les points en ballon sont le signe du narcissisme : l'autre n'est qu'un objet de plaisir.

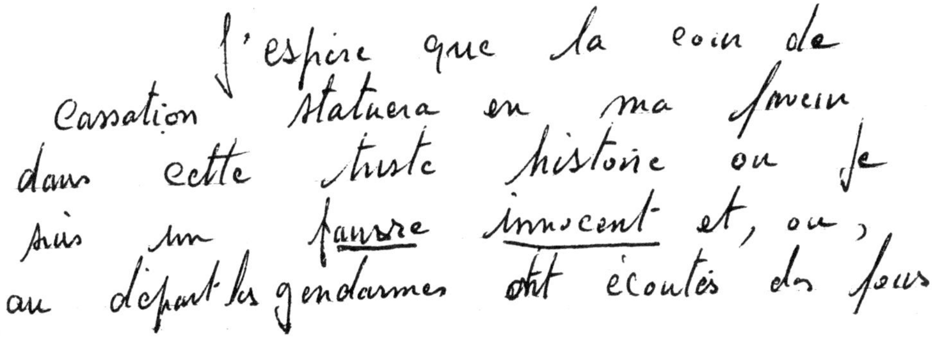
J'espère que la cour de
Cassation statuera en ma faveur
dans cette triste histoire où je
suis un pauvre innocent et, où,
au départ les gendarmes ont écoutés des feux

Homme, attentat à la pudeur sur mineur de moins de quinze ans, payait les parents pour avoir leur consentement. Est maire de sa commune et profitait de sa situation politique.

Écriture : noire, très espacée entre les mots, traduit les difficultés de contact du scripteur. De nombreuses surélévations et les majuscules gonflées, notamment la lettre initiale de la signature, montrent la vanité et l'insatisfaction du sujet qui refuse de se reconnaître coupable.

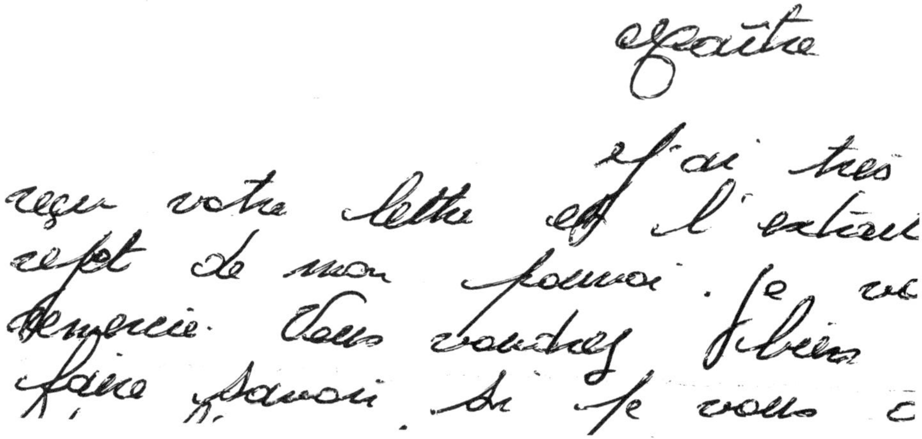
Maître

J'ai très
reçu votre lettre et l'extrait
[illegible] de mon pouvoir. Je vous
remercie. Vous voudrez bien
faire savoir si je vous c

Attentat à la pudeur, quarante-cinq ans. La pression très forte du graphisme et les jambages gonflés traduisent l'importance de la libido, de même que les enchevêtrements révèlent l'incapacité de prendre du recul par rapport à ses pulsions.

L'égocentrisme se voit dans le mouvement sinistrogyre du dernier jambage du *m* majuscule de « Maître ». La signature dans un paraphe enclavé avec un lasso par en dessous est celle d'un délinquant récidiviste déjà plusieurs fois condamné et qui n'hésitera pas à mentir pour se défendre.

17.

SUICIDE

Il est difficile d'apprécier avec exactitude la fréquence du suicide : les statistiques ne tiennent compte que des décès déclarés comme suicides. Or on sait que, pour diverses raisons, un certain nombre de morts volontaires sont déclarées sous d'autres rubriques. Par ailleurs, les tentatives de suicide ne sont pas comptabilisées. Ces suicides « ratés » sont surtout le fait des adolescents, ils sont plus fréquents chez les femmes et les jeunes filles que chez les hommes et les garçons.

En France, 1,6 pour 100 des décès sont des suicides [1], et la proportion est de deux hommes pour une femme. Les deux périodes de la vie où le suicide est le plus fréquent sont l'adolescence et la vieillesse. Mais, dans l'adolescence, on a davantage de suicides « ratés », alors que dans la vieillesse on a surtout des suicides « réussis ». Depuis quelques années, le nombre de suicides et tentatives de suicide augmente rapidement chez les jeunes adolescents, même chez les enfants, ce qui n'est pas sans inquiéter médecins et éducateurs et susciter des interrogations et des discussions.

Le mode de suicide varie selon l'âge, le milieu, le sexe, la culture. Les chiffres statistiques donnent 45 pour 100 de pendaisons, 23 pour 100 par armes à feu, 8 pour 100 par intoxication. Ces chiffres ne tiennent pas compte des intoxications par ingestion médicamenteuse, ni des morts cataloguées accidentelles qui sont en fait provoquées.

1. Statistique de 1986.

Les chômeurs, les étudiants, ceux qui exercent des métiers pénibles, subalternes, les ouvriers agricoles sont les plus touchés.

Les isolés, célibataires, veufs, divorcés, sont plus exposés que les sujets vivant en famille ou en groupe.

Certains suicides sont minutieusement préparés, d'autres se font par raptus, sous le coup de l'émotion. Les mobiles en sont très divers, mais, dans les diverses tonalités psychiques qui l'accompagnent, on peut toujours déceler la note dépressive, la tristesse. C'est le moment où les forces de mort l'emportent sur la vie, où la mort paraît la seule issue possible, ou la moins mauvaise.

On trouve aussi de l'anxiété, de la culpabilité parfois, et surtout de l'agressivité : agressivité tournée contre soi, mais aussi contre les autres, puisque le suicide est souvent une façon d'accuser, de protester.

Le suicide n'est pas forcément lié à un état pathologique. C'est une conduite dont les causes peuvent être diverses. La mort volontaire peut être choisie pour des raisons philosophiques, politiques, éthiques, ou sous la pression des circonstances, par exemple pour échapper à la torture.

Toutefois la cause la plus fréquente est la dépression, mais en distinguant des catégories de faits très différents : dans le grand accès dépressif, le suicide constitue un risque majeur. Le désir de mort est ici bien réel : aussi le suicide est-il le plus souvent réussi, ou sinon il est répété avec un inlassable acharnement, souvent même avec ruse, en se cachant pour déjouer la surveillance. Il n'y a pas ici d'appel à l'aide : le déprimé ne se soucie pas d'être entendu, écouté, compris ; il est seul et ne supporte plus la vie. Seules l'inertie, l'inhibition, l'atonie viennent faire obstacle à son désir. Aussi le risque est-il d'autant plus important que le malade est moins ralenti, moins inhibé, c'est-à-dire, en pratique, au début de l'accès, avant que l'état soit diagnostiqué et traité, ou encore après une amélioration qui incite à suspendre trop vite le traitement.

Le risque de suicide est également très grand dans les états d'agitation anxieuse.

Certaines personnalités pathologiques : anaclitiques, abandonniques, hypocondriaques, hystériques, ou, d'une manière plus générale, très dépendantes sur le plan affectif et relationnel, sont en fait des candidats permanents à la dépression, en ce sens qu'ils tolèrent mal les frustrations. Le suicide ou la tentative de suicide sont alors pour eux un appel à l'aide destiné à alerter l'entourage.

Dans les dépressions réactionnelles à un deuil, à une séparation, un échec social ou professionnel, le suicide est parfois retardé. Il se produit lorsque le sujet se retrouve seul, démobilisé ; il peut y avoir plusieurs semaines de décalage par rapport à l'événement causal.

Chez les adolescents, le suicide peut être le « passage à l'acte » par lequel ils expriment violemment ce qu'ils ne parviennent pas à verbaliser : leur détresse et leur impression de ne pas réussir à se faire entendre.

Le suicide du vieillard, de l'isolé démuni, du grand malade relève plus d'un désespoir lucide que d'un cri de détresse. Il résulte de la conviction qu'il n'y a plus rien de bon à attendre.

Chez l'alcoolique, le suicide est dû à l'état dépressif lié à l'alcool sous le double enchaînement qui fait qu'on boit pour oublier qu'on est triste, mais qu'après avoir bu on est encore plus triste. De plus, l'alcool libère l'agressivité et lève les inhibitions.

Les psychoses type schizophrénie fournissent elles aussi un lourd contingent de suicides. Ceux-ci se produisent surtout au début de la maladie ou au cours d'un épisode délirant, ou même au cours d'une période de rémission qui laisse place à une dépression réactionnelle.

Les paranoïaques se suicident peu, leur agressivité étant plutôt dirigée vers les autres. Mais certains caractères narcissiques peuvent trouver dans la mort volontaire une compensation à leur blessure narcissique, une manière grandiose d'en finir en restant jusqu'au bout le maître du jeu.

Chez les hystériques, le suicide est souvent un geste théâtral, mis en scène pour attirer l'attention et exercer une sorte de chantage affectif. Il est en principe organisé pour produire plus d'effet et d'apparence que de réalité destructrice. Mais il serait trop simpliste de s'en tenir à ces vues : l'hystérique est émotif, sujet à de brusques dépressions ; il faut aussi compter avec le danger d'escalade qui peut pousser l'hystérique à prendre trop de risques.

Graphologie

Le graphologue est rarement consulté sur les risques éventuels de suicide chez un scripteur donné. Plus souvent, on lui montre des documents écrits par une personne qui s'est suicidée, ou qui a tenté de le faire, en lui demandant s'il est possible de retrouver a posteriori des indices qui auraient pu ou dû attirer l'attention.

D'après ce qui vient d'être exposé, il est aisé de comprendre qu'il n'y a pas de signe graphologique spécifique du suicide. Ceux qu'on a pu décrire sont des signes de dépression, d'anxiété, de culpabilité, de dépendance. Ce sont là des causes psychologiques qui peuvent avoir leur influence, mais elles ne sont pas automatiquement déterminantes. On peut donc tout au plus parler de risque ou de tendance suicidaire lorsque l'écriture abonde en signes de dépression, de culpabilité et d'agressivité. Les traits finaux obliques à droite et en bas, dits de dénigrement et de pessimisme, les accents et virgules noirs, lourds, acérés, les signatures descendantes, tout cela est à prendre en compte, mais il faut savoir que ce n'est ni nécessaire ni suffisant.

TENDANCES SUICIDAIRES ET TENTATIVES DE SUICIDE (ÉCRITURES)

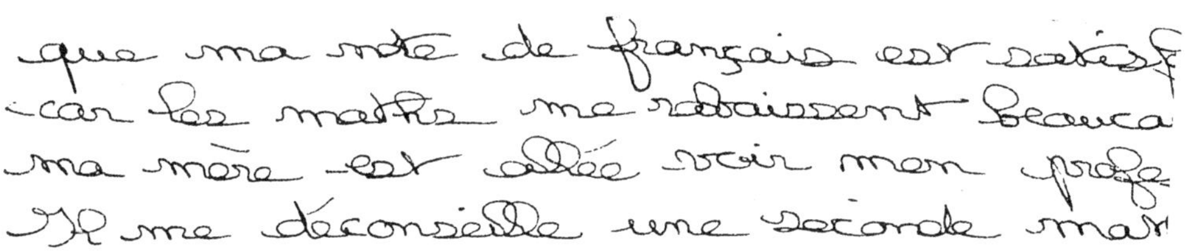

Jeune fille, quatorze ans, parents vivants, mais père très anxieux et mère tendances suicidaires. Vient consulter pour *tendances suicidaires* et obsessionnelles.

Écriture : redressée, compacte, liée en arcade, tordue (angoisse), jointoyée, signature à gauche avec paraphe enclavant.

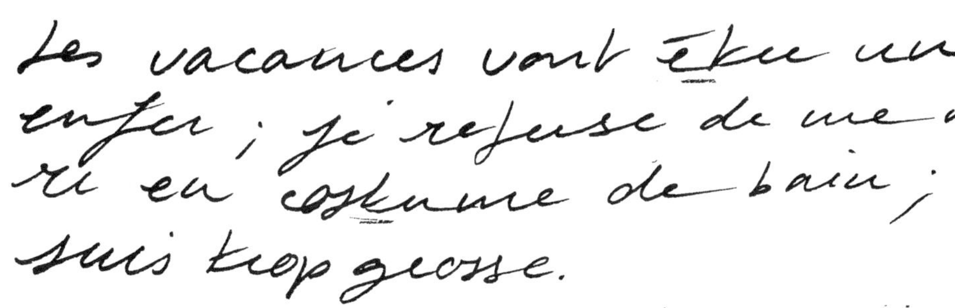

Jeune fille, vingt ans, anorexie puis boulimie et vomissements à répétition. *Défenestration.*

Écriture : inclinée avec finales lancées et acérées, grandes virgules, *j* surélevés. Personnalité nerveuse et impulsive, manquant de confiance en elle et encore très immature (voir les « collages » entre les lettres).

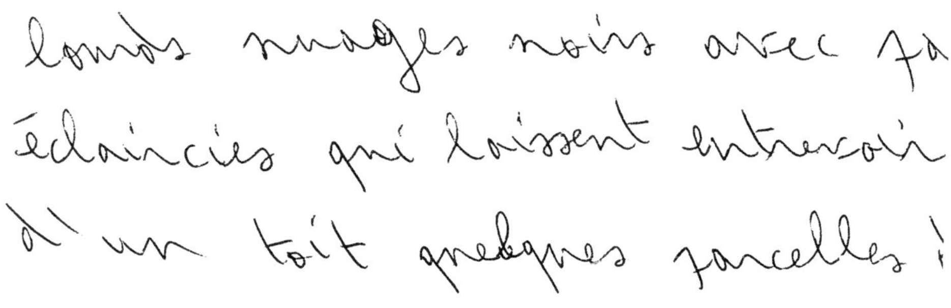

Homme, vingt-deux ans, a fait *trois tentatives de suicide* (barbituriques).

Écriture : redressée à renversée, saccadée, trait net et coupant, virgules acérées, mauvaise coordination motrice.

Personnalité fragile et mal structurée, tempérament nerveux de base. Les tentatives de suicide sont à la fois un appel au secours et une forme de chantage.

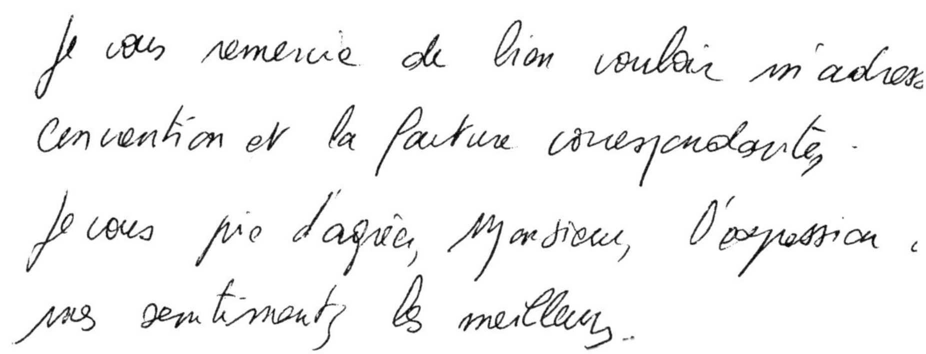

Jeune femme, vingt-six ans, dépression nerveuse, a fait *deux tentatives de suicide* (une première fois avec des somnifères, la deuxième en s'ouvrant les veines). Est divorcée.

Écriture : étrécie, inhibée, imprécise, jointoyée, inégale avec chutes en fin de mot. Personnalité timide et inhibée qui ne supporte pas la solitude, très anxieuse.

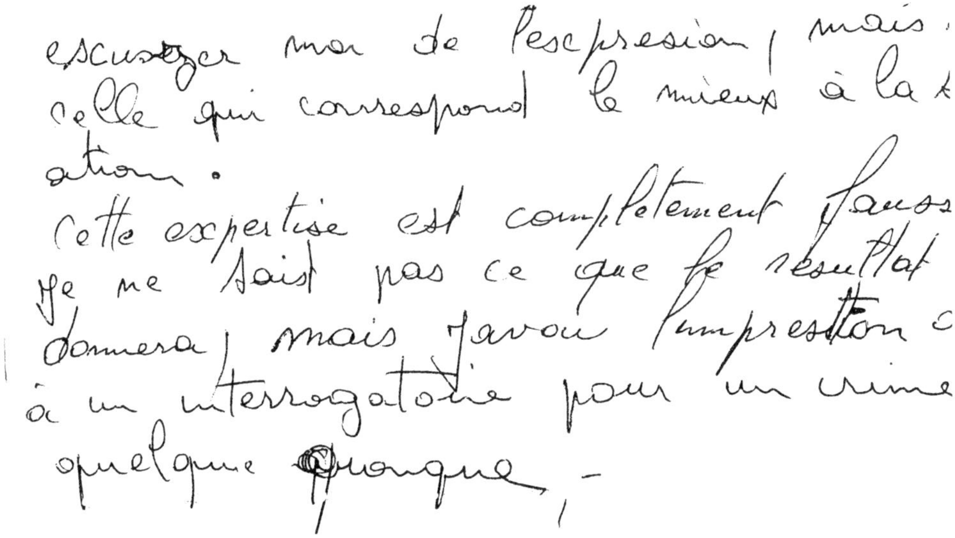
escusezer moi de l'escpresion, mais
celle qui correspond le mieux à la t
ation.
Cette expertise est complètement fauss
je ne sait pas ce que le résultat
donnera, mais j'avoir l'impresston c
à un interrogatoire pour un crime
quelque quonque,

Homme, quarante ans, vient consulter pour trichotillomanie, prurigo, brûlures d'estomac. *A fait une tentative de suicide en s'ouvrant les veines.* Est d'une famille de dix enfants, sa femme est épileptique.

Écriture : niveau culturel fruste, écriture discordante, barres de *t* lancées, tempérament nerveux ++, gros points noirs (anxiété), prolongements hauts et bas (signe d'insatisfaction, voir le *f* de fausse).

Il s'agit d'un cas névrotique, les problèmes dermatologiques sont une forme d'hystérie de conversion. La trichotillomanie est due à un sadomasochisme particulièrement important.

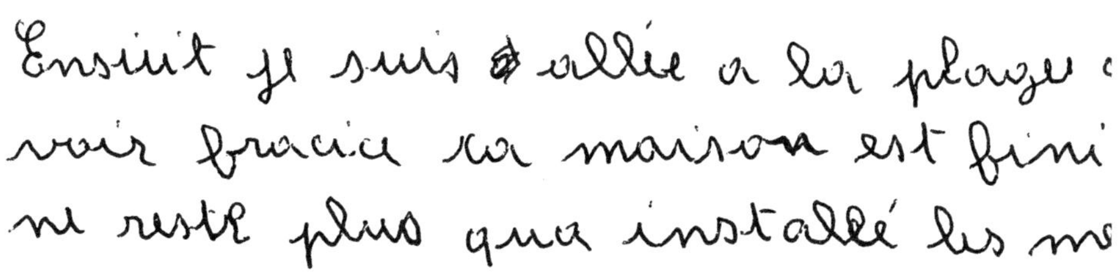
Ensuit je suis allée a la plage
voir fracia sa maison est fini
ne reste plus qua installé les m

Garçon, quinze ans, dépression, psychopathe, *autolyse.*

Écriture : contrainte, lente, trait « gaufré », tordu.

Personnalité très fruste et anxieuse, le manque de racines familiales et de références culturelles ne lui a pas permis de se construire pour affronter la vie.

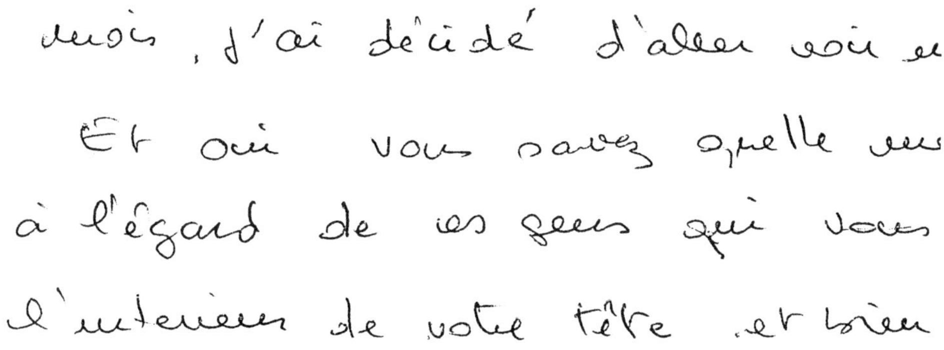
mois, j'ai décidé d'aller voir
Et où vous savez quelle
à l'égard de ces gens qui vous
l'intérieur de votre tête et bien

Femme, quarante-cinq ans, a eu trois dépressions et a fait *trois tentatives de suicide.* Névrose d'angoisse et tendance mélancolique.

Écriture : renversée, inégale et imprécise, tempérament hippocratique nerveux. Les espacements souvent assez grands entre les mots révèlent les difficultés de contact et de communication.

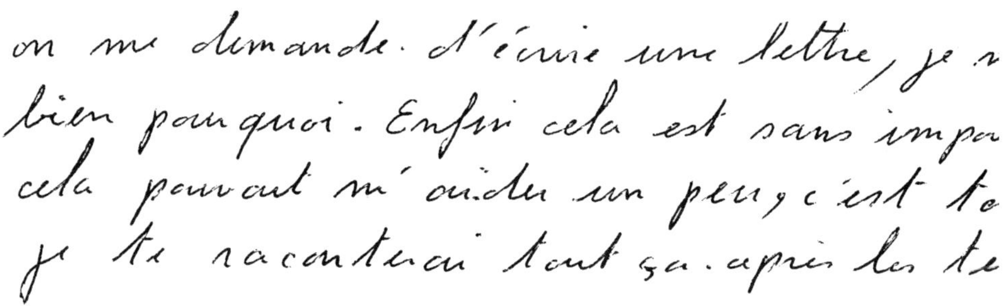
on me demande d'écrire une lettre, je
bien pourquoi. Enfin cela est sans
cela pouvant m'aider un peu, c'est
je te raconterai tout ça. après les

Homme, vingt-cinq ans, vient consulter pour chute de cheveux diffuse. A fait *une tentative de suicide.*

Écriture : petite, inclinée, noire, chevauchante en descendant, signature à gauche avec zone médiane écrasée et barrée. La dépression nerveuse est ici la cause du suicide.

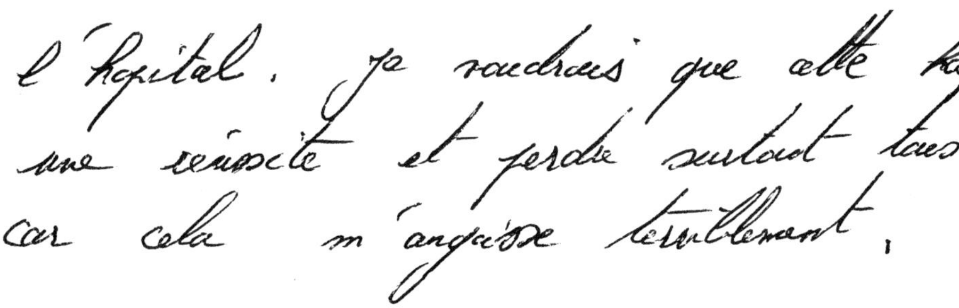
l'hôpital. Je voudrais que cette fois
une réussite et perdre surtout tous
car cela m'angoisse terriblement.

Femme, trente-cinq ans, dépression nerveuse, sentiment d'angoisse et de panique. Agoraphobie, tendances impulsives et suicidaires *(a fait une TS),* les troubles remontent à la première enfance (père alcoolique, mère violente).

Écriture : très inclinée, étrécie, appuyée, prolongée haut et bas, grands espaces entre les mots. Le niveau culturel est correct, mais l'on note des inhibitions et des difficultés de contact.

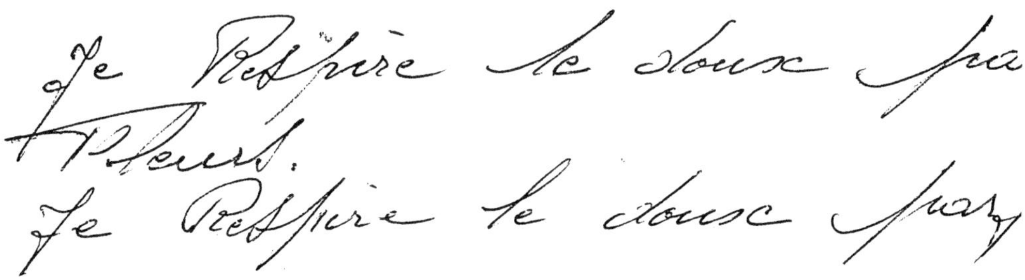
Je Respire le doux par
Pleurs.
Je Respire le doux par

Homme, quarante-deux ans, maçon, alcoolique, placé à l'Assistance publique à dix ans, père déporté en Allemagne, *six tentatives de suicide,* tendances prépsychotiques.

Écriture : inclinée avec finales grossissantes ou lancées ; enchevêtrée, prolongée haut et bas. La détérioration motrice est peu accentuée dans ce graphisme, le jugement par contre demeure très subjectif et l'impulsivité permet le passage à l'acte.

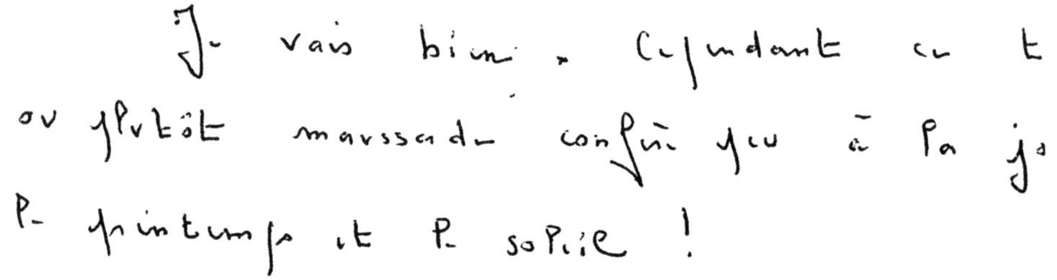

Homme, trente ans, a fait *deux tentatives de suicide.* Père alcoolique, souffre de la solitude, mais ne supporte personne. Il s'agit d'une névrose d'abandon.

Écriture : petite, très espacée entre les mots avec des crispations et des torsions, type selon Jung : pensée introvertie, tempérament nerveux.

Les difficultés de contact et l'anxiété sont évidentes. Il souffre de beaucoup d'ambivalence et refoule tout élément de vécu. La signature avec un paraphe gonflé révèle la surcompensation d'un sentiment d'infériorité.

Femme, quarante-cinq ans, dépression, *une tentative de suicide,* sa mère s'est suicidée.

Écriture : très « décousue », inégale, grands blancs entre les mots. Tempérament nerveux, personnalité fragile avec mauvais contrôle émotif.

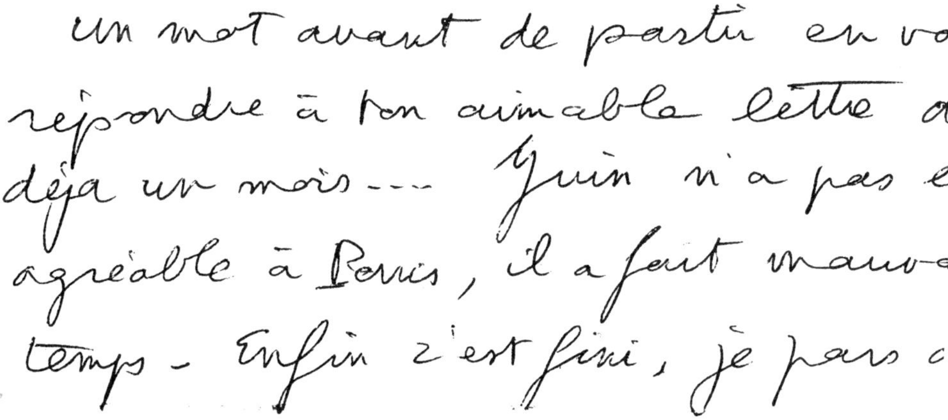
un mot avant de partir en va
répondre à ton aimable lettre d
déjà un mois.... Juin n'a pas é
agréable à Paris, il a fait mauva
temps - Enfin c'est fini, je pars a

Homme, vingt-six ans, *s'est suicidé* à la suite d'une déception sentimentale. Sujet intelligent, mais hyperémotif.

Écriture : rapide, inégale, lancée (voir finales et barres de *t* acérées, accents en oiseaux (anxiété). Signature à droite soulignée d'un trait. Tempérament bilieux-nerveux.

La nervosité et l'impulsivité ont facilité le passage à l'acte, et l'agressivité latente s'est brutalement retournée contre le sujet qui en est décédé.

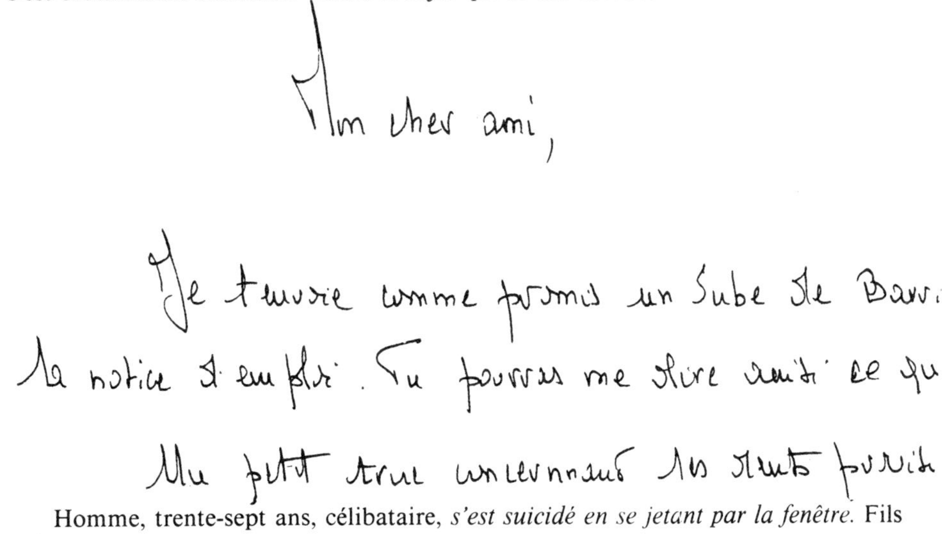

Homme, trente-sept ans, célibataire, *s'est suicidé en se jetant par la fenêtre.* Fils unique.

Écriture : redressée, trait sec et tranchant, *m* et *j* majuscules très surélevés (ambition importante), ouverte à gauche, assez imprécise, mais bon niveau culturel.

Il s'agit d'une dépression mélancolique. On note beaucoup d'insatisfaction et d'agressivité secrète. La signature à la fois surélevée et barrée confirme le masochisme ainsi que la tendance à retourner la violence contre soi-même.

18.

ALCOOLISME

L'alcoolisme constitue un problème de société aux incidences multiples et préoccupantes. D'autres toxiques (opium et ses dérivés, cocaïne), d'ailleurs interdits par la loi, exercent des ravages plus graves encore sur l'individu et sont à l'origine de conduites déviantes sévères, mais leur fréquence est bien moindre, puisque, selon les estimations de 1985, et malgré leur inquiétante progression, on évalue le nombre des drogués en France à cinquante mille environ, alors que le nombre d'alcooliques confirmés serait de deux millions.

Le tabagisme, qui, par la dépendance qu'il entraîne, peut s'apparenter à une toxicomanie, a des effets très dommageables pour la santé de l'individu, mais il ne perturbe pas la personnalité, ses effets sociaux sont minimes, ses inconvénients ne concernent que le consommateur.

L'alcoolisme, en revanche, est un véritable fléau social, dont les effets ne se limitent pas au buveur, mais s'étendent à la famille et à la société. On s'efforce de chiffrer ce que l'abus d'alcool représente en dépenses de santé, en journées de travail perdues, en accidents du travail ou de la circulation, mais bien d'autres inconvénients échappent aux statistiques : retentissement sur l'équilibre familial, sur le développement psycho-affectif des enfants.

L'alcool est aussi à l'origine d'un certain type de criminalité, car il libère l'agressivité de façon impulsive et non contrôlée. On estime à 19 pour 100 la proportion de crimes ou délits en relation directe avec l'alcoolisation soit habituelle soit occasionnelle.

Le point de vue du graphologue n'est toutefois pas celui du sociologue. Plus que sur l'alcoolisme en général, il est centré sur l'alcoolique ou, pour être plus précis, sur l'ensemble des rapports qui peuvent exister entre tel scripteur et l'alcool.

« Est alcoolique, dit Jellinek, tout individu dont la consommation de boissons alcooliques peut nuire à lui-même, à la société, ou les deux. »

Cette notion inclut donc aussi bien la crise d'alcoolisation aiguë, la « cuite », que l'alcoolisme chronique. Elle fait appel à une notion d'appréciation laissée à l'arbitraire : à partir de quels chiffres peut-on estimer qu'il y a abus et nuisance ?

Fouquet introduit la notion de dépendance : selon cet auteur, il y a alcoolisme lorsqu'un individu a perdu la liberté de s'abstenir d'alcool. Cette notion, qui lie l'individu à un besoin, et non à un désir, range l'alcoolisme dans les conduites addictives. Elle marque la différence qui sépare le buveur excessif du malade alcoolo-dépendant. Cette distinction est parfois imprécise, car elle se franchit par étapes. Elle n'en est pas moins capitale dans le pronostic : le buveur excessif peut restreindre sa consommation s'il le juge nécessaire, tandis que l'alcoolo-dépendant ne peut guérir qu'en devenant totalement abstinent, ce qui rend la cure plus difficile et les résultats plus aléatoires.

Description

Il est classique de séparer dans la description l'alcoolisme aigu et l'alcoolisme chronique. Mais il est intéressant aussi d'étudier la personnalité de l'alcoolique à différents stades : avant, pendant, après le franchissement de ces étapes qui vont du sujet normal au grand alcoolique.

1 – AVANT : Existe-t-il une personnalité prédisposée plus particulièrement à l'alcoolisme ?

La réponse est non, mais avec des nuances. Non, en ce sens que n'importe qui peut devenir alcoolique, pour peu que les circonstances l'amènent à boire souvent. Oui, car il n'est pas douteux que certains individus présentent une tolérance moindre, qu'ils arrivent très vite à la dépendance, surtout à la dépendance psychologique qui leur fait chercher dans l'alcool un remède à leurs difficultés.

L'alcool est en effet un euphorisant, et c'est l'euphorie que vont lui demander avant tout les tristes, les déprimés, tous ceux qui cherchent dans leur verre l'oubli momentané de leurs ennuis.

L'alcool a aussi pour effet de lever les inhibitions, il délie les langues, rend les timides audacieux, sociables les renfermés. Beaucoup d'anxieux demandent à l'alcool le courage d'affronter une situation qui les paralyse.

L'alcool est aussi, à plus forte dose, un calmant. Aux temps héroïques de la chirurgie, lorsqu'on devait amputer un blessé et que l'anesthésie était encore inconnue, ou balbutiante, on procédait à l'opération en administrant de larges rasades d'eau-de-vie au patient.

L'alcool apporte non seulement l'euphorie et le bien-être, au moins au début, mais encore un sentiment de confiance en soi. Il donne un moral de vainqueur, minimise les obstacles. Il est facile de comprendre ce que peuvent lui demander ceux qui doutent d'eux-mêmes, ceux qui se sentent inférieurs à leur personnage, qui sont trop sensibles aux critiques.

On peut donc ranger dans la longue liste des candidats potentiels tous les déprimés, les anxieux, les déçus de l'existence, ceux qui se sentent frustrés, minables, qui ne savent ni s'imposer ni faire respecter leurs goûts et leurs désirs, à quoi on peut ajouter ceux qui se sentent seuls et qui s'ennuient. L'alcoolique est souvent décrit par l'entourage comme un « brave type », très gentil, trop bon même, mais faible.

A côté de la personnalité préexistante, il convient en effet de mentionner l'influence des circonstances et de l'entourage ; certaines professions ont la réputation justifiée de favoriser l'alcoolisme, soit parce qu'elles facilitent la fréquence de la consommation : représentants et agents commerciaux, restaurateurs et tenanciers de bars, cafés et débits de boissons, par exemple, ou parce qu'elles sont cause de déshydratation, donc de soif, et qu'il est alors dans les habitudes de recourir de préférence à une boisson alcoolisée plutôt qu'à l'eau, jugée trop fade, ou aux jus de fruits, trop onéreux. Parmi ces professions, on peut citer toutes celles qui s'exercent dans une atmosphère surchauffée, ou celles qui demandent un effort physique important.

Mais sur ce plan il faut reconnaître que la nécessité de maintenir un certain niveau de performance et d'efficience est un garde-fou. Beaucoup d'individus parviennent à réguler leur consommation d'alcool tant qu'ils sont au travail et dérapent s'ils sont inactifs, au chômage, par exemple, ou à la retraite. Ces conditions de chômage et de retraite sont, avec la vieillesse et l'isolement, de grandes pourvoyeuses d'alcoolisme.

Car, parmi les professions qui poussent à l'abus de boissons alcoolisées, il faut encore citer celles qui favorisent l'inaction, les longues attentes, la solitude et l'ennui : parmi celles-ci on peut mentionner les métiers de gardiens, surtout les gardiens de nuit et les appariteurs.

Ainsi peut-on ranger dans les facteurs prédisposants soit la personnalité dite « orale » faible, les personnalités anxieuses et inhibées, les personnalités peu structurées, immatures ou abandonniques, soit les types trop « conviviaux » bons vivants, mais qui redoutent et refoulent en permanence une dépression sous-jacente, soit encore le fait d'exercer une profession exposée à une consommation fréquente et répétée de boissons alcoolisées.

2 – PENDANT, c'est-à-dire lorsque s'installe l'habitude de recourir fréquemment à l'alcool.

L'alcoolisation aiguë

Les effets de l'ingestion d'alcool sont trop bien connus pour qu'il soit nécessaire de s'y attarder : c'est un premier effet d'excitation et de bien-être, qui s'estompe rapidement et incite donc à répéter l'ingestion pour être maintenu. Un sentiment de confiance en soi, une diminution de la vigilance, amènent à relâcher les contrôles et à poursuivre la consommation. Mais le seuil de tolérance est alors atteint, plus ou moins rapidement selon les individus, selon leurs habitudes. La loquacité devient confuse, les gestes sont maladroits, les troubles de l'accommodation font « voir double ». Des vomissements peuvent survenir. Le buveur sombre peu à peu dans la somnolence, puis dans un sommeil presque comateux d'où il s'éveillera quelques heures plus tard dans un état de malaise bien connu sous le terme familier de « gueule de bois ».

Chez certains sujets prédisposés, l'ivresse peut s'accompagner d'une agressivité pathologique avec accès de fureur et violence.

Si l'abus est isolé, la récupération est rapide et ne laisse pas de traces. La tolérance est d'ailleurs très variable d'un sujet à un autre, et pour un même sujet d'un jour à l'autre, selon l'état de fatigue, de jeûne, etc. Mais l'intoxication aiguë n'est nullement un passage obligé pour aboutir à l'alcoolisme chronique, et bien des alcooliques n'ont jamais été ivres.

Certaines personnes ont une consommation habituelle d'alcool supérieure aux normes, sans pour autant présenter de véritable dépendance, sans non plus présenter de troubles de santé notables.

Cette sorte d'« état de grâce » peut durer plusieurs années, mais tôt ou tard ces buveurs excessifs risquent de devoir choisir entre une restriction volontaire de leur consommation d'alcool ou le glissement vers la pathologie.

3 – APRÈS, lorsque le malade est devenu alcoolo-dépendant, il est soumis à l'état de manque lorsqu'il est à jeun : il est alors en proie au malaise, à un état d'agitation anxieuse avec tremblement, souvent aussi nausées et vomissements matinaux, ce qui le conduit inévitablement à reprendre de l'alcool pour mettre fin au malaise, et, peu à peu, à augmenter les doses. On est passé d'une tolérance relative avec possibilité de contrôle à l'impossibilité de s'abstenir. L'alcoolique est alors un individu malheureux, oscillant entre le manque et une semi-obnubilation qui le prive de toute efficience ; il voit se dégrader son statut social, souvent aussi sa vie sentimentale et familiale, il s'en veut, il voit le danger, mais il n'a pas la possibilité de s'arrêter.

Il est anxieux, il dort mal, se réveille la nuit, fait des cauchemars. Son faciès est bouffi, congestif, les conjonctives injectées, le regard flou. Son caractère devient irritable, avec des variations de l'humeur qui peuvent aller de la bienveillance expansive et sentimentale à la méfiance agressive, avec souvent des thèmes de persécution ou de jalousie. Les performances physiques se réduisent :

fatigue, essoufflement. Toutes les grandes fonctions peuvent être touchées : digestive, cardio-vasculaire, rénale, hépatique, et surtout atteintes neurologiques avec les polynévrites, les encéphalopathies.

Les troubles intellectuels sont plus ou moins discrets mais ne manquent jamais : diminution de l'attention, de la vigilance, difficultés de concentration, troubles mnésiques. L'esprit perd de sa clarté, de ses capacités de synthèse, l'idéation est plus laborieuse, le raisonnement se fait moins rigoureux, même si les automatismes acquis peuvent faire illusion pendant quelque temps.

Pendant une période qui peut être longue, plusieurs années, ces troubles sont réversibles, et l'on assiste, en cas de suppression du toxique, à de véritables résurrections. Malheureusement ces miracles thérapeutiques sont moins fréquents qu'on le souhaiterait. Bien souvent les malades (car c'est bien d'une maladie qu'il s'agit), ainsi que leur entourage, s'efforcent de minimiser les faits, refusent de voir en face la situation et répugnent à prendre les décisions qui s'imposeraient. De plus ce sont des miracles fragiles qui demandent à être entourés de précautions et consolidés par un suivi thérapeutique prolongé.

Évolution

Non traité, l'alcoolisme aboutit à une détérioration de l'état général qui peut se focaliser sur tel ou tel organe. La cirrhose du foie est une terminaison classique, mais l'alcoolique présente une diminution de ses défenses qui le rend plus vulnérable à n'importe quelle cause de maladie ou d'accident. Le delirium tremens était autrefois une éventualité redoutable en cas de maladie intercurrente, il est aujourd'hui mieux maîtrisé, grâce à une médication précoce au stade de prédelirium.

Traitement de l'alcoolique

Bien que le traitement n'entre pas dans le cadre de notre sujet, il n'est peut-être pas inutile d'en connaître les principes. Il se décompose en deux parties ; d'abord assurer un sevrage, c'est-à-dire la suppression de l'intoxication. Cette première étape est relativement facile, avec l'accord du malade et l'appoint d'une médication sédative. En trois ou quatre jours on parvient à l'abstinence sans symptômes de manque.

Mais ce n'est que le début d'une cure qui devra obtenir la consolidation de ce résultat et la suppression de la dépendance psychologique. Cette étape, qui va durer plusieurs mois, comportera divers types de prise en charge, sur le plan des médicaments, sur le plan comportemental et psychothérapique. Étant donné que l'absorption d'alcool fait reparaître immédiatement la dépendance et déclenche presque immanquablement une rechute, il est facile de comprendre combien ce traitement exige de vigilance et de persévérance, sans découragement.

Graphologie de l'alcoolisme

De ce qui précède, il est facile de déduire que les signes graphologiques de l'imprégnation alcoolique sont nombreux et divers.

Pourtant une remarque préliminaire s'impose : aucun de ces signes, ni même leur association, n'est absolument pathognomonique. D'autres intoxications, d'autres maladies peuvent être à l'origine de tableaux similaires. Il convient donc de se montrer prudent, de signaler les altérations de l'état général, du caractère, des capacités intellectuelles, sans désigner catégoriquement le responsable supposé, à savoir l'alcool. Ce responsable peut être un médicament, une association de médicaments, une maladie de Parkinson, le grand âge et la sénescence.

Par ailleurs, ce qui serait surtout intéressant, c'est le dépistage de l'alcoolisme débutant, ne serait-ce que parce que c'est la période où le redressement est plus facile, où les conseils peuvent encore être entendus, où les dommages sont réversibles. A cette période, malheureusement, la graphologie est muette, les signes trop discrets pour être révélateurs. Il faut, pour que ces signes donnent l'alarme, une imprégnation déjà importante, qui n'a pas pu passer inaperçue à un œil averti.

La personnalité préalcoolique

S'il n'est pas possible, on l'a vu, de définir un type de personnalité prédisposée, on sait que certains traits de caractère ou de personnalité favorisent le recours abusif à des excitants, remontants, dopants ou relaxants. On peut donc s'attendre à rencontrer des types :

- soit de personnalité orale : écritures fluides, assez grandes, aux formes rondes ou ovalisées ;
- soit d'immaturité : écritures grosses, rondes, aux formes molles, à direction flottante ;
- soit de défaillance narcissique : écritures crénelées, effondrées, à zone médiane mal structurée ;
- soit d'anxiété avec inhibition : petites écritures coincées avec des suspensions, des coupures, des blancs en excès ou des noircissements.

L'imprégnation alcoolique aiguë

On ne dispose pas de beaucoup de documents, car le sujet qui boit beaucoup, qui vient de boire avec excès de l'alcool, parle volontiers, mais n'écrit pas.

Les signes sont, dans un premier temps, ceux d'une excitation d'allure maniaque : l'écriture s'agrandit, devient turbulente, agitée, saccadée avec de grands mouvements lancés. En même temps elle se désorganise, la direction se fait sinueuse, oscillante, comme la démarche du buveur, l'ordonnance est plus ou moins malmenée.

Si l'intoxication se poursuit, avec la période d'obnubilation et de somnolence, on assiste à un rapetissement de l'écriture, en même temps qu'à un ralentissement du mouvement et à un lâchage du rythme, qui se fait par intervalles, en alternance avec des périodes de crispations. Encore un degré de plus et l'écriture devient impossible à tracer.

L'écriture au cours de l'alcoolisme chronique

Cette écriture, pour être caractéristique, correspond, nous l'avons vu, à un degré important d'imprégnation alcoolique. Encore faut-il remarquer que tous les individus ne sont pas égaux vis-à-vis de l'alcool, et que certains, les femmes en particulier, y sont plus sensibles.

Les signes observés sont ceux de l'altération de l'état général avec fatigabilité ; ceux des troubles neuro-moteurs avec les maladresses du geste ; les troubles du caractère avec irritabilité ; les troubles de l'humeur souvent à tendance dépressive, et anxieuse ; enfin les troubles de l'attention, de la mémoire, de la vigilance.

Ces diverses altérations vont se regrouper selon les rubriques suivantes :

L'ensemble du graphisme a quelque chose de heurté, de crispé, il n'est ni rythmé ni aisé.

Le mouvement est mal maîtrisé, raide, haché, peu homogène, associant le lâché et le saccadé, l'impulsif à l'inhibé.

La conduite du trait est surtout marquée par les angulations à tous les niveaux, l'impossibilité de tracer des courbes harmonieuses ou des droites fermes, ce qui donne un cabossage des lettres rondes, un arquage des bâtons verticaux. Le tremblement est moins fréquent qu'on pourrait s'y attendre, c'est un tremblement vertical, visible dans certaines zones. La « cassure alcoolique » est un cabossage des oves à l'approche de la ligne de base.

Le mouvement mal contrôlé est à l'origine des saccades, nombreuses, avec traits lancés.

Le trait est le plus souvent appuyé (sentiment de difficulté, d'obstacle), ralenti, parfois épais, ou baveux, frangé. Germaine Trippier a parlé de trait « luisant ».

La forme est abîmée par les saccades, les cabossages, les maladresses, parfois brisée. L'arcade anguleuse, étrécie, est plus fréquente que la guirlande.

La dimension est variable, mais on rencontre plus d'écritures petites, étrécies, que d'écritures grandes. La zone médiane est inégale, les prolongements sont longs mais coincés, souvent mal assurés, sans fermeté, effilés ou vacillants dans la zone inférieure (difficulté à s'affirmer, à se stabiliser).

La continuité est altérée par de nombreuses coupures, des reprises, des soudures, des collages, parfois des télescopages. La juxtaposition est fréquente. S'il y a groupage, c'est un groupement dysrythmique, défectueux, avec des blancs dans les mots et des mots collés. Il n'y a jamais de liaison souple.

La direction des lignes se fait fluctuante, et même flottante. Les lignes montent ou descendent, souvent avec de brusques décrochements en marche d'escalier.

L'inclinaison des lettres est variable, mais le plus souvent très inégale, du renversé au très incliné.

L'ordonnance reste celle acquise par le scripteur, dans les grandes lignes et la répartition des marges. Cependant, à y regarder de près, cette ordonnance perd en clarté : les mots ne se détachent plus aussi bien ; on a l'impression d'un certain flou, d'un certain désordre, qu'on apprécie surtout par comparaison.

Pour être complet, il faut encore noter les pochages, les empâtements, les retouches, les gribouillis qui donnent la note d'anxiété, ainsi que les points, accents, virgules lourdement tracés qui contribuent à la physionomie générale de l'ensemble. Des signatures barrées sont souvent l'indice d'un sentiment de culpabilité.

ALCOOLISME (ÉCRITURES)

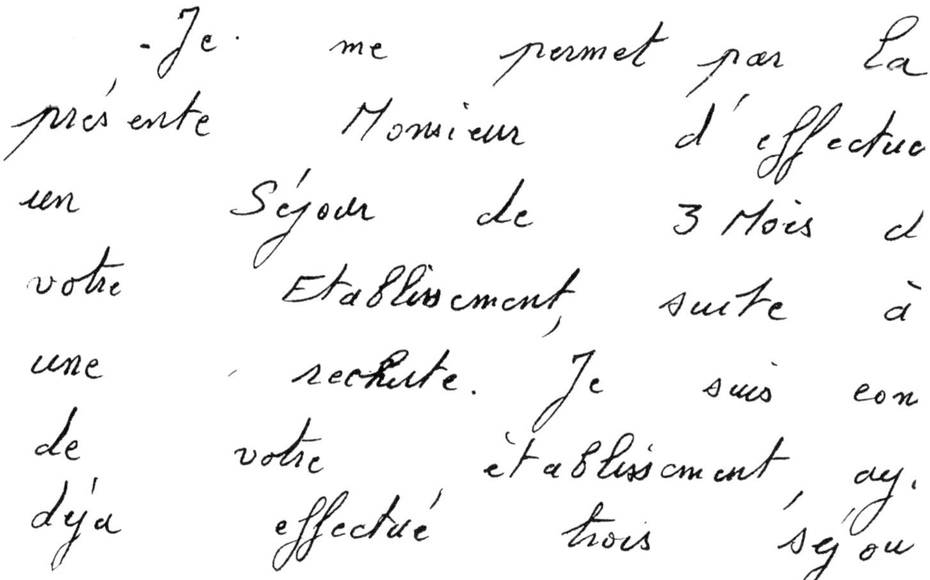
-Je me permet par la
présente Monsieur d'effectue
un Séjour de 3 Mois d
votre Etablissement suite à
une rechute. Je suis con
de votre établissement, ay.
déja effectué trois ségou

Homme alcoolique : les grands blancs entre les mots révèlent des apports d'inconscient incontrôlés et des difficultés de contact.

Isolement d'un être très primaire qui ne trouve une éphémère assurance que dans la boisson.

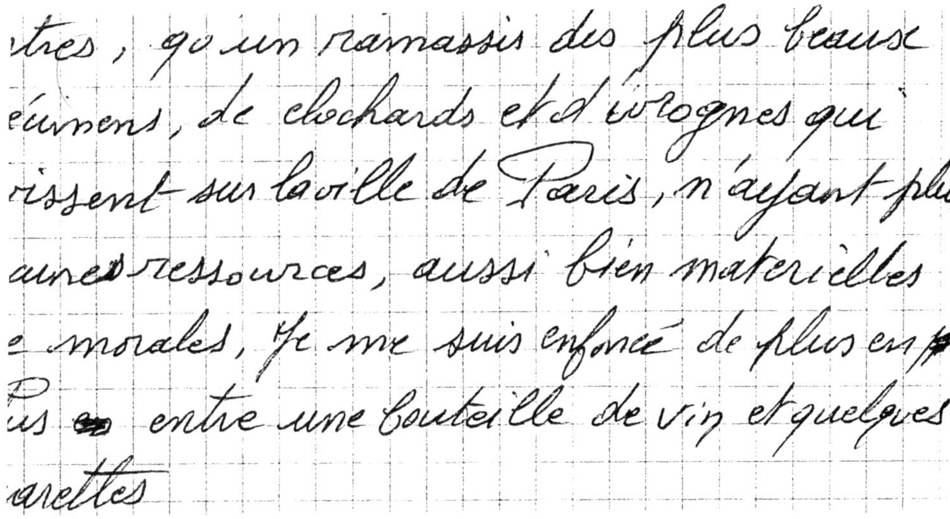

Homme, quarante et un ans : dégradation progressive d'un homme à la suite d'échecs tant professionnels que sentimentaux. Il s'agit d'un être anxieux et dépressif (voir retouches et ligne de base qui a tendance à chuter malgré le papier quadrillé).

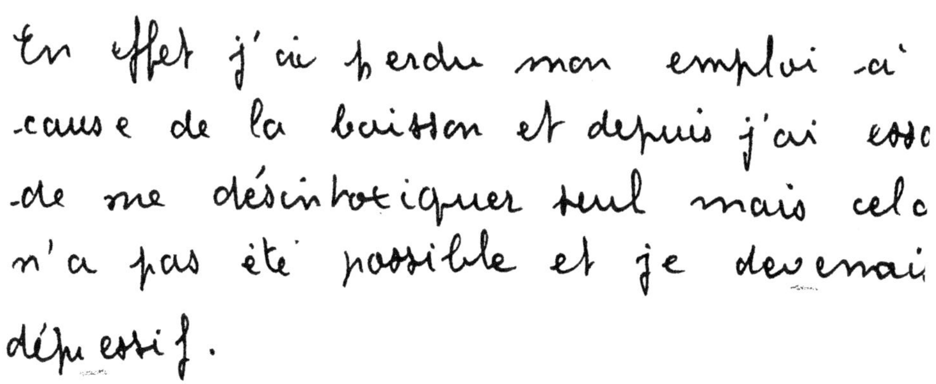

Alcoolique : le niveau culturel du scripteur est plus évolué, mais son écriture est lente et sans vigueur : à noter les trous dans les mots (voir *dev/enais* et *dépr/essif*) et les mauvaises césures.

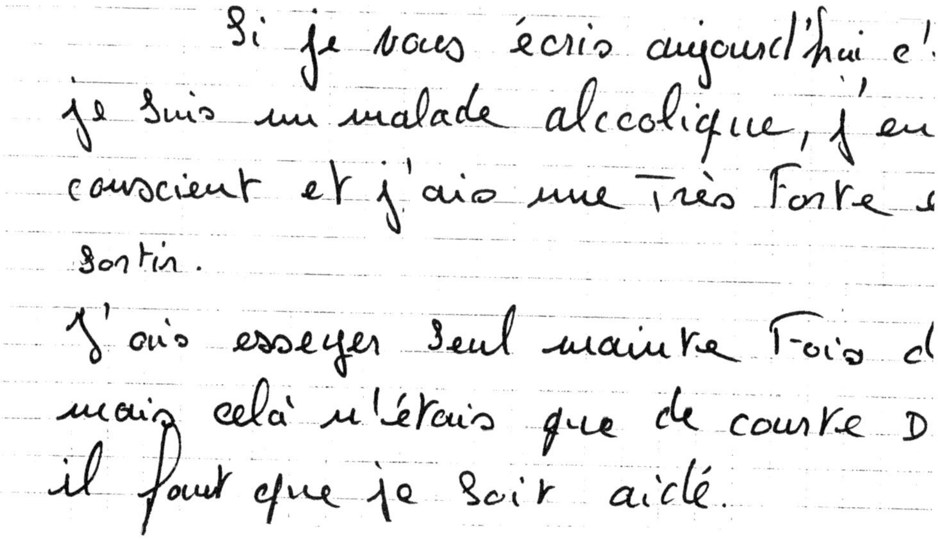
Si je vous écris aujourd'hui c'
je suis un malade alcoolique, j'en
conscient et j'ais une très forte
sortir.
J'ais esseyer seul maintes fois d
mais celà n'étais que de courte d
il faut que je soit aidé.

Homme alcoolique : l'écriture manque de structure. La direction est très changeante. Le niveau culturel est fruste. Le scripteur semble animé d'un désir sincère « de s'en sortir », mais sa volonté est faible, et il a besoin d'un soutien énergique, car il est anxieux et angoissé.

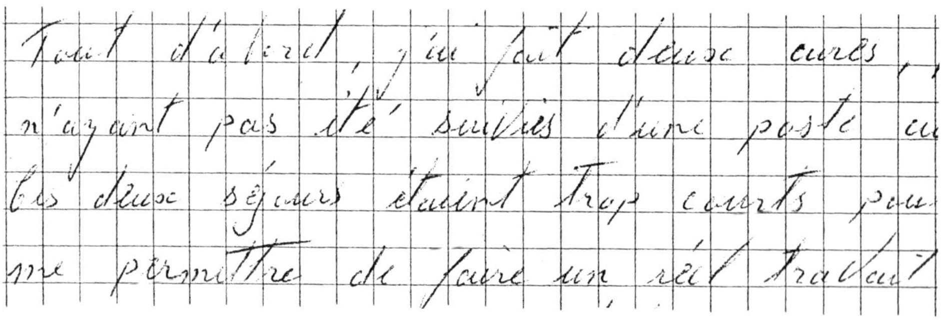
Tout d'abord, j'ai fait deux cures,
n'ayant pas été suivies d'une poste cu
les deux séjours étaient trop courts pou
me permettre de faire un réel travail

Homme alcoolique : a déjà fait deux cures de désintoxication. Écriture rigide, trait à la fois sec et spasmodique. On note des acérations et des gros points noirs indices d'agressivité et d'anxiété.

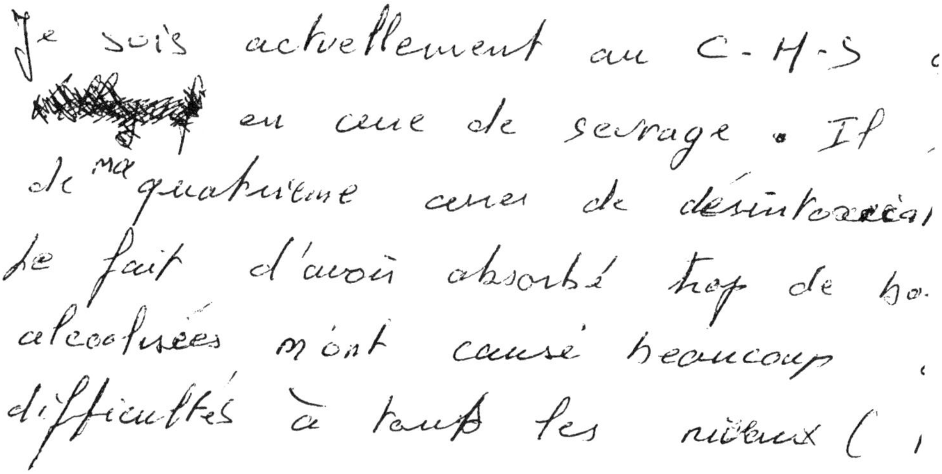
Je suis actuellement au C.H.S
[redacted] en cure de sevrage. Il
de ma quatrième cure de désintoxication
le fait d'avoir absorbé trop de bo
alcoolisées m'ont causé beaucoup
difficultés à tous les niveaux (

Homme alcoolique : en est à sa quatrième cure de désintoxication ; voir l'écriture discordante, le trait sec, net et luisant. Les gros points noirs, signe d'anxiété.

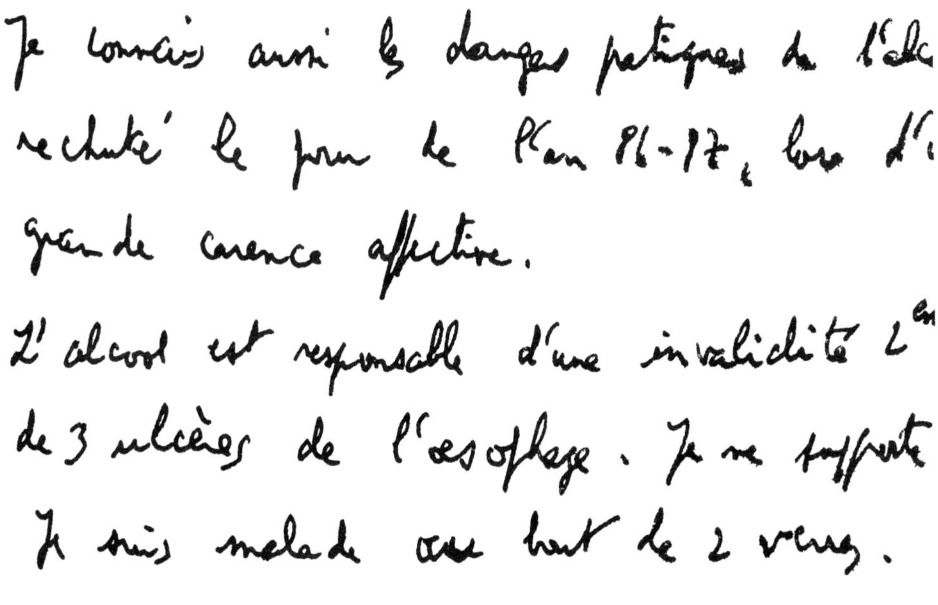
Je connais aussi les dangers pathogènes de l'alc
rechuté le jour de l'an 86-87, lors d'
grande carence affective.
L'alcool est responsable d'une invalidité 2ème
de 3 ulcères de l'œsophage. Je ne supporte
Je suis malade au bout de 2 verres.

Homme, quarante ans, alcoolique : dépressif, anxieux, très émotif, souffre de carence affective. Écriture très inégale, chevauchante en descendant, lettres télescopées, pression lourde à pâteuse, gros points noirs.

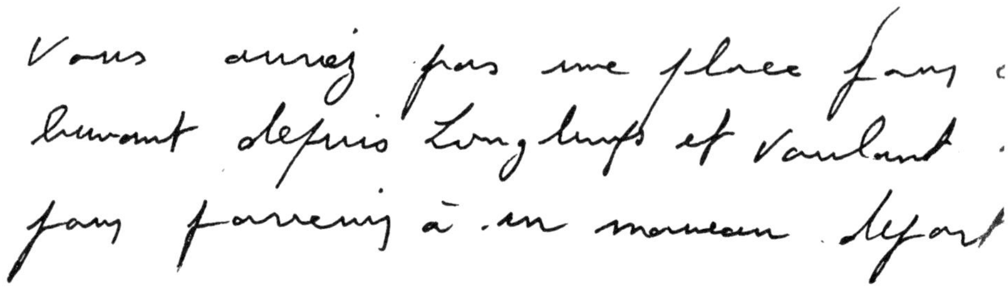

Homme alcoolique : le niveau général est fruste, l'écriture est légère, étalée, lâchée, les barres de *t* souvent absentes dénotent une volonté souvent fluctuante.

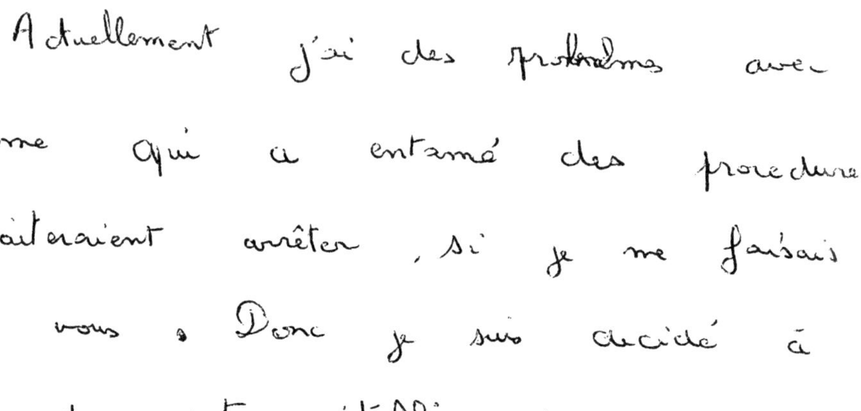

Homme, trente-cinq ans : marié, deux enfants, alcoolique. Voir les grands blancs entre les mots (signe d'isolement, de difficulté de contact). Le gros point noir (anxiété).

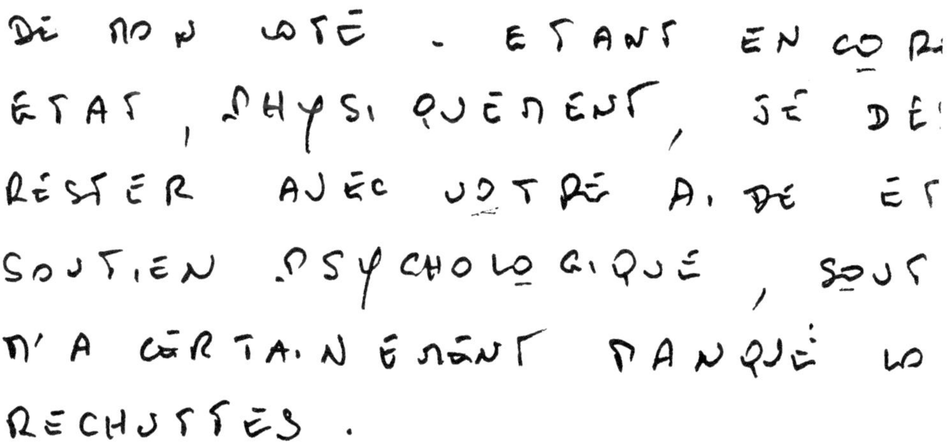

Homme alcoolique : a fait quatre cures de désintoxication. Écriture script. On note cependant de l'impulsivité (voir barres de *t* lancées aux mots physiquemen*t* et certainemen*t*). Le tempérament de base est nerveux. Les oves des *o* ne sont pas parfaitement arrondis, signe précurseur de détérioration motrice.

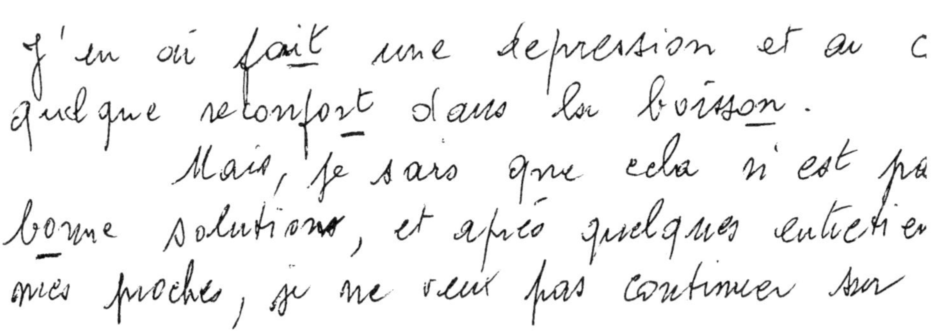

Homme alcoolique : s'est mis à boire après le décès de son épouse. En dépit du papier ligné, le scripteur ne peut se stabiliser sur la ligne de base, le contrôle émotif est fragile.

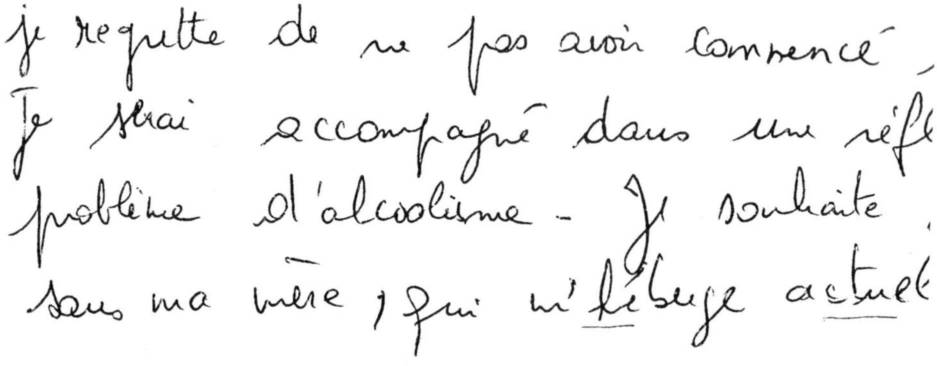

Homme alcoolique : écriture souple et habile, on note cependant certains cafouillages de plume (voir : dernière ligne, « héberge, actuellement », « sur », deuxième ligne). Malgré une certaine aisance graphique, le sujet a une idéation perturbée.

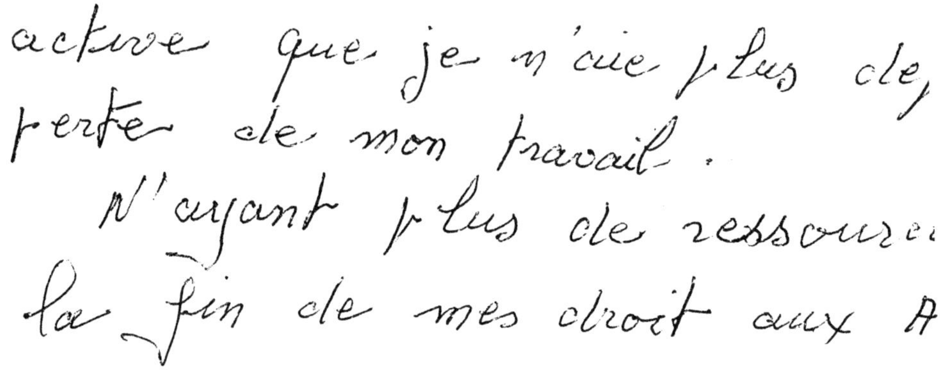

Homme alcoolique, cinquante-huit ans, dépressif. La coordination motrice est très défectueuse dans ce graphisme. Voir les finales impulsivement prolongées, les mots constamment descendants, la pression spasmodique, les cassures au contact de la ligne. On peut affirmer ici que l'imprégnation alcoolique a déjà détérioré gravement la personnalité du scripteur.

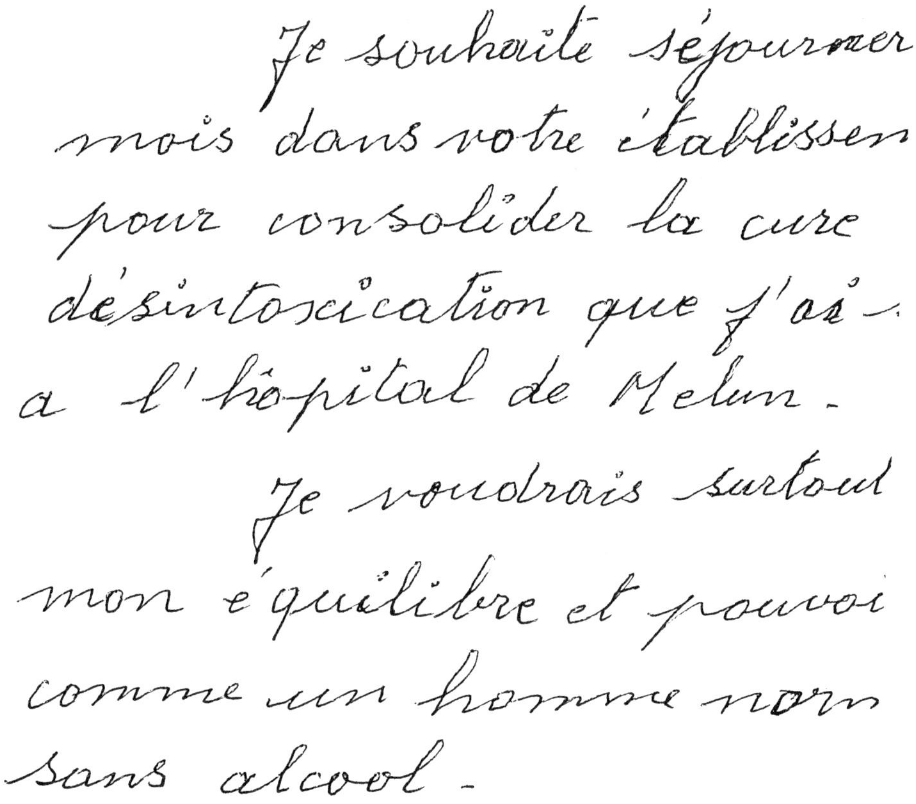

Je souhaite séjourner
mois dans votre établissem
pour consolider la cure
désintoscication que j'ai -
a l'hôpital de Melun.
Je voudrais surtout
mon équilibre et pouvoi
comme un homme norm
sans alcool.

Homme alcoolique : écriture tremblée, lente, malhabile. Voir les oves cabossés (*o* et *a*), les difficultés de liaison entre les lettres. Le scripteur s'efforce à la précision, mais sa pensée est lente et son geste manque de souplesse et de vivacité.

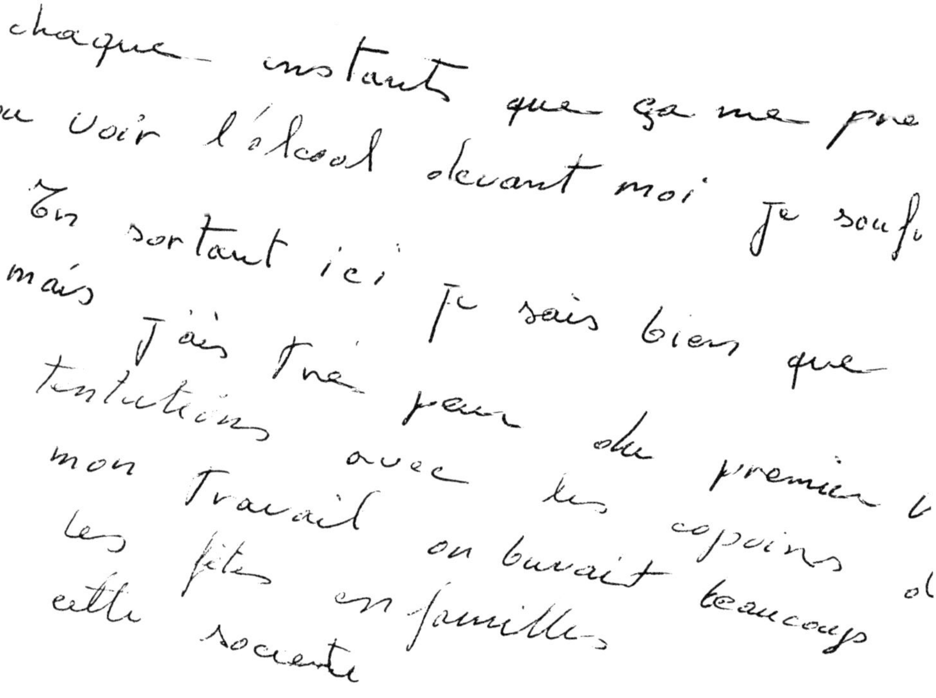

Homme alcoolique : la page commencée à l'horizontale chute très vite. Le scripteur ne peut plus écrire droit... L'écriture est imprécise, les finales sont lancées, la pression est spasmodique. Le contrôle gestuel est complètement détérioré.

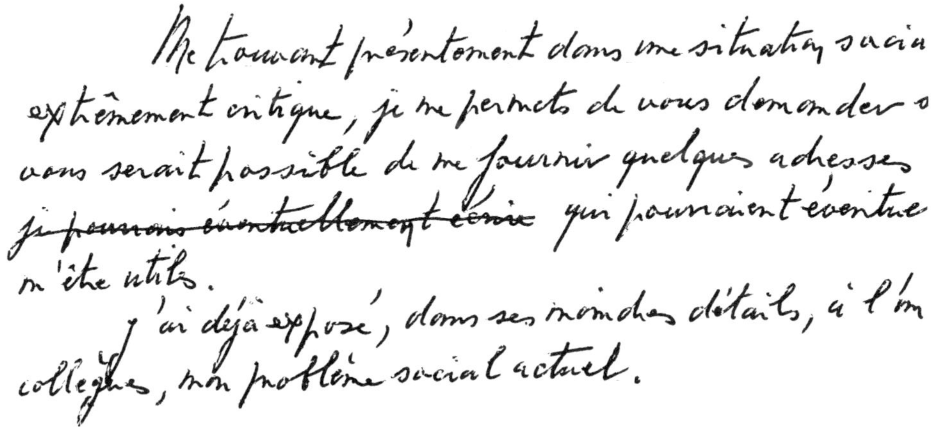
Me trouvant présentement dans une situation socia
extrêmement critique, je me permets de vous demander s
vous serait possible de me fournir quelques adresses
~~je pourrais éventuellement écrire~~ qui pourraient éventue
m'être utiles.
J'ai déjà exposé, dans ses moindres détails, à l'un
collègues, mon problème social actuel.

Homme, quarante-sept ans : célibataire, niveau culturel évolué. Alcoolisation massive, phases dépressives avec tentatives de suicide. S'est mis à boire après le remariage de sa mère (problème œdipien non résolu).

Écriture : pression spasmodique, gros points noirs, grandes virgules, tempérament nerveux, type sado-anal.

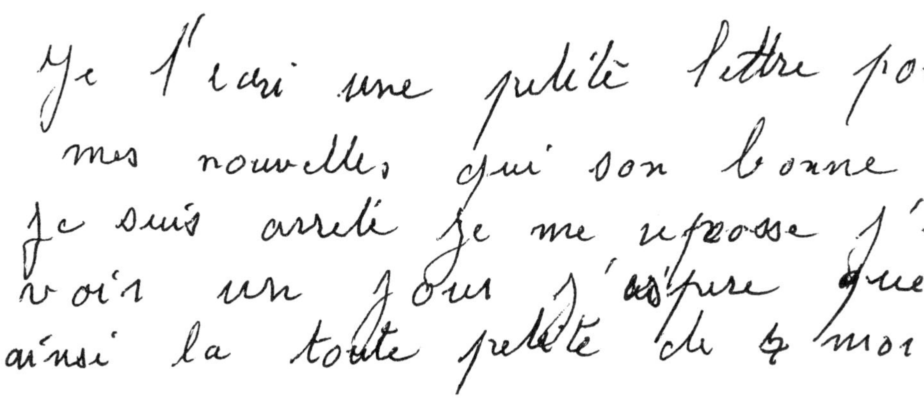
Je t'écri une petite lettre po
mes nouvelles, qui son bonne
je suis arreté je me reposse j'
voir un jour j'aspire que
ainsi la toute petite de moi

Homme, trente-neuf ans, divorcé, sans enfants, gaucher, écrit des deux mains. A la suite d'une déconvenue sentimentale a fait une tentative d'autolyse. Il présente des troubles importants du comportement : menace de mort son amie et veut se suicider devant elle.

Niveau culturel très fruste, l'écriture est tremblée, contrainte, retouchée. Les lignes sont enchevêtrées, le trait est net et luisant.

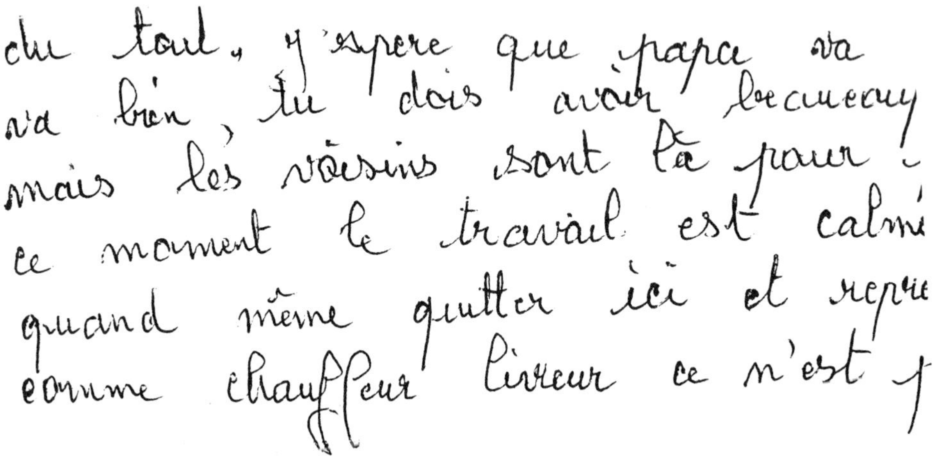

Homme, quarante-six ans, chauffeur livreur, divorcé, un enfant. Désocialisation progressive chez un alcoolique chronique. Immaturation affective, boit trois litres de vin par jour, est devenu alcoolique à la suite d'un divorce.

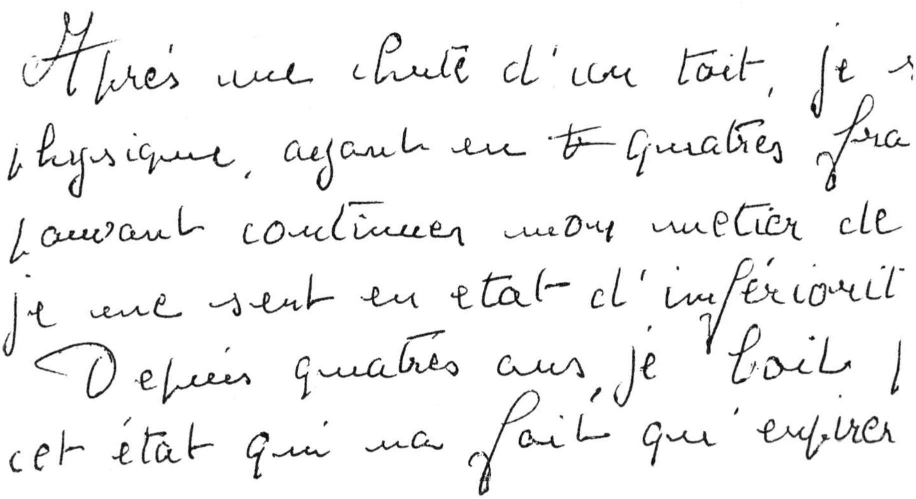

Homme, quarante et un ans, célibataire, couvreur. Alcoolisme névrotique, immaturité affective profonde, désinsertion sociale, imprégnation très marquée. Polynévrite des membres inférieurs. Décompensation depuis un accident du travail. Alcoolisme à la suite d'une déception sentimentale. Est gaucher, mais écrit de la main droite. Écriture malhabile, niveau culturel fruste, mauvaise coordination motrice, torsions, barres de *t* lancées ou absentes.

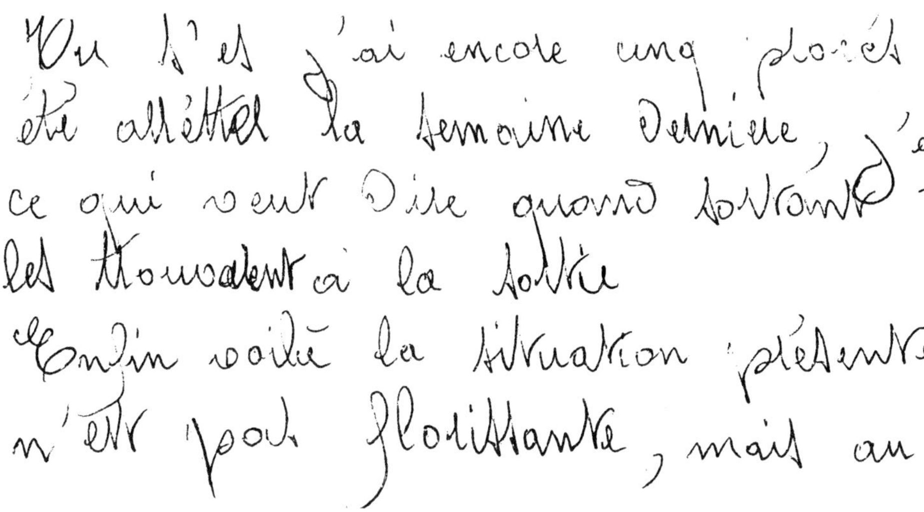

Homme, cinquante ans, séparé, quatre enfants, maçon. Alcoolisme chronique sur fond de déséquilibre psychique, déchéance sociale profonde, est devenu clochard, a été emprisonné pour menaces de mort. A commencé à boire après la mort de ses parents.

Écriture : spasmodique, surhaussée, oves abîmés, jambages gonflés, enchevêtrée, finales grossissantes, trait sec et luisant, grandes virgules.

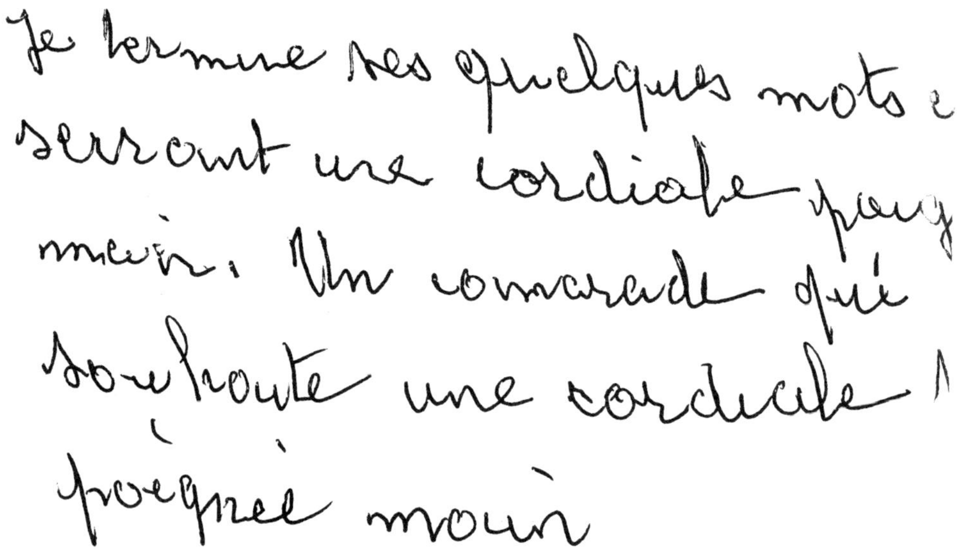

Homme alcoolique, niveau culturel très primaire.

A noter les finales lancées, signe d'impulsivité, les liaisons saccadées, les ondes de chute, les oves cabossés des voyelles. Tous ces signes traduisent un contrôle gestuel gravement perturbé. La ligne de base est à la fois sinueuse et descendante, ce qui révèle une émotivité mal contrôlée et des tendances dépressives.

L'idéation est très perturbée, voir les répétitions.

19.

TOXICOMANIES

Dans les sociétés occidentales, les opiacés ont longtemps constitué la principale source de toxicomanie, d'où les dénominations de « stupéfiants » en France et dans les pays de langue française, et de *narcotics* dans les pays de langue anglaise. Ces termes ne conviennent certes pas à toutes les drogues utilisées, puisque certaines sont plutôt des excitants.

Aussi propose-t-on de nommer *drogues toxicomanogènes* les substances étrangères à l'organisme qui agissent sur le cerveau à doses très faibles, en produisant un effet euphorisant qui conduit à en répéter l'usage.

Cette définition introduit une différence avec l'alcool. Celui-ci peut, en effet, être considéré comme un aliment à doses faibles, et doit être ingéré à des doses plus importantes pour produire l'effet euphorisant récompensant toxicomanogène ; mais les processus qui conduisent à la dépendance et les problèmes de sevrage et de guérison restent assez semblables.

Les problèmes sociologiques liés aux drogues ont beaucoup évolué au cours des récentes décennies. Limité autrefois à des milieux très circonscrits (voyageurs, artistes), l'usage de drogues, après une période de récession, de 1950 à 1967, selon Deniker, s'est, à partir de 1967-1968, largement répandu dans des milieux de plus en plus jeunes, de plus en plus variés, n'épargnant ni les campagnes ni les travailleurs. Les anciens drogués étaient fidèles à « leur » drogue, les jeunes varient et associent souvent plusieurs drogues. Actuellement, toujours selon le professeur Pierre Deniker, au moins un jeune sur dix a goûté à la drogue, ne serait-ce que sous forme de « joint ». Les chiffres sont difficiles à saisir, car les toxicomanes traités ne représentent qu'un pourcentage infime de l'ensemble. Ce qui est certain, si l'on s'en tient au nombre des admissions dans un centre comme l'hôpital Henri-Rousselle, c'est que les chiffres ont marqué, à partir de 1970, une vertigineuse ascension.

Le fait que chaque nouvel adepte soit amené à faire du prosélytisme et bientôt à se transformer en revendeur, en « dealer », pour trouver l'argent nécessaire à sa consommation personnelle, contribue à l'extension en tache d'huile de ce véritable fléau social.

Face à ces problèmes, le législateur tente d'adapter l'arsenal des lois en vigueur, la médecine se préoccupe de guérir, si possible, ou du moins de soigner les drogués, sans que le phénomène ait encore pu être enrayé.

Nous n'avons pas ici à envisager ces aspects de la question. Nous nous bornerons à une rapide énumération des diverses catégories de drogues. Nous envisagerons ensuite la personnalité du toxicomane avant d'étudier les expressions graphologiques des toxicomanies.

LES DROGUES

Elles sont nombreuses et variées. Certaines, connues depuis fort longtemps, peuvent prendre de nouvelles formes, comme le *crack,* avatar redoutable de la feuille de coca. D'autres sont issues de recherches de laboratoire, comme les amphétamines, les benzodiazépines ou le LSD.

L'opium et les opiacés

L'usage de l'opium remonte à la nuit des temps. Il est à la fois un remède précieux et un toxique redoutable.

Extrait du pavot blanc, l'opium peut être réduit en boulettes, après dessication, et fumé. On peut en extraire une solution alcoo-

folleslique, le laudanum. Mais il est surtout utilisé sous la forme de ses alcaloïdes, la morphine, la codéine et l'héroïne. Les deux premières ont des indications pharmacologiques ; la dernière, plus active, donc plus toxique, est l'objet d'un trafic très profitable. Injectée dans les veines, l'héroïne procure une jouissance intense, le *flash,* véritable orgasme mental très recherché par les usagers.

L'opium et les opiacés provoquent un état de bien-être, une sorte de bienheureuse indifférence. Logre qualifie cet état d'ivresse bouddhique, qu'il oppose à l'ivresse nietzschéenne de la cocaïne, faite de toute-puissance et de force active.

Mais, dès que la drogue a cessé d'agir, un état de malaise succède au plaisir, un état désagréable qui cesse avec une nouvelle prise. Très vite la drogue devient nécessaire, non pour le plaisir qu'elle procure, mais seulement pour apaiser le malaise du manque. Comme l'approvisionnement coûte cher, les drogués, sauf s'ils disposent de ressources faciles, doivent se mettre en quête d'argent. C'est pour eux une urgence. La prostitution fournit des sommes non négligeables, parfois aussi la petite délinquance, mais c'est surtout en entrant dans le réseau des transporteurs ou revendeurs que les drogués parviennent à subvenir à leurs besoins.

L'héroïne s'utilise sous forme d'injections intraveineuses. D'où une pathologie de la seringue dont les drogués sont souvent victimes (abcès, septicémies, et surtout sida). Parmi les adonnés à l'héroïne, une proportion de 60 pour 100 sont séropositifs. Toutefois, depuis que le danger du sida est connu dans les groupes de toxicomanes, ceux-ci évitent de se partager les seringues, et même préfèrent recourir à d'autres drogues non injectables.

La cocaïne et ses dérivés

La cocaïne est extraite des feuilles du cocaïer, qui sont séchées puis réduites en poudre. On peut aussi les mâcher ou les chiquer. Mais c'est surtout le principe actif, ou cocaïne, qui est le plus utilisé. Présenté sous forme de poudre fine, « la neige », elle peut être directement prisée. Freud en fut un adepte enthousiaste avant de découvrir ses dangers. Ce fut la drogue des « années folles » de l'après-guerre, appréciée des artistes et des milieux lancés du Paris nocturne de Montparnasse. Après avoir pratiquement disparu du marché, elle a fait depuis quelques années sa réapparition. Une forme récente et nouvelle, le *crack,* est une pâte de feuilles de coca mélangées à du carbonate de soude, dont on respire les vapeurs après l'avoir fait brûler. Le *crack* tue en quelques semaines, par lésions cardio-vasculaires. La cocaïne procure un état d'excitation euphorique : tout semble facile, la sensation de fatigue n'existe plus, on se sent fort. Les doses fortes entraînant un véritable délire cocaïnique avec hallucinations. La privation et le sevrage brutal peuvent également déclencher des troubles semblables à ceux du delirium.

Le sevrage est relativement plus facile qu'avec les opiacés, mais les récidives sont fréquentes, parfois avec d'autres drogues.

Les usagers de la cocaïne présentent des lésions nasales qui peuvent aller jusqu'à la perforation de la cloison.

Le hachisch et les hallucinogènes

Extrait du chanvre indien, *cannabis indica,* le hach est la plus banale des drogues, celle par laquelle on commence. Souvent qualifiée de drogue douce, parce qu'on peut n'en aspirer que quelques bouffées, grâce au « joint » qu'on se passe à la ronde, dans des « parties », le hachisch est un hallucinogène, dont les principes actifs, les cannabitols, n'ont été isolés chimiquement qu'en 1965.

Les sommités fleuries séchées constituent la marijuana, qui se fume sous forme de cigarettes, plus ou moins concentrées en principe actif selon les échantillons. La résine de la plante, séchée, émiettée et mêlée à du tabac, constitue la matière première des cigarettes roulées à la main, les fameux joints. La résine peut aussi être mangée sous forme de gâteaux. Les amateurs recherchent l'huile de cannabis, qui contient jusqu'à 80 pour 100 de principe actif.

Le hachisch procure une douce euphorie, bientôt suivie d'excitation mentale et de modifications des perceptions sensorielles. A un degré de plus surviennent des illusions, une sorte de rêve éveillé avec hallucinations, fuite des idées et dissociation de la pensée.

D'autres hallucinogènes sont extraits du peyotl, la mescaline, ou d'un champignon, le psilocybe (psilocybine). Le LSD ou acide lysergique est actif à doses mille fois plus faibles. Toutes ces substances sont hallucinogènes.

Les divers hallucinogènes ont fait l'objet d'études expérimentales, soit que leurs adeptes occasionnels, écrivains, artistes, psychiatres, aient minutieusement décrit ce qu'ils éprouvaient en usant de ces drogues, soit que des volontaires aient accepté de se soumettre à une expérimentation clinique, soit qu'on les ait utilisés dans un but thérapeutique.

On a pu observer, lors d'un usage répété, une dégradation du psychisme et l'apparition de véritables psychoses hallucinatoires chroniques. D'autre part les sujets réagissent différemment : c'est ainsi qu'avec le LSD on a pu déplorer des accidents au cours de l'accès hallucinogène : les sujets se sentaient si légers qu'ils pensaient pouvoir voler, ils se jetaient par la fenêtre et s'écrasaient au sol. Ou bien ils voulaient fixer le soleil et se brûlaient les yeux.

Si l'effet de dépendance est avec les hallucinogènes moins marqué qu'avec les opiacés, ils ont cependant pour effet de diminuer la volonté, de démobiliser, et par là de servir d'amorce avant de recourir aux « drogues dures ».

Les amphétamines

Ce sont des psychostimulants d'origine chimique. On les utilise pour lutter contre le sommeil, contre la fatigue. Il fut une époque où tout étudiant préparant des examens un peu difficiles se croyait tenu de prendre du maxiton. On les utilise aussi comme coupe-faim dans les régimes hypocaloriques.

Les amphétamines ne donnent pas l'effet euphorisant de la cocaïne, mais par le sentiment dépressif et la sensation de fatigue qui succède à leur utilisation, elles incitent à répéter les doses et à les augmenter parfois dangereusement. D'où les effets d'épuisement. Par ailleurs, elles peuvent induire ce que les intéressés appellent eux-mêmes « l'effet parano ». Le sujet se sent observé, surveillé, épié et peut aller jusqu'à construire un véritable délire de persécution.

Les hypnotiques et les tranquillisants
(barbituriques, benzodiazépines...)

Ces médicaments produisent une impression de calme et d'euphorie qui facilite le sommeil. Ils ont en outre une action anticonvulsivante et myorelaxante.

L'alcool absorbé en même temps potentialise leurs effets dans d'importantes proportions, aussi est-il toujours recommandé d'éviter avec soin cette association. Mais cette mise en garde peut être négligée, ou même délibérément transgressée pour obtenir des effets plus rapides et plus puissants.

Ils entraînent à la longue une accoutumance qui incite à augmenter les doses. Par ailleurs, leur suppression brusque après un usage prolongé entraîne des incidents de sevrage, du type agitation anxieuse. A la longue ils peuvent causer des troubles mnésiques (perte de mémoire) et des anomalies de la motricité rappelant le syndrome parkinsonien.

L'éther et les solvants

Ce sont des produits volatils qui sont inhalés dans le but d'obtenir une sensation d'ivresse. L'éther provoque la narcose, puis le coma. Les solvants des colles sont très dangereux, car nocifs pour le sang, le foie.

L'éther entraîne rapidement la dépendance, si bien que les éthéromanes oscillent sans cesse entre le manque et le coma. Les colles sont répandues au fond d'un sac : les enfants d'âge scolaire enfouissent leur tête dans le sac et en respirent les vapeurs, jusqu'à avoir la tête qui tourne ; ce qui domine ici, c'est la recherche de sensations nouvelles. Malheureusement, quand cela devient une mode, l'effet de mimétisme répand la contagion, et la colle, on l'a vu, n'est pas inoffensive.

Psychologie du toxicomane

Peut-on décrire une personnalité prédisposée aux toxicomanies ? La question est la même que celle posée par l'alcoolisme. La réponse est ambiguë :

– Oui, en ce sens que les personnalités dites « orales », plus avides, vivant davantage dans le présent, plus influençables, plus anxieuses, seront plus facilement entraînées dans l'engrenage des paradis artificiels. De même que les désœuvrés, les inadaptés. Mais cela n'a rien d'une fatalité, heureusement.

– Non, en ce sens que d'autres causes peuvent jouer : la curiosité, l'attrait de l'insolite, le désir de braver des interdits, le plaisir de faire partie d'un groupe d'initiés, etc.

Une fois entré dans la toxicomanie, ce qui va l'emporter, c'est la déstructuration de la personnalité :

– Sur le plan du caractère, le drogué devient indifférent, il se désintéresse de tout ce qui n'est pas lié à la drogue. Sa volonté se dissout, il est incapable d'effort, de persévérance, il vit au jour le jour. Il devient dissimulé, impulsif, parfois violent, toujours asocial.

– Sur le plan intellectuel, les troubles varient selon les drogues et selon l'ancienneté de l'intoxication.

Avec les amphétamines, les capacités intellectuelles sont survoltées, mais l'effet est assez fugitif.

Avec les opiacés, les hallucinogènes, les effets vont dans le sens déficitaire. Les altérations portent sur les facultés de concentration, de clarté, donc de logique, et sur la mémoire.

Graphologie

Personnalité

– Plus souvent base « orale » faible, avec trait léger, écriture fluide, filiforme, crénelée, formes molles ou envahissantes.

– Parfois formes orales narcissiques avec grosse écriture ronde.

– Plus rarement base anale faible, avec inhibitions et anxiété.

– Quelquefois écritures adolescentes « phalliques » avec prolongements mal étayés et zone médiane fragile.

La toxicomanie

Ce qui frappe, c'est la détérioration de l'écriture. Si on dispose de deux spécimens écrits avant et après l'installation dans la toxicomanie, on constate que l'écriture se défait : le rythme se casse, le trait s'abîme, la forme s'avachit, le mouvement se crispe et se raidit, l'ordonnance se fait flottante. En même temps les signes d'anxiété augmentent : soit des blancs plus importants, soit plus souvent des noircissements.

On pourrait imaginer, à partir de chaque type de drogue, un profil particulier en rapport avec les effets de ces drogues sur l'organisme : les opiacés procurent l'indifférence ; les hallucinogènes une déréalisation avec altération des perceptions sensorielles ; la cocaïne et les amphétamines un effet d'excitation intellectuelle et psychique. Des études ont déjà été faites, mais elles demanderaient à être complétées sur une échelle assez importante pour leur donner la rigueur nécessaire. Il faudrait aussi tenir compte non seulement de l'effet immédiat, mais surtout de l'effet de la toxicomanie au long cours. Il nous semble donc prématuré de donner des caractéristiques trop précises. Au surplus, comme nous avons eu l'occasion de le signaler, il est de plus en plus fréquent que les habitués, ou surtout les débutants toxicomanes, aient recours à des drogues variées, utilisées un peu au hasard de l'approvisionnement.

TOXICOMANIES (ÉCRITURES)

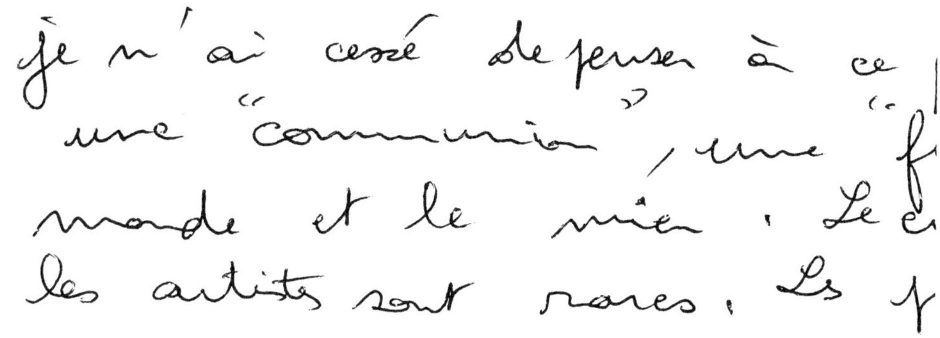

Jeune fille, dix-neuf ans, a commencé par fumer du « H » au lycée à seize ans, puis LSD, enfin héroïne (2 à 3 piqûres par jour), prend également de l'alcool avec des médicaments. Envisage une opération de transsexualité. Le Rorschach révèle un traumatisme remontant à la première enfance, et une tendance hystéroïde et paranoïaque.

Écriture : étalée, filiforme, en guirlande, grandes virgules et accents acérés, signature à droite avec finale lancée.

Le graphisme révèle un tempérament nerveux, de l'impulsivité, de la labilité et de l'anxiété, également un manque de structure et l'effondrement du moi. La drogue correspond ici à un besoin suicidaire.

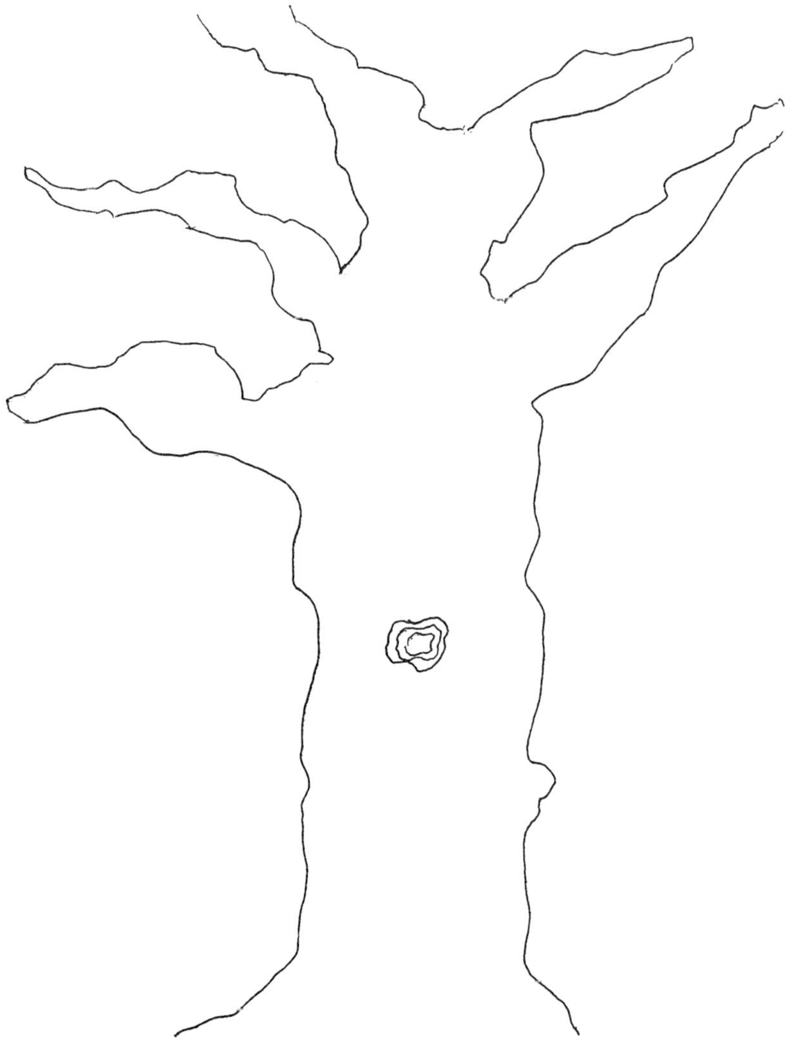

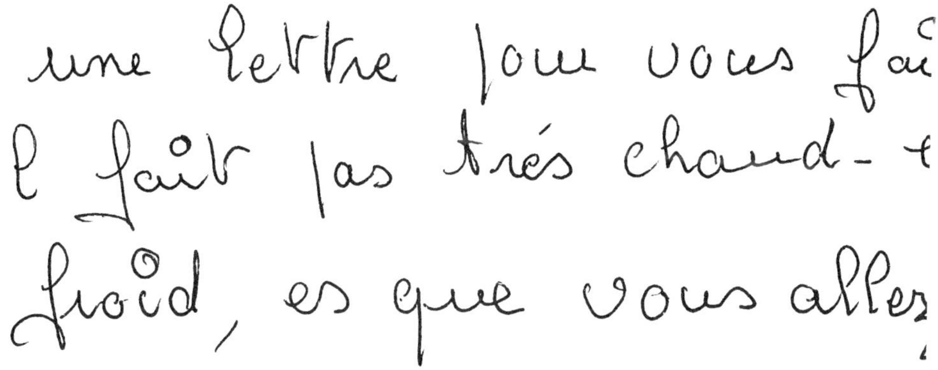

Jeune fille, vingt-sept ans, drogue, prostitution, délinquance, alcoolisme (25 bières par jour). Crises d'épilepsie depuis la petite enfance, père alcoolique, n'a jamais connu sa mère. A commencé à se prostituer à quatorze ans, après la mort de sa grand-mère qu'elle adorait.

Écriture : lente, infantile, spasmodique, cabossée, points en ballon.

Le niveau culturel très fruste et l'oralité se conjuguent ici pour faire de la scriptrice un cas social affligeant.

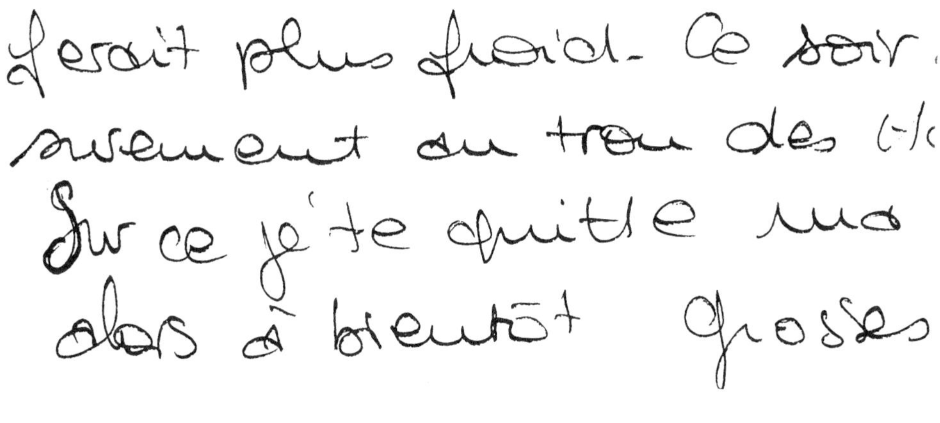

Jeune fille, vingt ans, fume du « H » tous les jours, a essayé héroïne et cocaïne, est étudiante et vit maritalement.

Écriture : grande, jointoyée, pression baveuse, lettres à rebours, oves gonflés, jambages en lassos.

Personnalité très orale et hystéroïde, une certaine aisance mais spontanéité limitée. Le test de Rorschach a révélé un choc grave dans la première enfance.

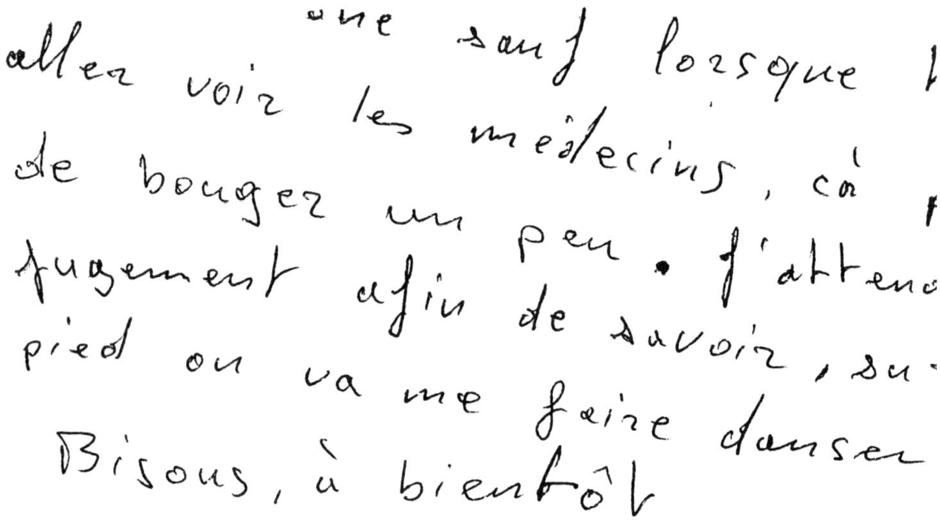

Homme, vingt-trois ans, alcoolique, toxicomane (héroïne), criminel. A commencé à se droguer à l'âge de quatorze ans (H, puis LSD et héroïne). A tué son médecin à coups de couteau parce que celui-ci refusait de lui donner des tranquillisants. Avait déjà été condamné pour vol.

Écriture : spasmodique, acérée, descendante, trait sec et luisant. La signature faite de traits lancés révèle l'impulsivité.

Il s'agit d'un sujet immature dont la violence tempéramentale a été libérée par l'alcool et les drogues.

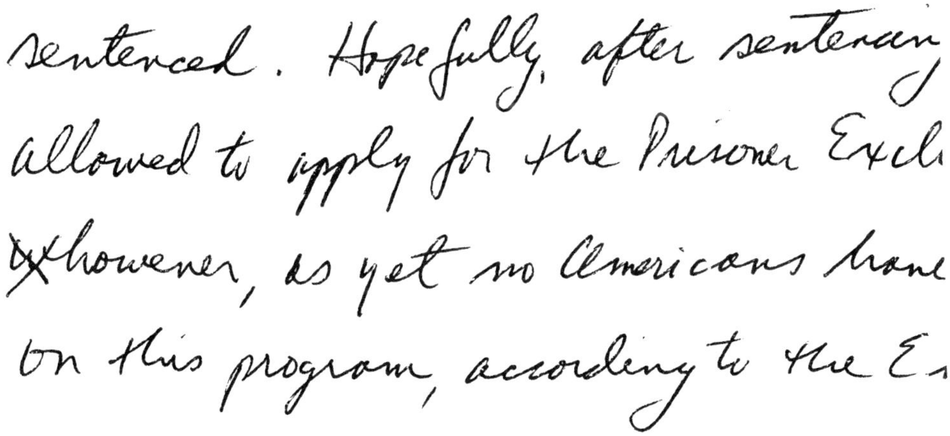
sentenced. Hopefully, after sentencing
allowed to apply for the Prisoner Exch
however, as yet no Americans have
on this program, according to the E

Homme américain, quarante-six ans, fils unique de parents divorcés, lui-même divorcé. A commencé à se droguer à l'âge de vingt-trois ans alors qu'il était en faculté. A essayé toutes sortes de drogues. A été arrêté à l'aéroport alors qu'il transportait un kilo d'héroïne.

Écriture : claire, précise, en guirlande semi-anguleuse, chevauchante en descendant, barres de *t* acérées, trait net. Le graphisme révèle un niveau culturel évolué, et une petite tendance dépressive (le document a été rédigé en prison), mais pas d'atteinte physiologique ou de troubles moteurs. Le sujet supporte assez bien le sevrage, tout en affirmant qu'il a « mal dans tout le corps ».

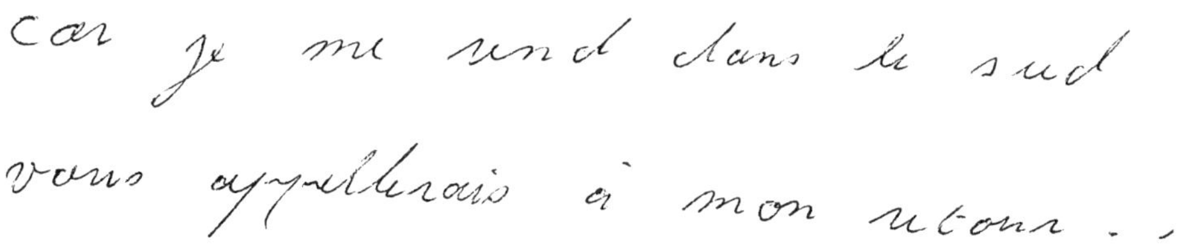
car je me rend dans le sud
vous appellerais à mon retour . .

Homme, vingt-sept ans, toxicomane, héroïne, alcoolique, homosexuel, tentative de suicide, père paranoïaque, mère alcoolique.

Écriture : descendante, trait léger et spasmodique, signature montante, personnalité fragile et dépressive malgré un désir de paraître assez affirmé.

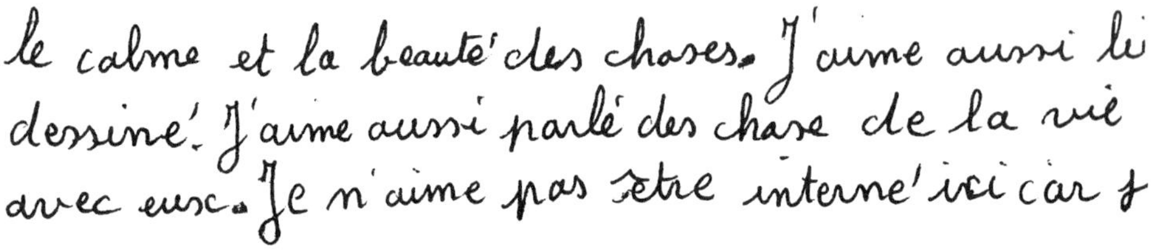

Homme, dix-neuf ans, toxicomane (hachisch).

Écriture : lente, formes encore très scolaires, trait net à spasmodique, gros points noirs. Le niveau culturel fruste et l'anxiété sont manifestes, de même que l'immaturité du sujet qui cherche probablement dans la drogue un moyen d'expression.

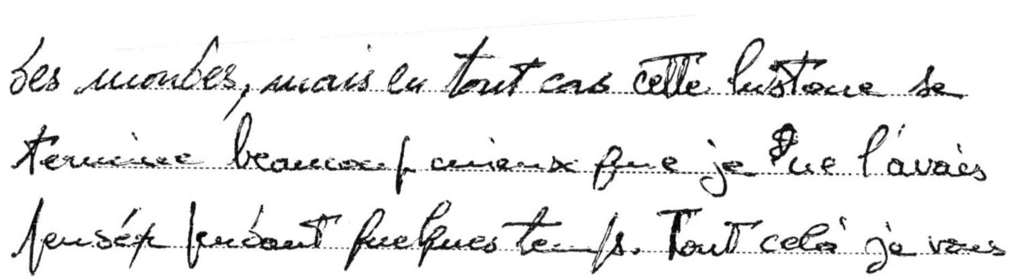

Homme, dix-neuf ans, toxicomane, a fait du trafic de drogue, deuxième enfant d'une famille de six. Caractère révolté, lettre écrite en prison.

Écriture : très discordante, barres de *t* en coup de fouet, surélevée, grandes virgules. Le tempérament nerveux et réagissant du scripteur se traduisent dans son écriture, de même que son instabilité et sa révolte. Le manque de sérénité intérieure l'incite à la recherche de paradis artificiels.

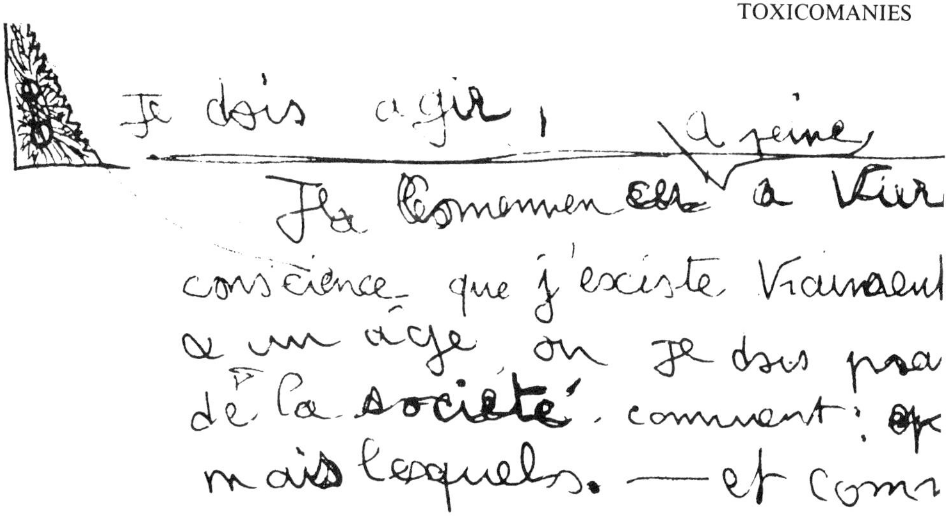

Homme, vingt-deux ans, toxicomane (hachisch, LSD, héroïne) de quinze à vingt ans, hold-up, prostitution homosexuelle, tentatives de suicide. Fils unique, ses parents ont divorcé lorsqu'il avait un an. A été très mal opéré d'un bec de lièvre.

Écriture : désorganisée, retouchée, confuse, gros points noirs, lettres à rebours. Personnalité tourmentée, anxieuse, nerveuse. L'idéation est très perturbée.

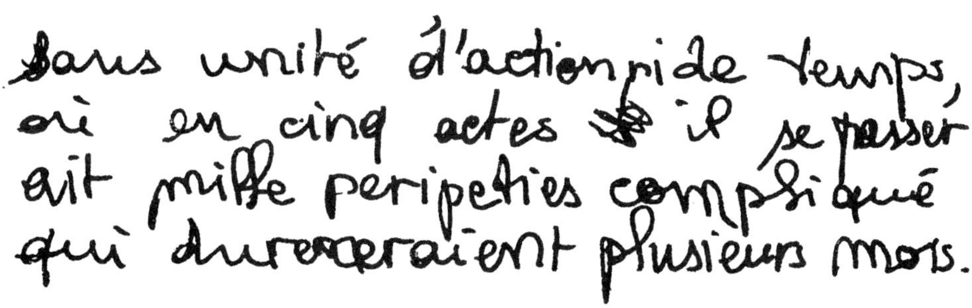

Jeune homme, dix-huit ans, toxicomane, hachisch, mélanges pharmaceutiques, LSD.

Écriture : pression nourrie, trait « poreux et moiré », gros points noirs, tordue, discordante, très inégale, lente, retouchée. Sujet immature et anxieux. Le trait est comme imprégné et le contrôle émotif des plus aléatoires.

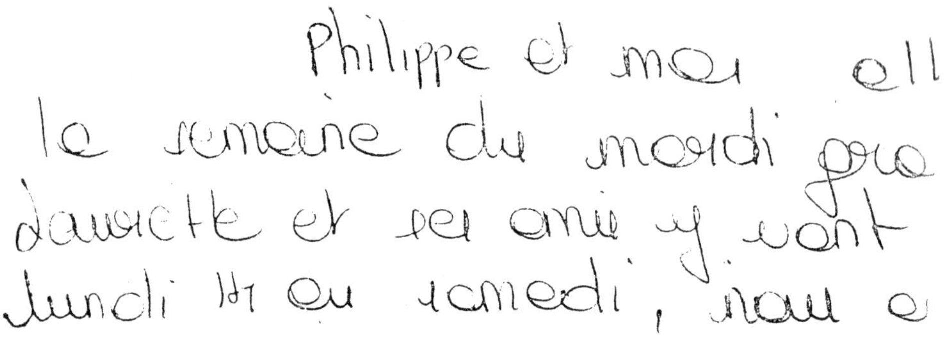

Femme, vingt ans, hachisch et LSD.

Écriture : grande, redressée, oves gonflés, très jointoyée, en arcade. Personnalité de type oral, très narcissique et immature.

20.

TROUBLES DES CONDUITES ALIMENTAIRES

L'ANOREXIE

Anorexie et boulimie constituent deux aspects opposés de trouble des conduites alimentaires, caractérisées l'une par la restriction volontaire, l'autre par l'ingestion excessive et incontrôlable d'aliments. Pourtant ces formes sont plus proches l'une de l'autre qu'on ne l'avait pensé tout d'abord, comme en témoignent les formes intriquées au cours desquelles anorexie et boulimie se succèdent, ou celles dites de boulimie nerveuse *(bulimia nervosa,* comme on dit *anorexia nervosa)*, qui font coexister les crises de gavage avec des vomissements provoqués et avec toute une stratégie active de lutte contre la prise de poids aboutissant à un tableau de dénutrition identique à celui de l'anorexie mentale.

Les auteurs anglo-saxons rangent ces troubles dans une rubrique commune, celle des *eating disorders.*

L'ANOREXIE MENTALE

Elle se manifeste aux abords de la puberté (entre treize et vingt ans) chez une jeune fille (l'affection est rare chez le garçon), qui se met à restreindre son alimentation sous des prétextes divers. La jeune fille maigrit, mais reste infatigable et affirme se sentir très bien, à condition de ne pas trop manger. Les règles sont absentes, mais l'examen médical ne décèle que des signes liés à l'amaigrissement et aux déficiences de l'alimentation.

Sur le plan psychique, on note le contraste entre une activité mentale d'excellente qualité et la négation obstinée de la maigreur et du risque vital encouru. L'anorexique refuse de se considérer comme malade et ruse avec une astuce inépuisable pour maintenir son refus de manger et de grossir. Les infirmières qui ont en charge des anorexiques en savent quelque chose.

L'anorexie débute parfois après un traumatisme psychique, mais souvent sans cause apparente ; ou, plus exactement, la cause invoquée paraît sans commune proportion avec le résultat. Parfois c'est à la suite d'un régime alimentaire entrepris pour remédier à un petit excédent pondéral. Parfois c'est en réponse à une contrariété : on a refusé quelque chose à la jeune fille, ou bien elle a été éloignée du milieu familial pour un temps limité. Chaque fois l'événement correspond, dans l'esprit de l'intéressée, à une perte d'influence, une diminution de son pouvoir.

L'anorexique a presque toujours été une enfant très choyée. Jolie en général, en tout cas gracieuse, sage et gentille, elle faisait la fierté de ses parents et pouvait tout obtenir d'eux. Le jour où elle sent son statut menacé par des changements intervenus dans son corps, elle veut le retrouver à tout prix : ne pas grandir, ne pas grossir, ne pas changer.

En luttant contre sa faim, l'anorexique éprouve un sentiment de puissance, à la fois domination de soi et manipulation de ses proches, de sa mère surtout, omnipotente et maintenant atteinte à travers le corps de sa fille.

« J'étais la reine, je dominais tout », avouait une anorexique à son médecin. C'est ce sentiment de puissance qui lui donne le courage de poursuivre. Aussi la thérapeutique comporte-t-elle toujours, au moins pour un temps, l'éloignement du milieu familial, parfois même l'isolement en milieu spécialisé pour déconnecter le circuit. Si elle ne peut jouir de son triomphe, l'anorexique cède plus facilement.

Les résultats portant sur une reprise de l'alimentation et par conséquent du poids peuvent être obtenus en quelques semaines, mais, à défaut d'une prise en charge psychologique, ils sont rapidement annulés par des rechutes successives.

Le traitement d'une anorexie mentale est long et difficile, car en fait l'anorexique ne tient nullement à guérir, même si elle prétend le contraire. C'est même au moment où elle va mieux et où elle commence à reprendre du poids qu'elle déprime et s'affole, car elle se voit privée d'une stratégie alors qu'elle n'a rien d'autre à mettre à la place. C'est alors qu'il importe de la suivre de plus près.

Les spécialistes considèrent que 5 à 6 pour 100 des cas aboutissent à la mort par cachexie, collapsus ou infection intercurrente ; 16 pour 100 guérissent : ce sont surtout les formes précoces et réactionnelles qui guérissent le plus vite et le plus complètement. Les autres, les plus nombreuses, persistent avec des améliorations passagères, des rechutes, parfois des épisodes boulimiques, mais surtout avec une impression de malaise existentiel, d'inquiétude, d'insatisfaction, qui les pousse à user et abuser de médicaments divers.

Graphologie

Dans l'anorexie mentale

– Les malades sont jeunes et désirent rester jeunes : l'écriture reste le plus souvent assez enfantine dans son allure générale, avec des formes rondes, des torsions dans les verticales, des soudures.

– Elles ont souvent été des élèves sages, sérieuses, appliquées : l'écriture est scolaire, conventionnelle.

– Elles souhaitent immobiliser le temps, ne pas changer : l'écriture est stagnante, peu progressive. Le rythme se casse et s'immobilise encore davantage au cours des périodes d'aggravation.

– Elles sont assez obstinées. Comme le disait le professeur Michaux, « ne devient pas anorexique qui veut ». Il faut de la persévérance, de la volonté pour lutter contre la faim : l'écriture a souvent un aspect obsessionnel, avec un rythme contraint, une ordonnance dense.

– L'anorexique veut privilégier la pensée et les activités intellectuelles qu'elle juge supérieures aux activités pratiques : l'écriture est plutôt petite, claire, ordonnée, mais en règle générale sans originalité.

Dans les formes mixtes ou intriquées du type boulimie nerveuse : l'écriture est de type abandonnique, avec trait faible, évanescent, sec ou frangé, rythme lâché, sans élasticité, sans tonus, zone médiane crénelée, ou effondrée. Elle est souvent progressive dans le mouvement (quête perpétuelle), mais ni le trait ni la forme ne suivent. C'est donc une fuite en avant qui ne débouche sur rien.

ANOREXIE (ÉCRITURES)

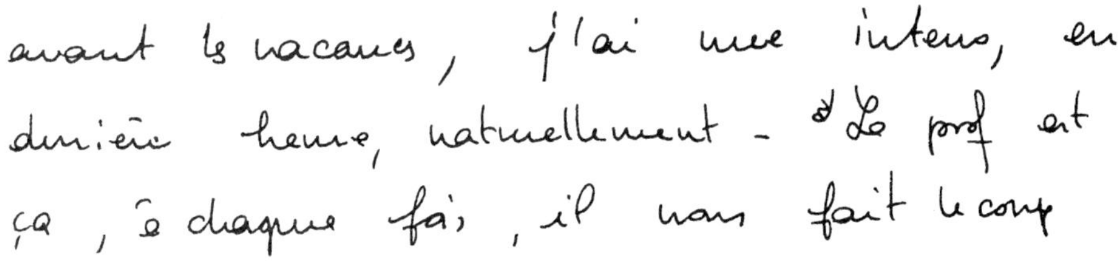

Jeune fille, dix-neuf ans, 47 kilos, 1,68 mètre, vit chez ses parents, est la seconde d'une fratrie de trois. Niveau culturel évolué.

Se ronge beaucoup les ongles et fume un paquet par jour. Estime que son enfance a été un cauchemar, parce qu'elle ne supportait pas d'aller en classe. Tous ses rêves sont des constats d'échec ou des impressions de chute.

Écriture : petite, souple, rapide, claire, jointoyée, certaines finales suspendues, quelques lettres équivoques (*a* en forme de *e*) ou culbutées. Au test de Szondi, on trouve au premier plan la réaction de panique (e-hy-), et au test de Rorschach la planche la moins aimée est l'espace de vie.

Le graphisme confirme-t-il ces données pessimistes ? Dans la mesure où l'on ne se laisse pas « illusionner » par l'aspect vif et brillant de cette écriture simplifiée, on peut dire que les finales suspendues traduisent des inhibitions, des difficultés de contact, les jointoiements, un certain narcissisme (l'anorexique est très centrée sur son image corporelle), les lettres équivoques, une fuite de la réalité. Certains oves gonflés montrent enfin que le stade oral est encore prédominant dans l'inconscient de la scriptrice.

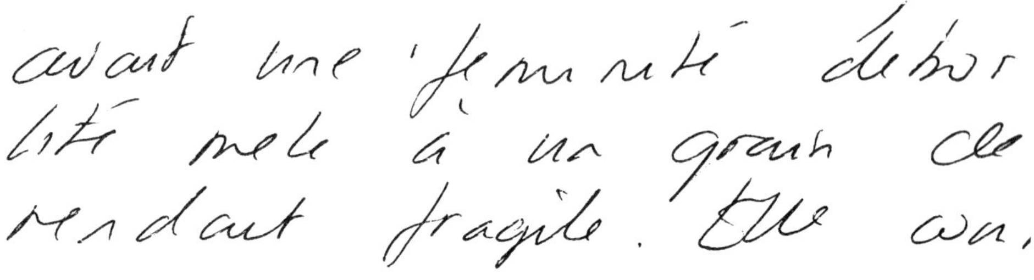

Jeune femme, célibataire, trente ans, exerce un métier d'art. A été anorexique puis boulimique. A eu une dépression à la suite d'une rupture sentimentale. Fume un paquet par jour.

Écriture : très inclinée, simplifiée, espacée entre les mots, et la page « inondée » (pas de marges) traduisent les besoins contradictoires de la scriptrice, à savoir : désir d'aller vers les autres de manière envahissante et sans nuance, et en même temps apports d'inconscient mal contrôlés (blancs entre les mots, « cheminées »), blocages, comportement impulsif. Tout (boulimie) ou rien (anorexie) sont les deux pôles extrêmes où se débat son angoisse.

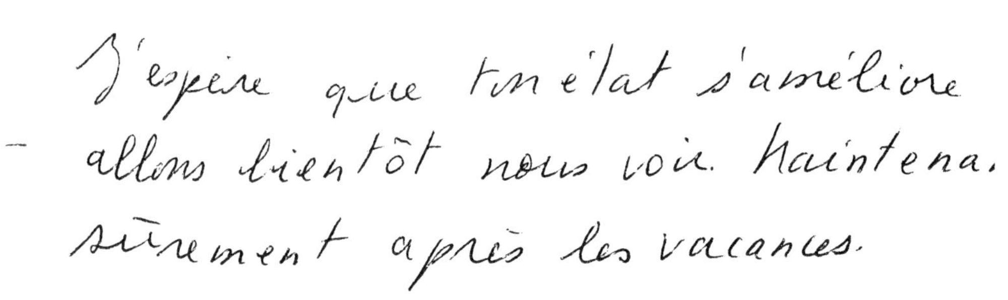

Femme, trente-neuf ans, 1,60 mètre, 36 kilos, mariée, un enfant, en instance de divorce. Anorexique, mauvaise relation avec la mère ressentie comme lunatique et autoritaire.

L'examen de personnalité permettra d'approfondir les causes de ce cas difficile ; *l'écriture* avec ses chutes dans les mots et les retouches met l'accent sur la tendance dépressive et l'anxiété de la scriptrice, alors que les lignes montantes traduisent de façon contradictoire son besoin d'activité (attitude classique des anorexiques qui s'épuisent volontairement en travaux multiples).

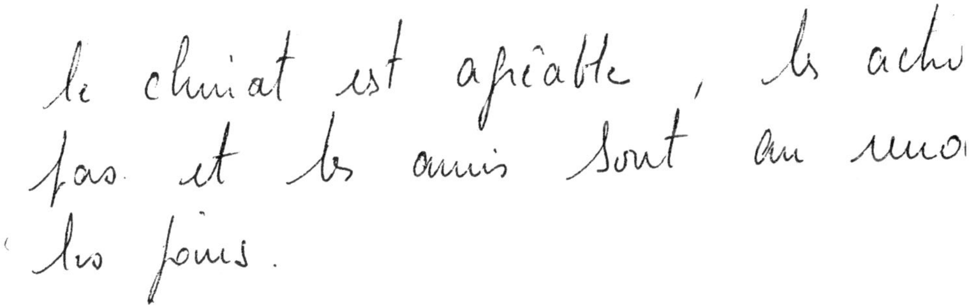

Jeune fille, dix-huit ans, 1,63 mètre, 45 kilos, anorexique, mange très peu et se fait vomir. Le rejet de la nourriture est ici une façon de rejeter la mère perçue comme très autoritaire. Donne au Rorschach le « moi du dressage » (K-P-), et l'on en comprend aisément la raison lorsque l'on sait que, punie à l'âge de quatorze ans, elle est restée six mois sans avoir le droit de sortir de chez elle !

Une impression de rigidité se dégage de *l'écriture* de la scriptrice chez qui la contrainte domine la spontanéité. Peu d'originalité de pensée (formes classiques) et surtout peu d'autonomie (voir traits initiaux) caractérisent ce graphisme. Ce n'est que par le langage du corps (vomissements) que cette jeune fille suréduquée ose exprimer sa révolte et son besoin d'indépendance.

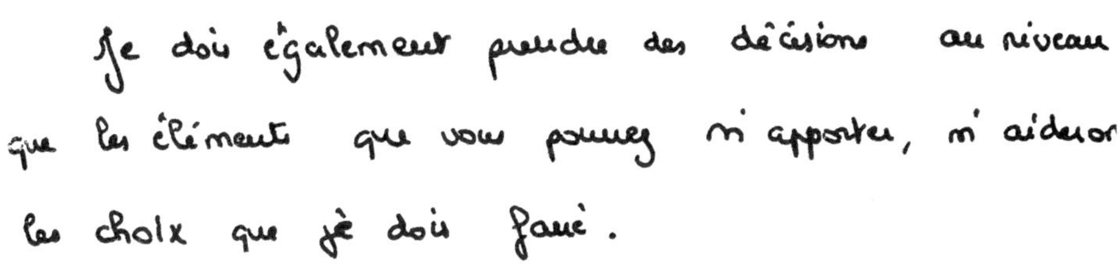

Femme, trente-deux ans, célibataire, 1,62 mètre, passe de l'anorexie, 46 kilos, à la boulimie (68 kilos). A fait plusieurs crises de dépression, est claustrophobe, fait partie d'une famille nombreuse.

Écriture : petite, nourrie à pochée avec des gros points noirs, traduit bien l'anxiété et le pessimisme de la scriptrice qui n'arrive pas à s'abstraire de ses problèmes.

Chaleureuse, elle a besoin d'être aimée, mais son environnement familial, aussi nombreux soit-il, ne lui a pas apporté la tendresse dont elle a besoin. Trop introvertie et victime d'une éducation stricte (respect rigoureux des marges sociales), elle n'a pas acquis de véritable autonomie, et son graphisme aux formes encore très juvéniles révèle qu'elle régresse au stade oral dès qu'elle doit affronter les heurts de la vie.

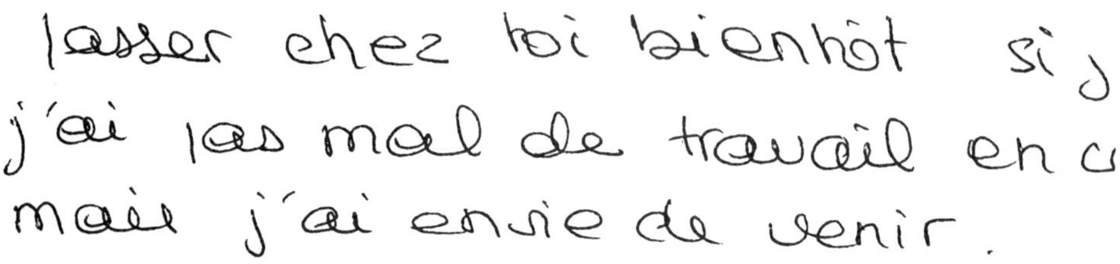

Jeune fille, dix-neuf ans, 1,65 mètre, 56 kilos. A été anorexique à l'âge de dix ans. A peur du noir, est très angoissée, tendances phobiques. Le test de l'arbre révèle beaucoup d'exaltation imaginative, le sentiment de castration et une tendance obsessionnelle.

Écriture : typiquement « orale » (voir les gonflements des oves), révèle également beaucoup de narcissisme (écriture « enroulée ») et une grande difficulté pour communiquer (écriture renversée et en arcade). L'instinct de mort, très présent au test de Rorschach, ne peut être décelé dans ce graphisme qui paraît très « incarné » ; malgré tout, la monotonie du tracé, les jambages bâtonnés (solitude) et les signes précédemment annoncés peuvent alerter le graphologue qui, devant l'immaturité (ici évidente), doit chercher où et quand se trouve le blocage.

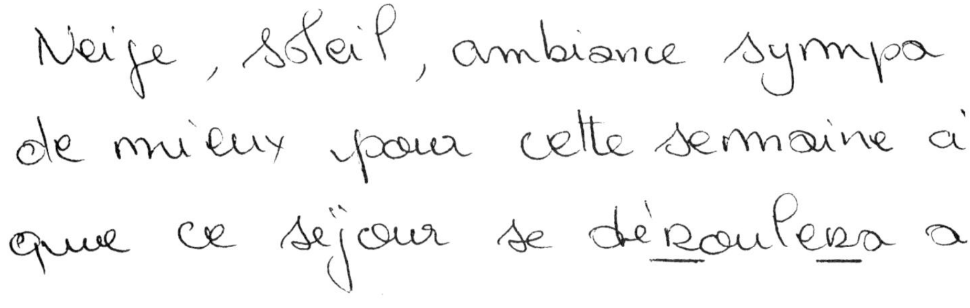

Jeune fille, vingt-cinq ans, 1,61 mètre, 44 kilos, est anorexique, mais dit avoir des fringales et des angoisses. Niveau culturel : licence.

Le besoin de puissance des anorexiques (vaincre son corps, régner sur l'entourage) se traduit ici par les *r* majuscules inutiles encore appelés par les graphologues « *r* du petit roi ». L'oralité se voit dans les gonflements des *a* et des *o,* le narcissisme dans les jointoiements et enroulements.

A noter également l'aspect hystéroïde confirmé par le test de Szondi (hy-, hyo).

Ainsi que le dit Jean Melon, « la labilité des affects de l'hystérique traduit son sentiment de passer constamment *du trop plein* au *tout vide* ».

N'est pas anorexique qui veut, d'où les fringales et les angoisses de la scriptrice.

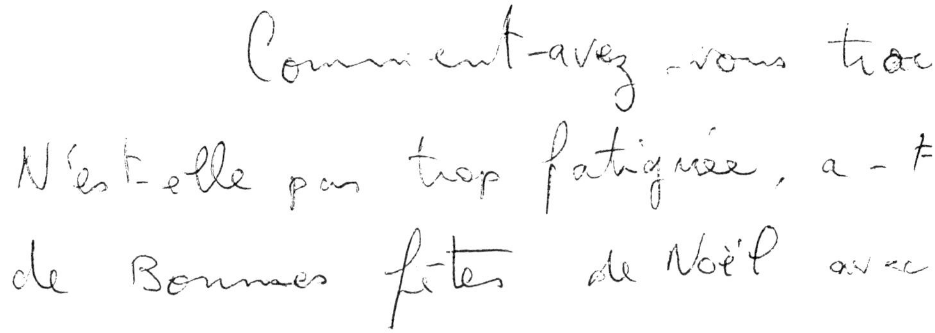

Femme, vingt-huit ans, 1,65 mètre, 46 kilos, anorexie et vomissements. Vit seule, père militaire, mère professeur, relation très disphorique avec les parents, ne veut pas ressembler à sa mère (considérée comme trop grosse). Au test de Rorschach, se perçoit comme une « femme atrophiée ».

Écriture : ce graphisme « lâché » et filiforme, mais avec un trait net et acéré, nous révèle une personnalité ambivalente, à la fois nerveuse et irritable, mal insérée dans le réel, également assez agressive.

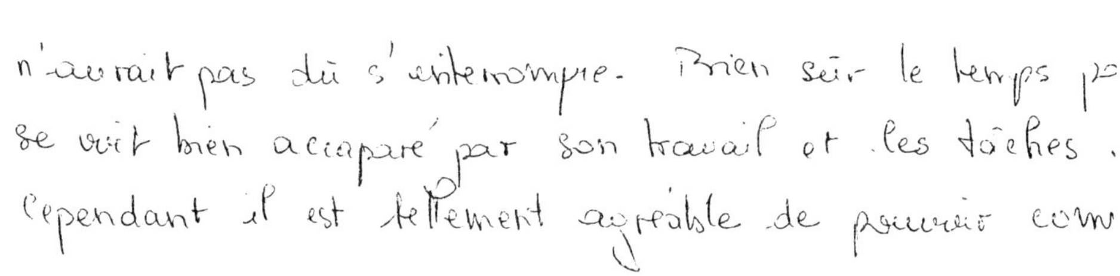

Femme, trente ans, mariée, 1,63 mètre, 40 kilos, anorexie. Ne veut pas ressembler à sa mère qu'elle considère comme fruste. Souffre de la modestie de ses origines, essaie de s'élever dans l'échelle sociale.

Écriture : la signature gonflée et très surélevée (que nous ne pouvons reproduire pour préserver le secret professionnel) révèle bien l'ambition de la scriptrice dont le besoin de paraître est important. Son niveau général est assez évolué, mais de nombreux traits acérés (voir les *r*) signent une certaine agressivité et le besoin de revendiquer un statut valorisant.

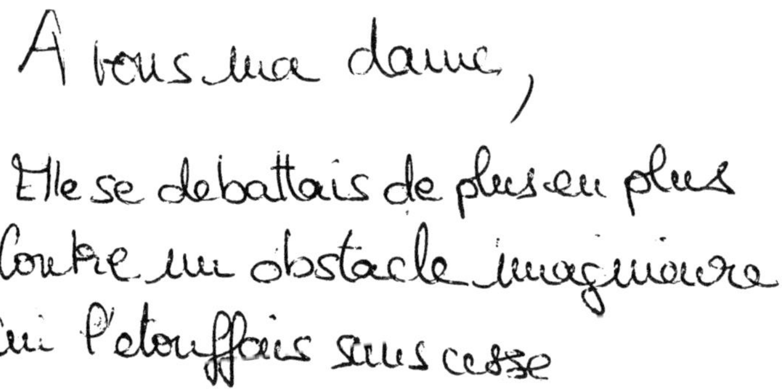

Jeune fille, dix-neuf ans, a été hospitalisée pendant deux mois pour anorexie, parents divorcés, se fait vomir régulièrement deux à trois fois par jour. Dit : « Je mange pour me faire vomir ». Fume un paquet par jour. Se ronge les ongles, a des crises de boulimie, voudrait être anorexique « pour être vainqueur d'elle-même et se sentir forte ».

Écriture : lente et très contrôlée, sans pratiquement d'espace entre les mots, révèle son besoin de domination sur elle-même, sa difficulté à faire une place à « l'autre » dans la vie. Les grandes virgules sont le témoin de sa nervosité qui se traduit par son tabagisme et son onychophagie.

Fille d'enseignants, son inconscient est soumis à un sur-moi particulièrement sévère, et, ne pouvant libérer son agressivité vis-à-vis de ses parents, elle s'autodétruit avec une lucidité désespérée.

La pression nette et forte du graphisme jointe à une allure très statique montre une violence contenue qui se décharge dans les crises de boulimie.

Le test de l'arbre avec une frondaison faite de branches tubes en éventail confirme l'impulsivité et la violence contenues sous des dehors aimables mais qui peuvent exploser à tout instant.

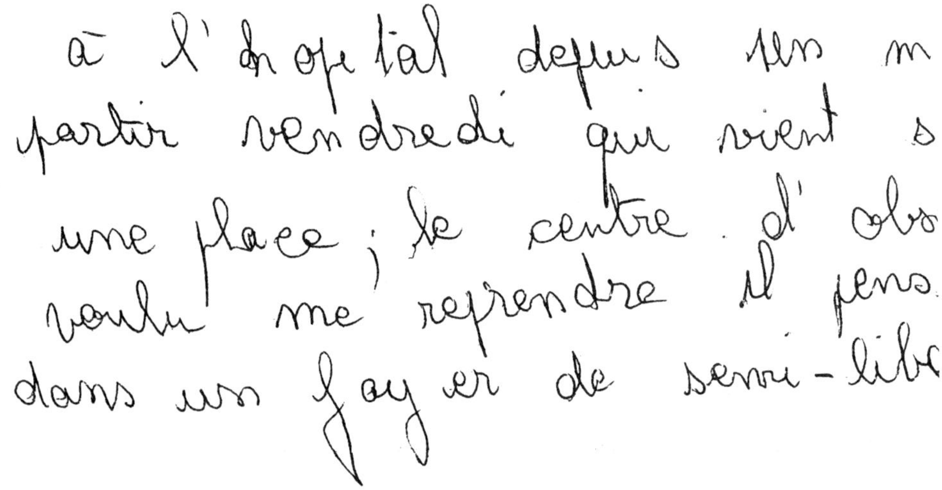

Jeune fille, quinze ans, anorexie grave, retard généralisé. Mère rejetante, père violent et intolérant, troubles du comportement, fugues, vols.

Écriture : discordante, mal organisée dans la page, zone médiane importante et inégale, renversée, prolongée haut et bas, déroulement saccadé, heurté, formes raidies, arquées, cabossées, souvent apraxiques, trait sec, de mauvaise qualité, spasmodique. Beaucoup d'acérations, d'angles, de jambages triangulaires.

Interprétation : avidité et frustration affective sur un mode immature et agressif. Attitude d'affrontement et de refus, fabulation, réactions impulsives et imprévisibles. Grandes difficultés d'adaptation et de communication qui rendent l'insertion sociale très problématique et le pronostic d'avenir peu favorable (délinquance, prostitution).

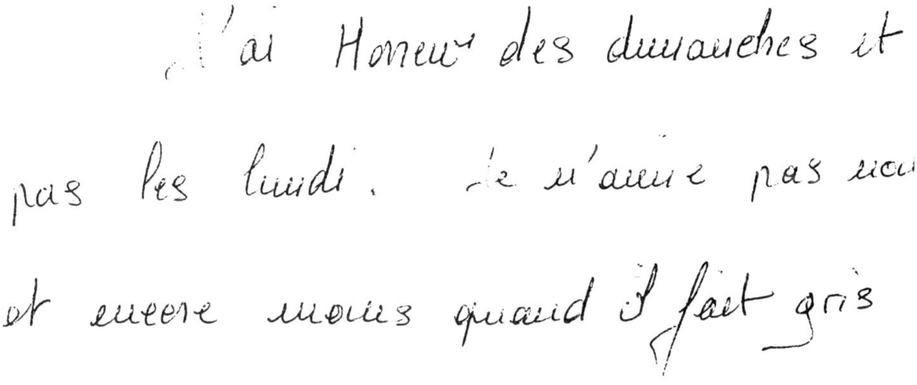

Jeune fille, dix-huit ans, tunisienne, 1,53 mètre, 36 kilos, anorexie mentale. A été boulimique jusqu'à l'âge de quinze ans, fume deux paquets par jour. A l'âge de neuf ans, a été renversée par une voiture, perte de connaissance.

Écriture : niveau culturel peu évolué, rigidité, isolement (espacements entre les mots), difficulté de contact, narcissisme (écriture jointoyée). Au test de Rorschach, se perçoit tout d'abord comme « un ange » ! Le désir d'être en quelque sorte désincarnée est flagrant. Les images parentales n'ont pas été structurantes. Son anorexie est une façon de régresser avant l'Œdipe et par ailleurs d'exercer un certain pouvoir. Au test de Szondi, on trouve de fortes exigences orales insatisfaites, et le désir de retour à l'état narcissique primaire (Sch : Ko-p-), également tendance suicidaire.

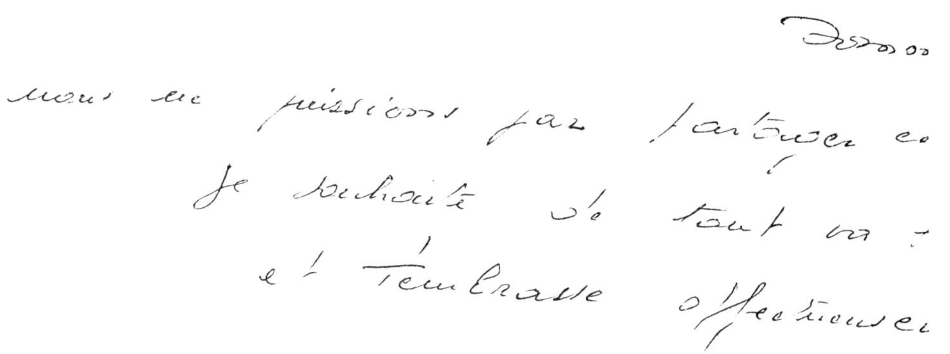

Femme, quarante-quatre ans, 1,65 mètre, 35 kilos et demi, mariée, un enfant, hyperactivité (levée à 2 heures du matin, couchée à 11 heures !). A été élevée « à la dure » à la campagne. La pression de l'écriture est à la fois « blanche » et spasmodique, ce qui traduit un « moi tempéramental » annihilé, de la nervosité et une tendance hystéroïde. Les lignes descendantes sont significatives de la dépression.

Au test de Rorschach, l'image maternelle est très mauvaise (mère sans tendresse), donne par contre une identification masculine (inversion sexuelle sous-jacente). Le refus de féminité (et par suite le problème sexuel) est lié au refus d'identification à la mère. Le désir de suicide est vécu dans l'anorexie.

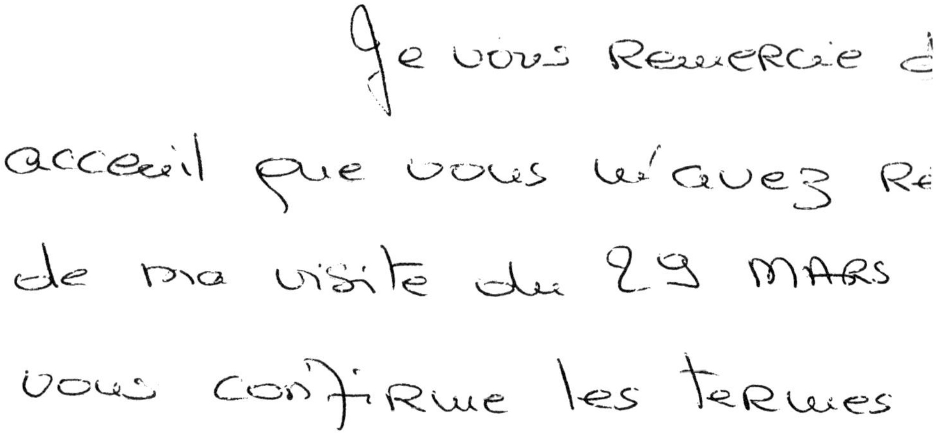

Femme, trente-trois ans, 1,65 mètre, 47 kilos, divorcée, deux enfants, fume un paquet et demi par jour, fait des rêves alimentaires. N'a pas connu son père, est fille unique, mère constamment malade, très renfermée.

Écriture : assez grande, renversée, spasmodique, *r* majuscules inutiles, signature avec paraphe gonflé très important, soulignée deux fois. Le faciès général de ce graphisme est très différent des précédents, néanmoins la nervosité (pression spasmodique) et l'oralité (oves gonflés) sont ici faciles à déceler.

La signature traduit le besoin d'importance de même que les *r* majuscules inutiles. L'anorexie est, ici, avant tout un équivalent dépressif qu'il faut respecter comme une somatisation pour éviter l'apparition brutale d'un raptus anxieux.

Elle s'est construite en opposition dès l'enfance (écriture renversée) et aucun contact humain vrai n'existe (écriture « très *persona* »). Le risque suicidaire, toujours présent chez les anorexiques, a été confirmé par le test de Rorschach et le test de Szondi.

LA BOULIMIE

La boulimie consiste en l'absorption rapide, incontrôlée, presque frénétique, de grandes quantités de nourriture, en dehors de toute sensation véritable de faim. Ce qui la distingue de l'appétit des gros mangeurs, ou de la simple gourmandise, c'est cette impression de perte de contrôle de soi vis-à-vis de la nourriture. Lors de la crise de boulimie, le sujet avale n'importe quoi et ne peut s'arrêter que lorsqu'il est gavé. Le gavage est précédé d'angoisse et suivi de soulagement mais aussi d'un sentiment de culpabilité, de honte, d'échec et de dépit.

Comme ces abus répétés sont forcément sanctionnés par une augmentation du poids de l'individu, celui-ci entreprend une lutte active contre l'excédent pondéral, par les périodes de jeûne, par la diététique, par des régimes variés, par la prise de médicaments tels que anorexigènes, diurétiques, laxatifs, extraits thyroïdiens, etc. Ceci est surtout vrai chez la femme jeune. Ce qui fait, en effet, la gravité de la boulimie, c'est le conflit entre l'image narcissique souhaitée, mince donc jeune, belle, séduisante, et le besoin inassouvi que la satiété calme provisoirement.

Mais les kilos perdus à grand renfort de privations et autres adjuvants sont le plus souvent vite repris, et au-delà, avec un sentiment d'impuissance et d'échec qui retentit sur la vie affective, sociale. Le simple problème de nutrition est dépassé, on atteint une dimension de détresse psychologique qui demeure souvent insoupçonnée de l'entourage.

Le problème est plus grave encore lorsque la boulimique, insatisfaite des résultats, ou plutôt du manque de résultats obtenus, prend l'habitude de recourir aux vomissements provoqués pour annuler chaque crise de gavage. Libéré des freins habituels, satiété et crainte de grossir, le mécanisme s'emballe. La vie de la boulimique tourne interminablement autour de la hantise de la nourriture : se la procurer, l'engloutir, la vomir, et cela à l'insu de l'entourage, clandestinement, honteusement. La vie sociale et professionnelle tend à se désorganiser, la vie affective se dessèche. Des complications peuvent ajouter leurs inconvénients à ce tableau. En effet, lorsque les crises se répètent avec une grande fréquence (plusieurs fois par jour dans les cas graves), il en résulte des troubles nutritionnels, en particulier une perte de potassium. A la fatigue s'ajoute une irritabilité permanente, des troubles du sommeil, des difficultés de concentration. L'humeur est dépressive, anxiété et découragement se disputant le devant de la scène. Les tentatives de suicide sont loin d'être exceptionnelles, ce qui situe la gravité de ce syndrome et l'attention qu'il mérite.

Évolution

Certaines boulimies de l'adolescence guérissent facilement. Il en est de même des formes qui résultent de difficultés passagères, qui sont liées à un changement de vie ou d'habitudes alimentaires, à l'ennui, à un petit accès dépressif.

Mais, en règle générale, la boulimie a plutôt tendance à durer, à s'installer. Bien souvent les régimes alimentaires excessifs, mal compris ou mal appliqués, ne font qu'aggraver les choses en créant une frustration qui appelle une revanche, une compensation. Plus le symptôme est ancien, mieux il résiste. Aussi, après un certain nombre de mois ou d'années de lutte, l'évolution se fait soit vers la renonciation avec acceptation résignée de l'excédent pondéral, soit vers les chemins dangereux de la boulimie nerveuse avec vomissements provoqués.

Le traitement doit associer des thérapeutiques diversifiées, faute de quoi il a toutes les chances de rester inopérant. Traitement médical proprement dit avec correction des déséquilibres nutritionnels, contrôle diététique, rééducation du comportement alimentaire, psychothérapies de types variés selon les cas.

Contrairement aux anorexiques qui ne souhaitent pas guérir car elles redoutent d'avoir à renoncer à une identité qui les satisfait en grande partie, les boulimiques voudraient passionnément s'affranchir de leur obsession nourriture-poids. Elles s'imaginent même souvent, avec une certaine naïveté, qu'une fois ce problème résolu tout le reste ira de soi, que tout deviendra facile. Mais elles se découragent facilement et ont besoin d'être aidées. Les méthodes de groupe, avec engagement par contrat, lorsqu'elles sont menées avec sérieux et compétence, donnent d'assez bons résultats.

Les psychothérapies d'inspiration analytique, en face à face, ont l'inconvénient d'être un peu longues et souvent coûteuses, mais elles permettent une étude en profondeur de la personnalité et de ses troubles et sont à préconiser lorsque c'est possible.

Graphologie

Nous empruntons à notre livre *La Boulimie* [1] les résultats de l'étude graphologique de cent boulimiques, notre population étant essentiellement féminine.

Voici, en se basant sur les sept grands genres décrits par Crépieux-Jamin, comment se présentent les écritures de boulimiques.

La dimension : les boulimiques ont en grande majorité une écriture de taille moyenne, avec une zone médiane prédominante, ce qui les rattache au type « sentiment », suivant Jung. Une faible minorité a une écriture petite – ce sont en général des personnalités plus intellectuelles –, et un nombre assez important une grande écriture, et parmi celles-ci quelques-unes avec des formes exagérées ou spectaculaires. Ce dernier groupe représente des femmes à tendance hystéroïde, désirant attirer l'attention sur elles et contrôlant mal leurs affects.

1. Collection « Réponses », Éd. Laffont.

La direction : les écritures verticales sont de loin les plus nombreuses et révèlent un certain contrôle de soi. Il existe fort peu d'écritures très inclinées, mais par contre pas mal d'écritures redressées à gauche, ce qui indique une attitude générale souvent « sur la défensive ».

La continuité : une majorité écrasante possède une écriture groupée (quelques lettres reliées entre elles), quelques-unes une écriture script, et fort peu une écriture vraiment liée. L'écriture groupée étant le fait commun de la plupart des graphismes, nous ne pensons pas que cette espèce graphologique soit ici révélatrice d'un trait particulier de caractère. Il est en revanche important de remarquer que nous n'avons trouvé aucune écriture hyperliée.

La forme : les formes simplifiées dominent le groupe, néanmoins un certain nombre ont des formes encore scolaires (manque de maturité, conformisme aux normes enseignées), très peu ont une tendance filiforme, quelques écritures sont jointoyées. Un petit signe est revenu fréquemment : le *R* majuscule dans le mot mis à la place d'une minuscule.

Ce signe, appelé par les graphologues le « *R* du petit roi », est généralement révélateur d'un besoin de puissance. Nous n'avons rencontré que fort peu d'écritures enchevêtrées (interlignes se chevauchant), ce qui permet de penser que les boulimiques sont capables d'un certain recul dans leurs jugements et qu'elles n'ont pas tendance, comme les paranoïaques, à attribuer aux autres leurs propres problèmes.

L'ordonnance : les marges sociales sont presque toujours respectées, et dans l'ensemble la présentation du texte est soignée. Nous avons trouvé toutefois un certain nombre de présentations négligées, plus révélatrices d'un manque de culture générale que d'un véritable laisser-aller.

La pression : la plupart des écritures ont un trait nourri (bien encré), ce qui révèle pour celles-ci un tempérament solide, sans problème physiologique apparent. Quelques-unes ont une pression légère, spasmodique ou acérée, significative de fragilité, de nervosité ou d'agressivité éventuelle, mais elles constituent la minorité. Nous n'avons jamais trouvé de trait détérioré, abîmé, pâteux ou boueux, qui pourrait faire penser à une intoxication alcoolique ou à une toxicomanie.

La vitesse : à part quelques écritures lentes et d'autres rapides, la grande majorité a une vitesse accélérée, ce qui dénote une idéation normale et une aisance gestuelle sans problème.

Les signatures : l'étude de la signature des boulimiques nous a semblé fournir l'élément le plus révélateur tant sur le plan graphologique que pour la compréhension de la psychologie de nos clientes.

Rappelons tout d'abord que la signature représente notre attitude sociale ou ce que nous rêvons d'être en société. Le texte d'une lettre représente le « moi intime », la signature représente le « moi social », et ceci est tellement vrai que l'on « dépose » sa signature en banque ; dans le langage populaire on parle « d'honorer » ou pas sa signature...

La signature a donc une grande importance et aucun graphologue sérieux ne se risquerait à interpréter une écriture sans connaître la signature du scripteur. La signature des boulimiques est située à égalité soit au centre de la page (prudence dans l'engagement), soit légèrement à droite (désir d'assumer des responsabilités), rares sont celles qui signent à gauche (fuite devant la vie, régression, peur de l'engagement, tendance au suicide). La plupart ont une signature conforme au texte (l'attitude sociale n'est pas différente du moi intime) ; cependant un nombre important a une signature très différente du texte, avec des paraphes soulignant le nom ou le barrant (manque de confiance en soi), ou encore l'enclavant (besoin de se protéger). Nous avons trouvé également beaucoup de signatures avec des majuscules exagérément gonflées ou surélevées, qui dénotent un besoin de considération sociale nettement exagéré. Les signatures simples, conformes au texte et sans paraphe, sont absolument l'exception.

Synthèse

Des éléments qui précèdent, quelques traits dominants se dégagent, qu'il nous semble utile de résumer de façon schématique sur trois plans :

– *Plan intellectuel :* les boulimiques ont en général un niveau culturel correct, ce ne sont ni des primaires ni des intellectuelles, à quelques exceptions près. A la différence des anorexiques, ce ne sont pas des cérébrales, étant bien entendu que nous excluons ici les personnalités qui passent de la boulimie à l'anorexie.

Elles ont un jugement lucide, sont capables d'autocritique, de recul et de hauteur de vue, même si elles n'arrivent pas à dominer leurs pulsions, ce dont elles se sentent généralement malheureuses ou coupables. Il est utile de noter enfin que leur bon niveau général leur permet de verbaliser leurs problèmes, ce qui est indispensable pour pouvoir entreprendre éventuellement une psychothérapie d'inspiration analytique.

Elles ont souvent un certain sens esthétique, présentent leurs écrits de façon soignée en respectant les normes sociales, et l'importance qu'elles attachent à l'aspect extérieur explique probablement pourquoi elles sont tellement perturbées quand une obsésité leur renvoie une image d'elles-mêmes peu conforme à leur idéal de beauté.

– *Plan de l'activité :* les boulimiques, contrairement à ce que l'on pourrait croire, ne sont pas des inactives, et dans notre échantillon de population tous les tempéraments hippocratiques « bilieux-nerveux-sanguin-lymphatique » sont représentés, sans que l'on puisse vraiment donner la prédominance à l'un d'eux, si ce n'est peut-être au tempérament nerveux chez les plus émotives, mais celles-ci ne sont pas pour autant des femmes passives.

De grands espacements entre les mots ou, au contraire, des textes compacts dénotent en revanche les difficultés de contact de nos clientes : elles ont soit du mal à établir la relation avec autrui, d'où solitude et bouffée d'angoisse, soit au contraire elles n'arrivent pas à prendre une distance suffisante avec leur environnement, et toute séparation est vécue comme un deuil insupportable, un vide qu'il faut combler au plus vite en mangeant pour se rassurer.

– *Plan moral et caractériel :* il convient d'établir ici plusieurs groupes. Dans le premier, nous rangerons les personnes à l'écriture scolaire, ou en script, encore très immatures affectivement. Elles n'arrivent pas à s'assumer en tant qu'adulte, et leur boulimie est une régression. Nombre d'entre elles ne font pratiquement pas de marge de gauche, signe d'un attachement au passé non liquidé ou à la mère.

Le deuxième groupe est composé d'écritures spectaculaires, aux majuscules surélevées, aux signatures agrandies ou étalées, aux paraphes en panache ou en lasso. Celles-ci ont besoin de se faire remarquer, leur désir de puissance est énorme et toujours inassouvi. Elles ne veulent pas accepter leurs limites, cherchent à s'imposer coûte que coûte.

La boulimie constitue ici une compensation à un sentiment d'infériorité : on se remplit pour faire du poids et oublier ses frustrations. Une connotation hystérique est indubitable.

Vient enfin le troisième groupe, de femmes plus évoluées, mais tout aussi diminuées quant à la confiance en elles-mêmes. On trouve ici beaucoup de signatures barrées, d'écritures renversées à gauche, de paraphes protégeant le nom ou le soulignant comme pour s'assurer une assise qu'elles n'ont jamais pu trouver dans leur enfance.

Ces trois groupes évidemment ne sont pas limitatifs, car il y a des personnalités qui ne rentrent dans aucun classement, mais l'utilité de la graphologie consiste justement à pouvoir les décrire chacune avec ce qu'elles ont d'unique, de singulier et, grâce à cette approche, qui n'est pas traumatisante, arriver plus rapidement à les comprendre et à les aider.

BOULIMIE (ÉCRITURES)

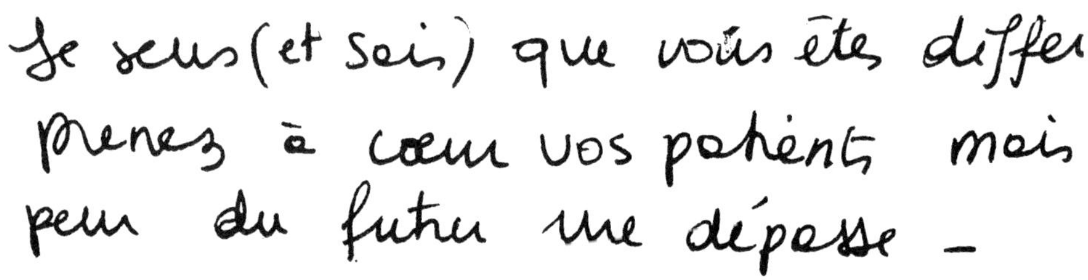
Je sens (et sais) que vous êtes differ
prenez à cœur vos patients mais
peur du futur me dépasse –

Jeune femme, vingt-cinq ans, divorcée, deux enfants, 1,68 mètre, 49 kilos, anorexie mentale au moment de l'adolescence, puis boulimie (mange sans faim, n'arrive pas à se raisonner), se fait vomir. Parents divorcés, problème œdipien non résolu, frigidité.

Écriture : pression nourrie à moirée, jointoyée, inégale de direction, lignes sinueuses et descendantes, zone médiane importante, signature conforme au texte.

Personnalité chaleureuse, mais gravement perturbée depuis l'enfance.

Son graphisme traduit l'importance de la demande affective (type « sentiment » suivant Jung), également les blocages et le narcissisme (jointoiements). L'angoisse se voit dans la pression, les retouches, les gros points noirs. Au test de Szondi, on a à l'avant-plan la réaction (d-m-) rupture de contact, et à l'arrière-plan (e-hy-) panique.

La boulimie est ici une réaction contre l'angoisse. « J'ai l'impression de me faire bouffer, alors je bouffe. »

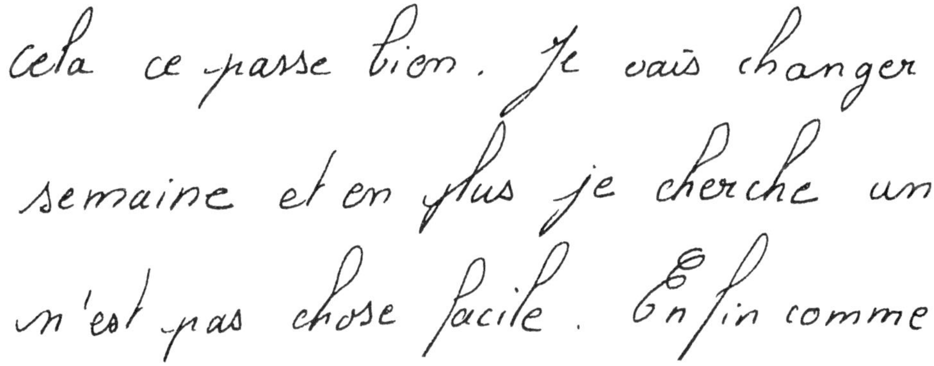

Jeune fille, dix-huit ans, antillaise, 1,76 mètre, 90 kilos, mange des bonbons quand elle se sent anxieuse, parents divorcés, est l'aînée d'une fratrie de six.

Écriture : formes encore très scolaires avec des hampes très prolongées, lignes très espacées, majuscules ornées et formes infantiles, pas de marge à gauche. Bien que la scriptrice soit en première année de faculté, sa mentalité est demeurée très juvénile et elle n'a pas acquis la maturité suffisante pour assumer sa solitude et les problèmes familiaux.

La boulimie est une régression au stade oral.

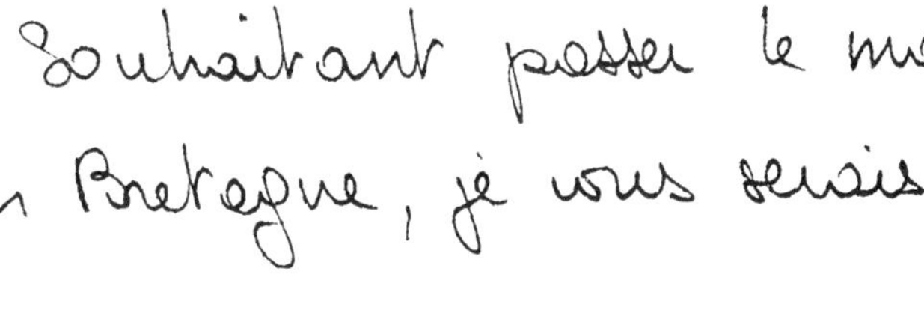

Femme, vingt-huit ans, mariée, trois enfants, bonne relation conjugale, mais problèmes avec sa mère, très accaparante (dit : « Ma mère s'accroche à moi, c'est un enfer »). Père décédé quand elle avait dix ans. Se sent coupable, et il s'agit ici d'un cas classique où la boulimie est une compensation à l'anxiété.

Écriture : niveau culturel évolué, mais précision moyenne, lettres jointoyées et équivoques (voir les *a* de p*a*sser et de Bret*a*gne). Stade « oral », selon Freud. L'écriture légèrement redressée traduit un désir d'indépendance, contredit par une signature située au centre de la page. La scriptrice n'ose pas « couper le cordon ombilical » et mange exagérément, ce qui est une façon de retourner contre elle-même son agressivité.

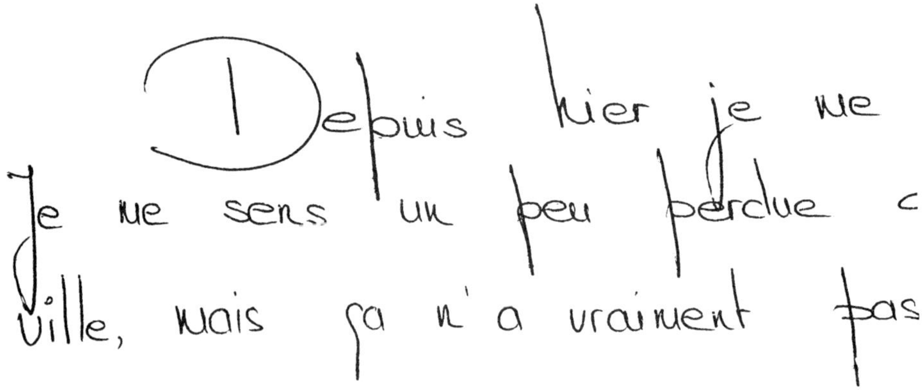

Jeune fille, vingt-trois ans, a été anorexique à l'âge de douze ans, puis boulimique, mange environ dix à quinze kilos de nourriture par jour : cinq à six poulets et soixante gâteaux ! A une époque, a été hospitalisée en clinique psychiatrique, elle avait pris vingt kilos en une semaine. Utilise des laxatifs et des vomitifs ; pèse 66 kilos pour 1,50 mètre. Très mauvaise relation parentale (père très coléreux, et aucun contact avec la mère). A l'entretien nous confie : « Je ne me sens jamais pleine... »

Écriture : redressée, trait net et appuyé, majuscules gonflées, prolongée haut et bas, claire, précise, rythme rigide, blancs verticaux (cheminées). La scriptrice possède un bon niveau culturel, mais les graves traumatismes affectifs de son enfance ont laissé dans son inconscient des traces indélébiles. Des angoisses soudaines et paroxystiques la submergent par moments (e-hyo au test de Szondi). L'aspect figé de son graphisme, comme les blancs verticaux, traduit son détachement de la réalité et son manque profond de sécurité.

La boulimie représente ici un passage à l'acte désespéré : mélange complexe d'appel au secours et tendance suicidaire.

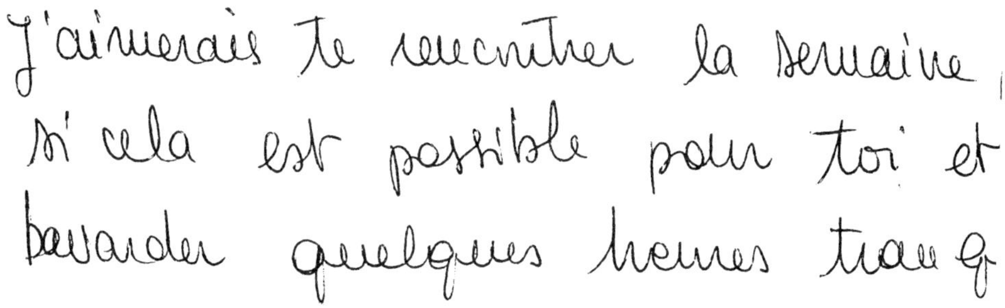

Jeune femme, trente-trois ans, origine étrangère, 72 kilos pour 1,74 mètre. Niveau culturel évolué, problèmes de boulimie : mange surtout du sucré, ne se fait pas vomir. Début de la boulimie à l'âge de dix-huit ans. Mauvaises relations parentales : père violent, rapports difficiles avec la mère. A fait une tentative de suicide. Est en psychanalyse.

Écriture : claire, zone médiane prédominante, jointoyée, légèrement redressée, trait net, signature conforme au texte et à droite. Un certain narcissisme (voir les enroulements des oves : *a, o,* etc.) empêche la scriptrice de sortir du stade oral où elle trouve des compensations à ses difficultés existentielles. Personnalité complexe et ambivalente (K ± P ± au test de Szondi). Sa conduite est oscillante, tiraillée entre un surmoi sévère (e+), des tendances phobiques et compulsives.

L'affectivité est exigeante (voir l'importance de la zone médiane), mais refoulée car le stade œdipien n'a pas été dépassé. La boulimie satisfait ici un masochisme latent.

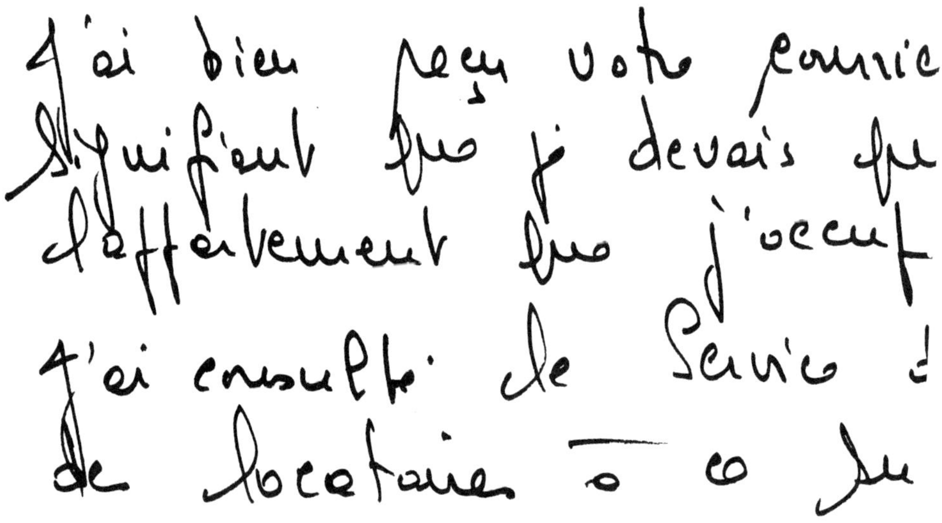

Femme, quarante ans, 56 kilos, 1,67 mètre, divorcée. Début de problèmes de boulimie à l'âge de quatorze ans, mange essentiellement des aliments salés. S'est fait vomir pendant vingt ans (des journées entières !). Mère très anxieuse, père maladivement avare, notamment sur le plan de la nourriture. Ne mange plus que des choses crues depuis quinze ans ; dit être obsédée par la peur de grossir. N'a eu de relations sexuelles qu'avec d'anciens délinquants.

Écriture : redressée, suspendue, enchevêtrée, à grands battements hauts et bas, lettres équivoques, trait net et nourri. Une importante vitalité caractérise la scriptrice qui se tient sur la défensive dans une attitude volontiers revendicatrice. Son énergie toutefois est mal utilisée et masque une panique intérieure (e-hy-). Le moi est à la fois irrationnel et compulsif, et sa gloutonnerie est une sorte de revanche contre le père qui lui mesurait le pain. Le besoin de jouer un rôle est ici flagrant et c'est en faisant du théâtre que la scriptrice trouve une catharsis.

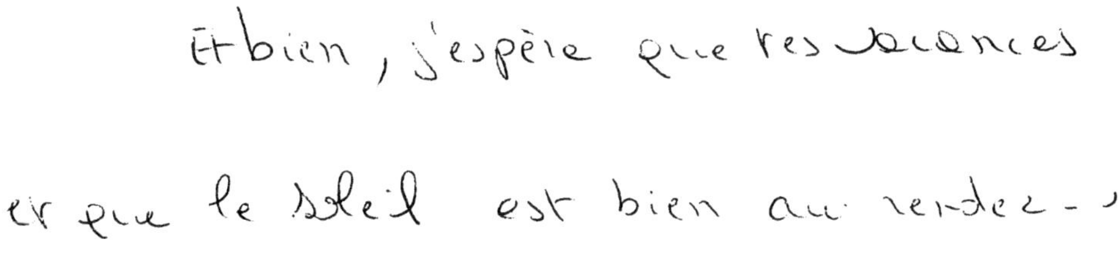

Jeune fille, vingt-trois ans, 1,79 mètre, 90 kilos. A été anorexique à l'âge de quinze ans. C'est surtout le soir qu'ont lieu ses crises de boulimie (gâteaux, chocolat). Au test de Rorschach, l'image du père est anxiogène et la mère apparaît comme « étouffante ». Se ronge les ongles.

Écriture : redressée, spasmodique, imprécise, lettres équivoques, signature avec paraphe enclavant. Il s'agit d'un tempérament nerveux et d'une névrose de contrainte, les accès de boulimie étant une compensation à l'angoisse.

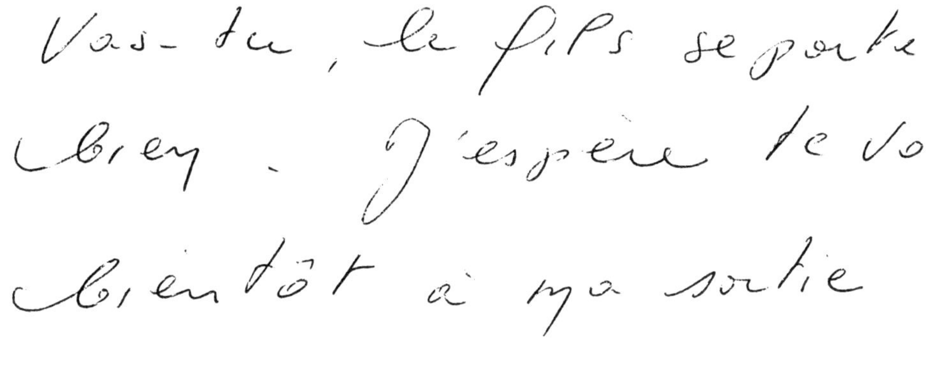

Jeune fille, vingt-six ans, 1,68 mètre, 67 kilos, boulimie, mange sans faim dans les moments de cafard. Parents vivants, mais père généralement absent et peu communicant. Est insatisfaite dans son travail : voudrait en changer.

Écriture : inclinée, rapide, spasmodique, oves ouverts à gauche, traits initiaux prolongés. La boulimie de la scriptrice ressortit à plusieurs causes :

1° frustration affective et sexuelle qu'elle compense en mangeant ;

2° constitution cyclothymique (mange dans les périodes de dépression) :

3° besoin de puissance non satisfait (fait inconsciemment « du poids » au propre au lieu d'en faire au figuré). Les « traînées affectives » de l'écriture et le *j* en crosse confirment ce qui précède.

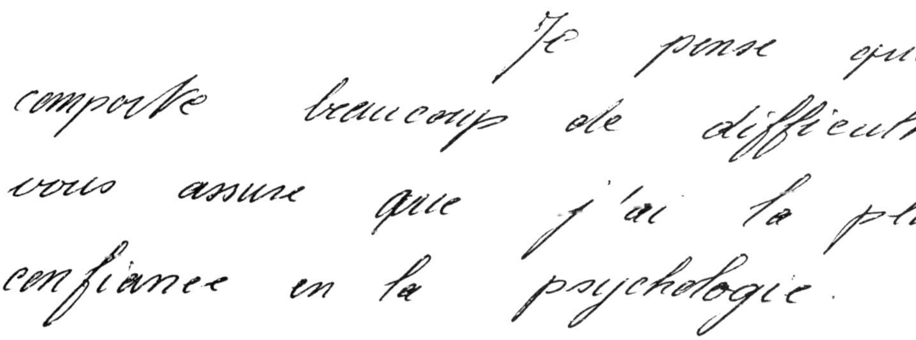

Femme, cinquante et un ans, 1,71 mètre, 69 kilos, fille unique, mariée, un enfant adoptif. Dit qu'elle mange lorsqu'elle a des problèmes avec son fils adoptif. Au test de Rorschach, le père est perçu comme un soutien, et la relation à la mère est très alimentaire.

Écriture : homogène, régulièrement inclinée, étrécie, en arcade, trait net, espacée entre les mots, signature dans paraphe enclavant.

Il s'agit d'une névrose d'abandon, et la boulimie est une compensation à l'angoisse. Le scripteur, faute de pouvoir communiquer avec ses parents, s'est réfugié dans la nourriture. Ce n'est qu'en prenant conscience de troubles profonds remontant à l'enfance qu'il a pu retrouver confiance en lui et dans la vie. Après une psychothérapie d'inspiration analytique qui a duré deux ans, il a perdu trente kilos, et est sorti définitivement du cercle infernal des boulimies. Personnalité droite (écriture homogène), il était sincèrement désireux de guérir (le graphisme ne comporte aucun jointoiement) et ses efforts ont été récompensés. La mort de son père dont il a dû faire le deuil pendant le cours de son analyse lui a permis de se débarrasser d'une agressivité culpabilisante qu'il retournait contre lui-même en mangeant (voir les acérations dirigées vers le bas de la page).

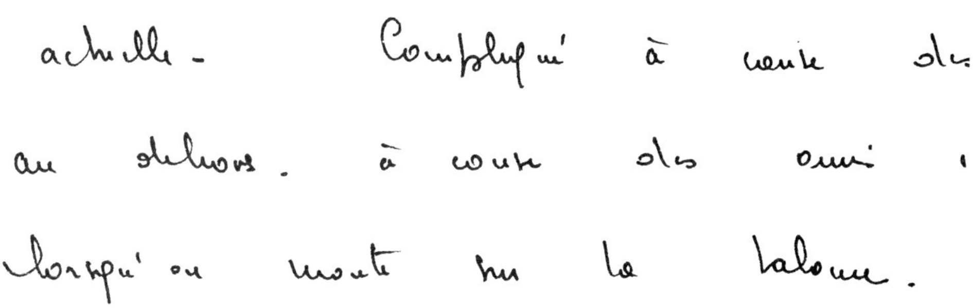

Homme, trente et un ans, 130 kilos, aîné de quatre enfants. Marié, deux enfants, se lève toutes les nuits pour manger. Dit : « Je suis un drogué de la nourriture. » Mère décédée (cancer) lorsqu'il avait quatorze ans, père violent, remarié.

Écriture : petite, redressée, très espacée entre les mots, barres de *t* lancées, traits initiaux importants et en courbe, signature à droite soulignée. Le graphisme révèle un bon niveau culturel, également les difficultés de contact (mots espacés) et des apports d'inconscient mal contrôlés. L'impulsivité se voit dans les lancements et la demande affective dans les traits initiaux. Il s'agit d'une névrose d'angoisse avec tendance dépressive.

21.

ÉTATS DÉFICITAIRES

ARRIÉRATIONS – DÉBILITÉ

Pour qu'il y ait matière à étude graphologique, il faut, c'est l'évidence, qu'il y ait un scripteur, sujet capable d'écrire de manière cursive et suffisamment organisée. Ceci élimine d'emblée la plupart des états déficitaires et les états d'arriération mentale.

Les débiles moyens et profonds ne sont pas capables d'écrire. Les débiles légers peuvent apprendre à écrire, mais ne dépassent pas un niveau d'écriture enfantine, maladroite, lente, non organisée, reproduisant les formes calligraphiques avec une application gauche souvent aggravée par une grande maladresse gestuelle.

SÉNESCENCE

Si l'on s'en tient aux seuls effets de l'âge, sans maladie surajoutée, il est frappant de constater de grandes différences entre les individus. Chez certains les signes de vieillissement se marquent précocement dans l'écriture, alors que d'autres conservent très longtemps leur graphisme de l'âge adulte.

Pourtant, à la longue, les difficultés motrices interviennent. Elles atteignent en premier lieu le *trait* et la *conduite du trait :*

- trait grêle, cassant ;
- cabossages, saccades, petits tremblements ;

– télescopages, finales mal contrôlées, prolongées, souvent en fins cheveux, par une plume qui traîne sur le papier.

Pour compenser ces difficultés, le scripteur ralentit le mouvement, le fragmente (lettres en plusieurs morceaux, levées de plume), il fait des retouches, des collages.

La direction des lignes manque de fermeté, et l'ordonnance se ressent parfois des troubles de la vue.

A noter que la signature, qui représente le « moi social » et correspond à un automatisme (surtout pour les hommes d'affaires), est ce qui se détériore en dernier.

DÉBILITÉ (ÉCRITURES)

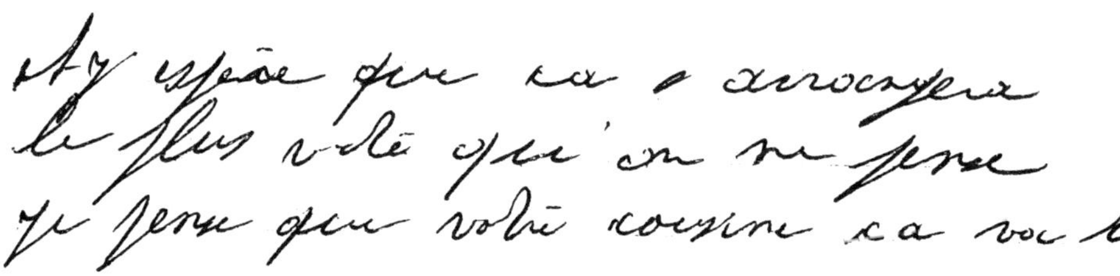

Homme, trente-cinq ans, débile, parents alcooliques, mère prostituée du village. Élevé en placements variés à l'Assistance publique. Alcoolique, vols de voiture, conduisait en état d'ivresse. Moi très faible, tentative de suicide.

Écriture : très inclinée, parfois couchée, zone médiane amenuisée, spasmodique, page envahie.

Personnalité très fruste où le manque de freins peut faire craindre tous les passages à l'acte. Victime de la société, l'individu est dangereux, et son graphisme traduit bien son manque de structure.

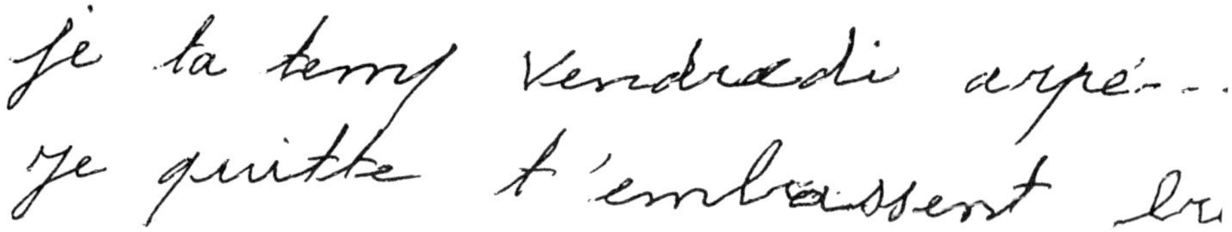

Homme, vingt-deux ans, débile avec troubles moteurs. Incendie volontaire.

Écriture : cabossée, tremblée, inclinée, niveau culturel plus que fruste !

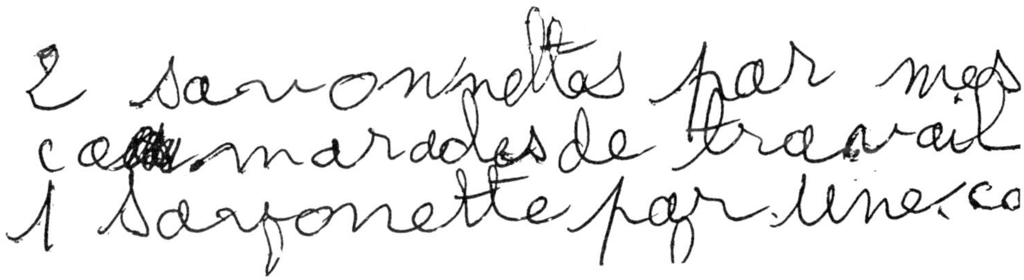

Femme, trente ans, débile. QI : 50.

Le manque de clarté traduit suffisamment à lui seul les troubles de l'idéation pour qu'il ne soit pas nécessaire de faire ici de commentaires supplémentaires.

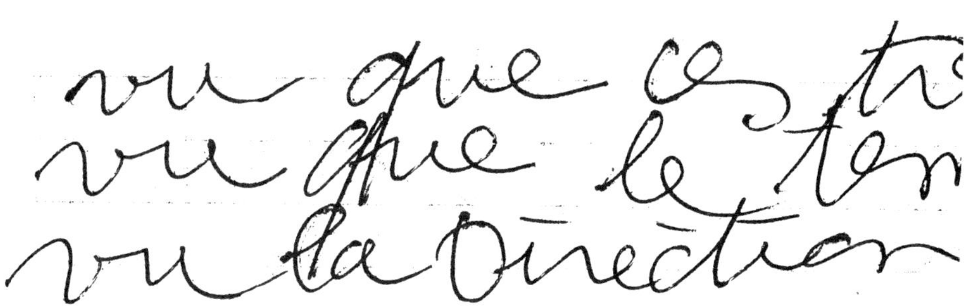

Femme, cinquante ans. Confusion mentale.

La page envahie et l'écriture confuse et enchevêtrée révèlent ici de façon évidente, même pour un non-graphologue, les perturbations mentales de la scriptrice.

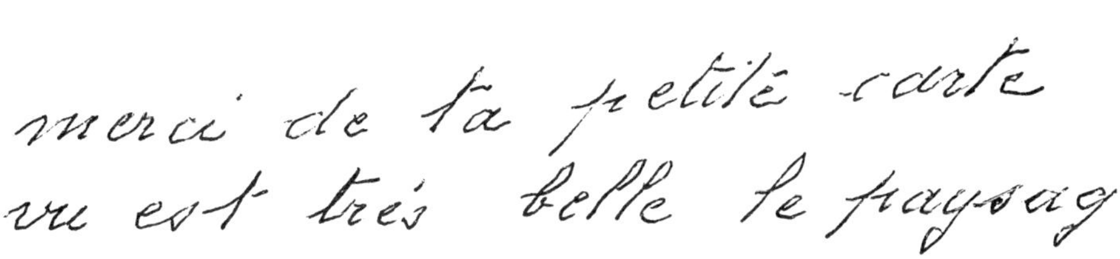

Femme, cinquante-cinq ans, détérioration mentale, a du mal à fixer son attention, boit du primpéran à la bouteille pour dormir. Niveau culturel très fruste, hérédité alcoolique.

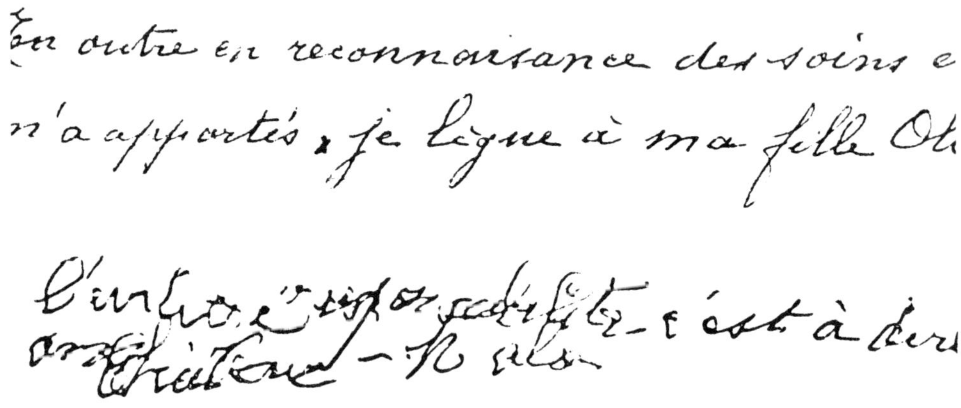

Détérioration de l'écriture en l'espace de trois ans d'une femme âgée (voir les deux documents).

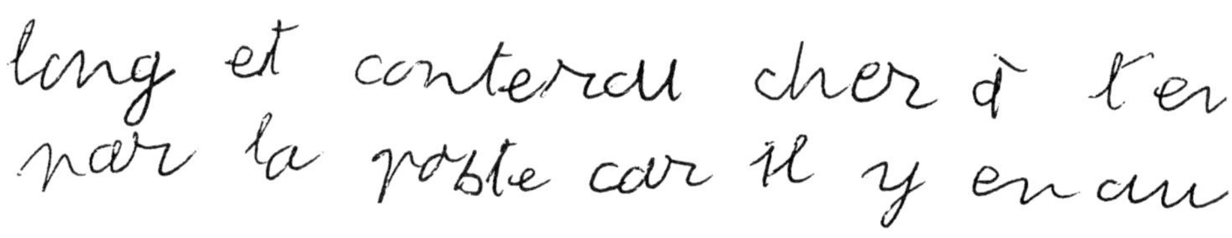

Jeune homme, dix-sept ans. Important retard intellectuel. A eu une encéphalite à l'âge de quinze mois.

Écriture : crispée, lente, descendante, nombreux « collages » et signes d'immaturité. Le déficit intellectuel se voit aussi bien dans le graphisme malhabile que dans les fautes constantes d'orthographe. L'âge mental ne dépasse pas sept ans.

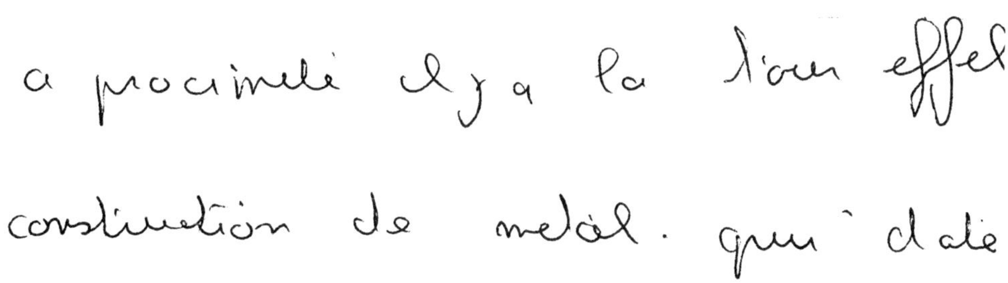

Homme, vingt-huit ans, a été victime à l'âge de huit ans d'un grave accident de la circulation (alors qu'il se trouvait sur un trottoir, a été renversé par un camion, d'où traumatisme crânien avec hémorragie méningée et vingt-quatre jours de coma). A dû subir de nombreuses opérations par la suite.

Son écriture traduit une réelle immaturité (formes enfantines) et des difficultés de contact : n'a pu former de liens durables de camaraderie du fait de ses problèmes de santé (espacements entre les mots), et demeure très attaché à sa mère (pas de marge à gauche de la page).

SÉNESCENCE (ÉCRITURES)

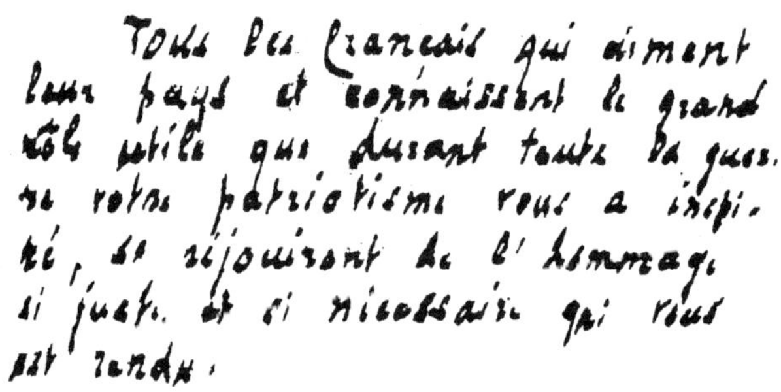
Tous les Français qui aiment leur pays et connaissent le grand rôle utile qui durant toute la guerre votre patriotisme vous a inspiré, se réjouiront de l'hommage si juste et si nécessaire qui vous est rendu.

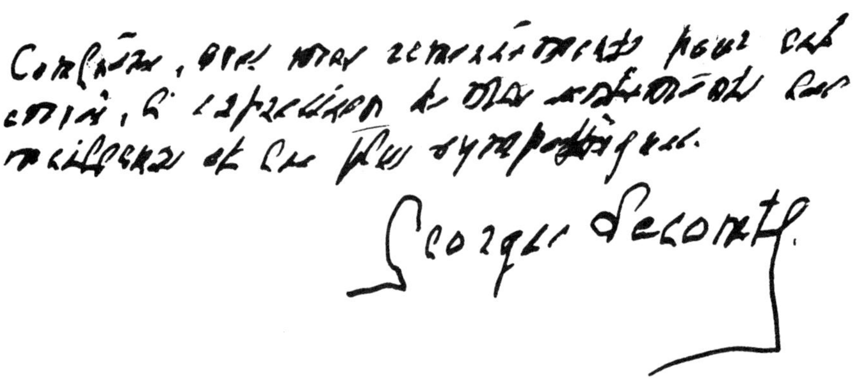
Confrère, avec mes remerciements pour ces envois, l'expression de mes sentiments les meilleurs et les plus sympathiques.

Georges Lecomte

Écriture de Georges Lecomte, écrivain, secrétaire perpétuel de l'Académie française. Dans le premier document, le scripteur est âgé de cinquante-trois ans. L'écriture est ferme, bien que la pression soit déjà très pochée, signe peut-être avant-coureur de la désorganisation qui se produira trente ans plus tard.

Dans le deuxième document, l'idéation reste lucide mais le contrôle gestuel est très perturbé (écriture raturée, pochée), seule la signature, qui représente l'attitude sociale, garde son faciès habituel, ce qui peut s'expliquer par le fait qu'elle représente un automatisme : il est toujours le dernier à s'effacer.

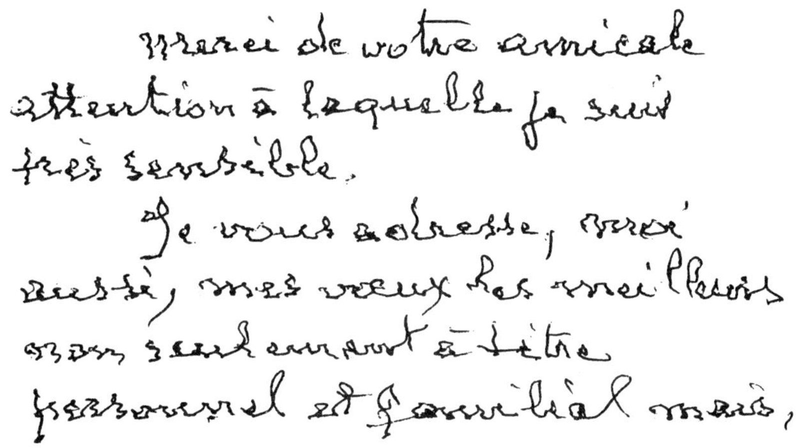
Merci de votre amicale attention à laquelle je suis très sensible.
Je vous adresse, moi aussi, mes voeux les meilleurs non seulement à titre personnel et familial mais,

Homme, quatre-vingt-dix ans. Les tremblements de l'écriture (zigzags verticaux) sont dus à la vieillesse, mais la pensée reste lucide et cohérente.

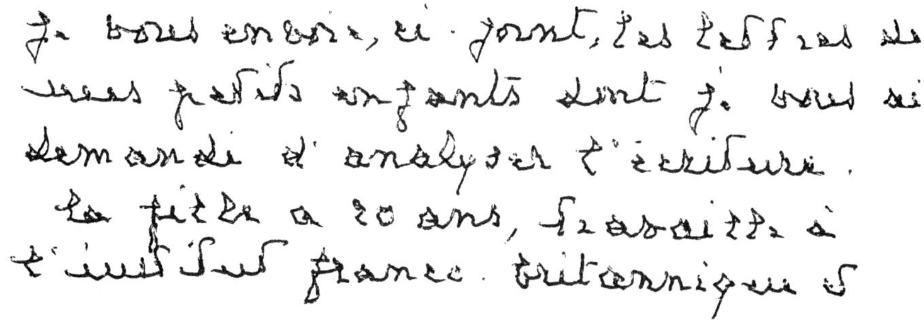
Je vous envoie, ci-joint, les lettres de mes petits enfants dont je vous ai demandé d'analyser l'écriture.
La fille a 20 ans, travaille à l'institut franco-britannique

Femme, quatre-vingt-sept ans, niveau culturel évolué, l'écriture est cabossée et tremblée, et l'habileté gestuelle est ralentie, mais le raisonnement est logique et bien structuré.

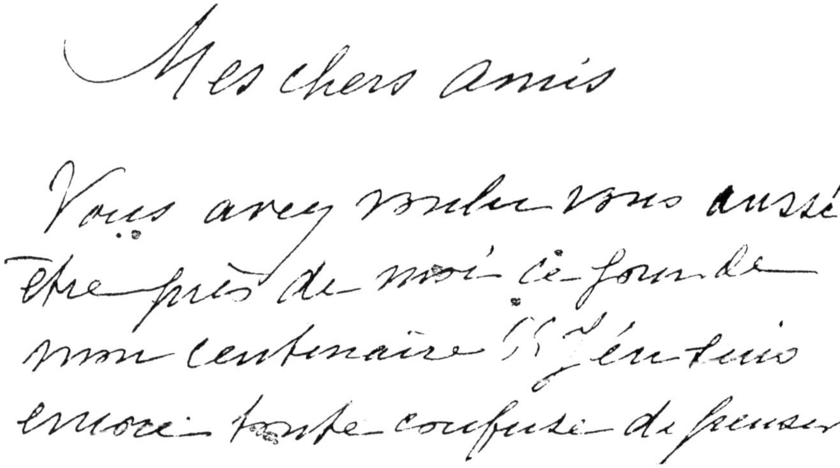
Mes chers amis
Vous avez voulu vous aussi
être près de moi ce jour de
mon centenaire !! J'en suis
encore toute confuse de penser

Écriture d'une femme centenaire, encore pleine de vitalité. Le graphisme est progressif, tonique, régulièrement incliné. La scriptrice est une femme énergique, courageuse, très impliquée dans l'action. Aucune détérioration ne transparaît dans l'écriture et tout laisse à penser que l'avenir est encore prometteur pour la scriptrice.

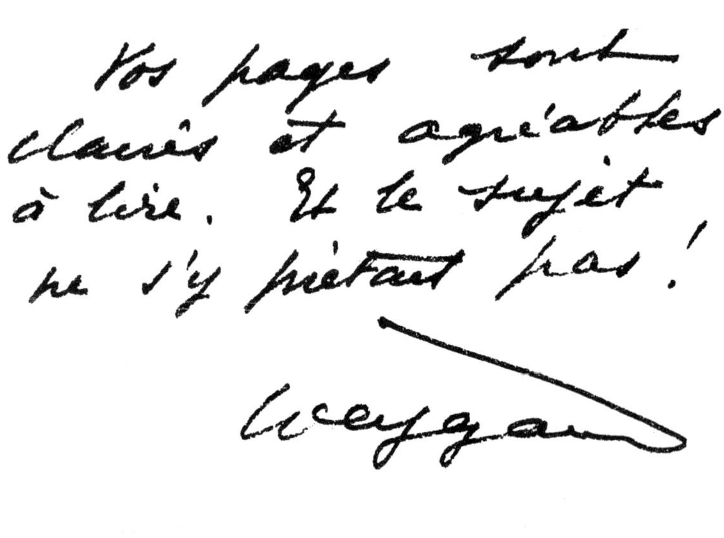
Vos pages sont
claires et agréables
à lire. Et le sujet
ne s'y prêtait pas !
Weygand

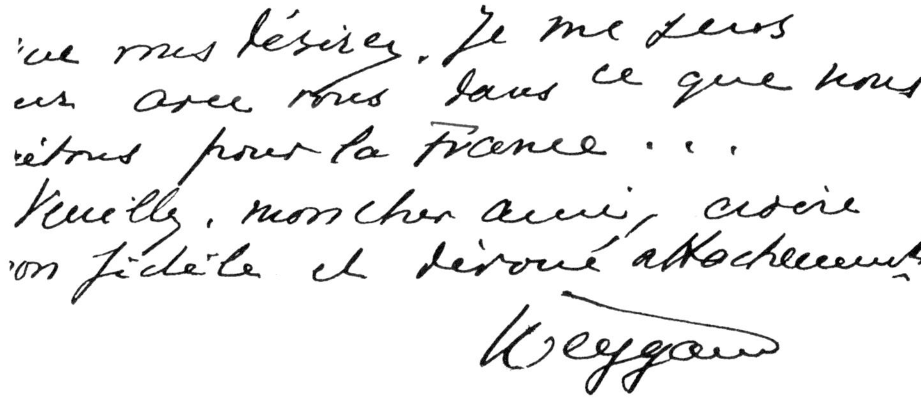

ue vous désirez. Je me sens
us avec vous dans ce que nous
étions pour la France...
Veuillez, mon cher ami, croire
on fidèle et dévoué attachement.
Weygand

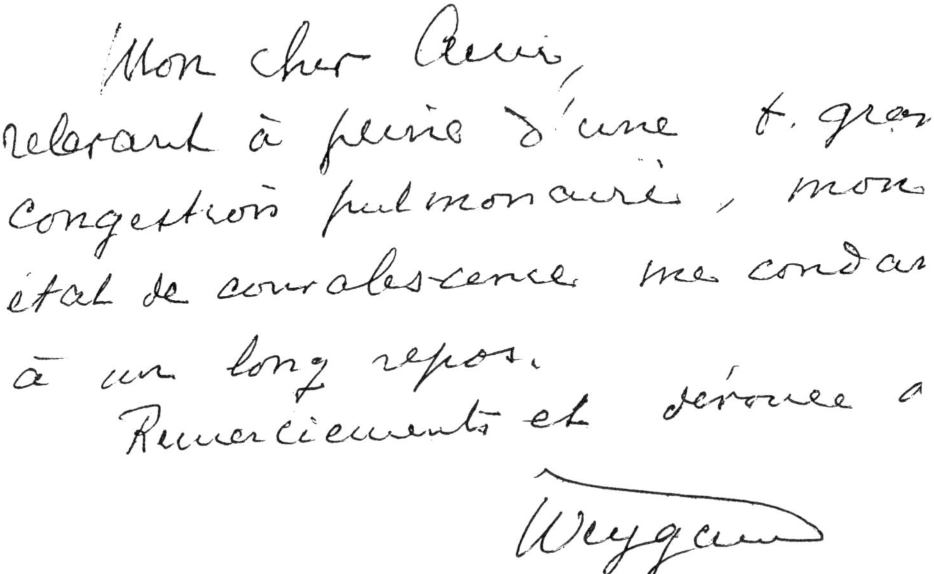

Mon cher Ami,
relevant à peine d'une t. gros
congestion pulmonaire, mon
état de convalescence me condas
à un long repos.
Remerciements et dévouée a
Weygand

Écriture du général Weygand (1948, 1960 et ?).

Demeuré très jeune de cœur et d'esprit jusqu'à un âge très avancé. Dans le second document, des signes de fatigue et de faiblesse sont visibles, la signature seule garde son faciès habituel ; dans le troisième document, la maladie a gravement perturbé le rythme, les oves sont cabossés, seule, une fois encore, la signature demeure presque inchangée.

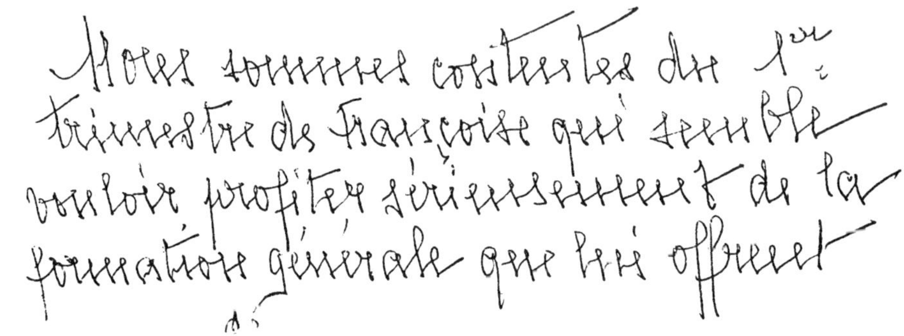
Nous sommes contentes du 1er trimestre de Françoise qui semble vouloir profiter sérieusement de la formation générale que lui offrent

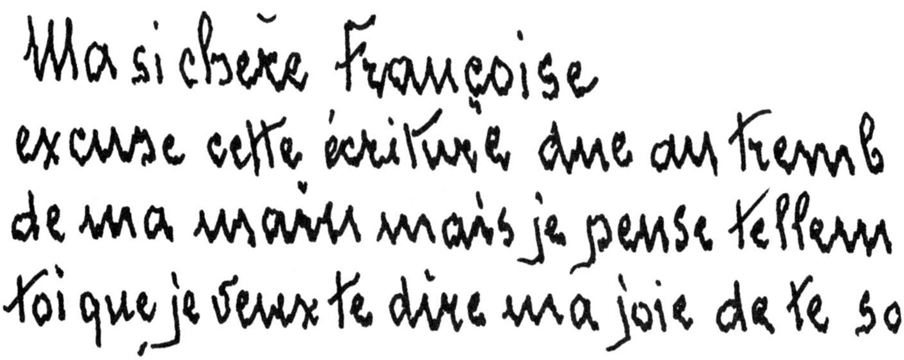
Ma si chère Françoise
excuse cette écriture due au tremb
de ma main mais je pense tellem
toi que je veux te dire ma joie de te so

Dans le premier document, l'écriture de la scriptrice, âgée d'environ soixante-dix ans, est ferme et rigide. Les formes très conventionnelles (écriture type « Sacré-Cœur ») sont le reflet d'une éducation formaliste, en même temps que le signe d'une certaine recherche esthétique (la scriptrice dirigeait un pensionnat très sélect pour jeunes filles du monde). Dix ans plus tard, le graphisme a gardé ses formes primitives, voir les gestes libres, traits lancés, mais la pression est pochée et les tremblements verticaux sont symptomatiques de la détérioration due à la vieillesse.

22.

TROUBLES NEUROLOGIQUES

MALADIE DE PARKINSON

La maladie de Parkinson, ou paralysie agitante, se développe dans la seconde moitié de la vie. Elle associe un tremblement, de l'hypertonie, et une paralysie d'un type spécial. L'évolution est lente, progressive. Le traitement par la L. Dopa permet d'obtenir des améliorations importantes.

Les perturbations motrices de la maladie de Parkinson se reflètent précocement dans l'écriture, qui est rapetissée (micrographie), altérée dans son mouvement.

L'amélioration de l'état du malade par le traitement se répercute immédiatement sur l'écriture, ce qui constitue pour le médecin un test commode.

Les fonctions intellectuelles ne sont pas atteintes dans la maladie de Parkinson, mais en revanche les répercussions affectives sont inévitables : sentiment d'insécurité, anxiété.

Écriture

L'écriture sera d'autant plus détériorée que la maladie est ancienne. Au début, on note des effondrements de la zone médiane et des légers tremblements (exemple n° 4), puis, la coordination motrice devenant de plus en plus difficile, les lignes sont « chahutées » (montantes, convexes, descendantes – voir exemple n° 5).

Par la suite, l'écriture devient très saccadée, le rythme est constamment heurté, pour devenir parfois haché (n° 3) et enfin, dans certains cas, pour éviter des gestes désordonnés, la dimension devient très amenuisée : micrographie (cas n° 1). Des éléments dépressifs, dus à un sentiment d'anxiété, peuvent se surajouter, et l'on aura des lignes tombantes, des chutes dans le mot ou en fin de mot (cas n° 1).

MALADIE DE PARKINSON (ÉCRITURES)

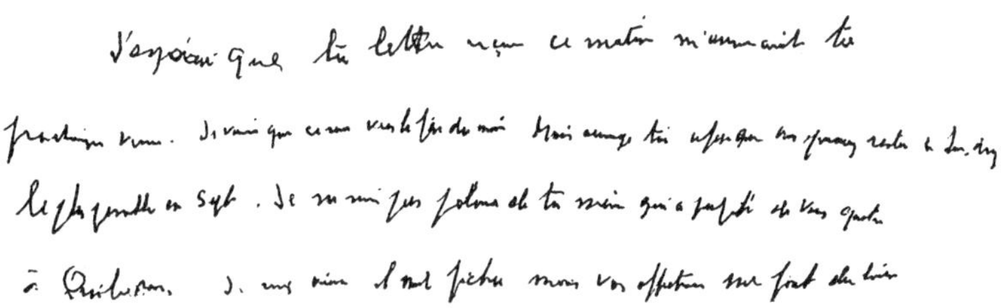

Homme, soixante ans.

Écriture : de dimension très amenuisée (micrographie), due au désir d'éviter des gestes incoordonnés. Les lignes descendantes sont le signe d'une tendance dépressive.

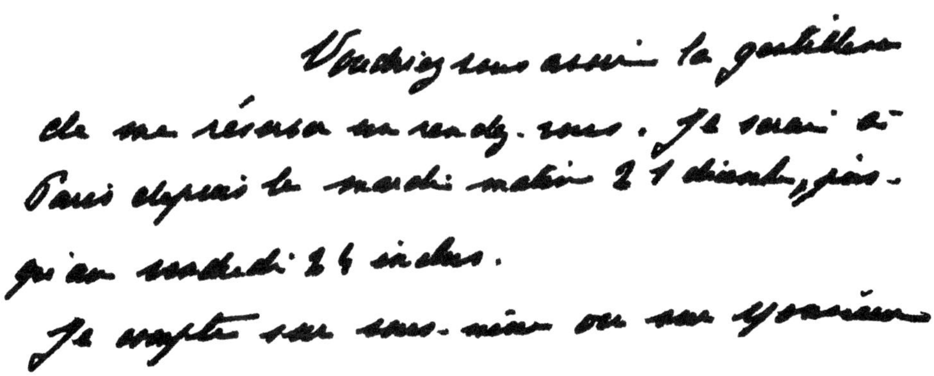

Femme, soixante-dix-huit ans, traitée depuis décembre 1969 par L. Dopa.

Écriture : rapide, inclinée, et l'on ne note pas de perturbation notable du graphisme notable. Seule la pression lourde, nourrie à pochée, traduit l'imprégnation médicamenteuse. L'anxiété liée à la maladie se révèle dans les mots descendants en fin de ligne.

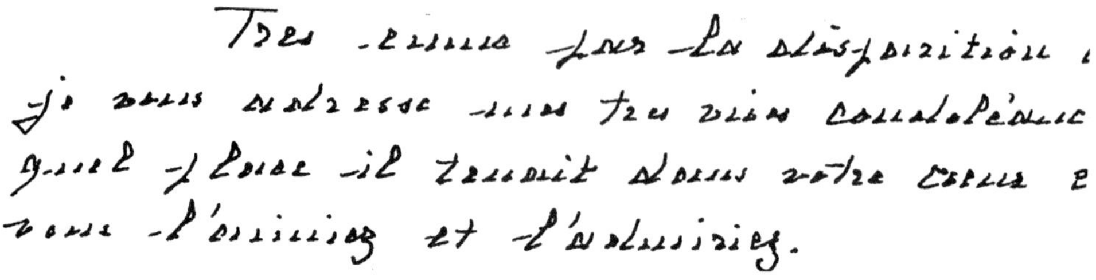

Femme, soixante-dix ans, maladie de Parkinson, sous traitement, état dépressif évoluant depuis quinze ans.

Écriture : inclinée, hachée, lettres en plusieurs morceaux, bâtonnée, nourrie à pochée, hampes tordues.

Le manque d'aisance gestuelle incite la scriptrice à scinder les lettres en deux (difficulté de liaison), mais son graphisme reste clair et assez lisible, car les facultés d'idéation sont conservées, la précision demeure en raison du bon niveau culturel.

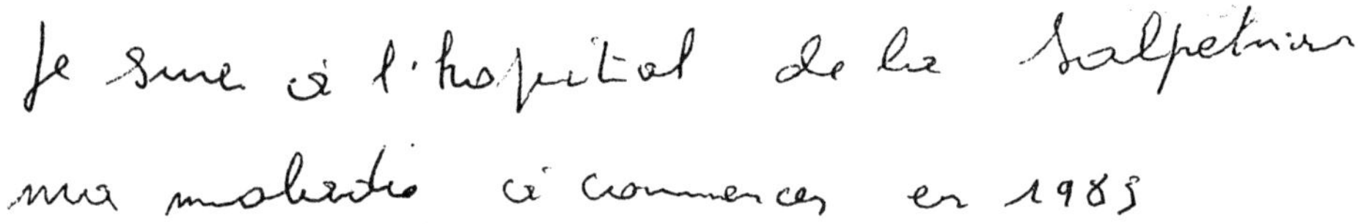

Femme, cinquante-huit ans, Parkinson depuis six ans. N'a pas d'activité professionnelle. L'écriture est petite, espacée, avec des effondrements de la zone médiane.

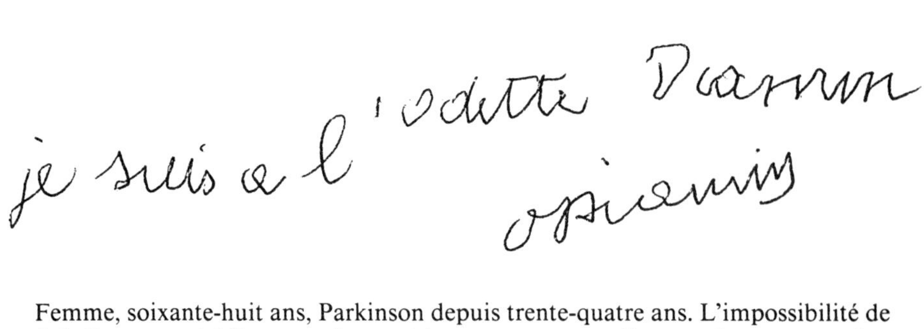

Femme, soixante-huit ans, Parkinson depuis trente-quatre ans. L'impossibilité de « tenir la ligne » est ici flagrante. Le graphisme « saute » une ligne en dessus ou en dessous. Les lettres minuscules sont très cabossées.

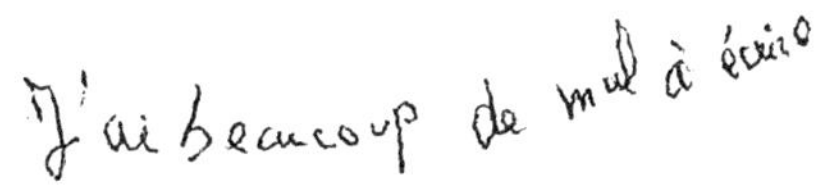

Femme, soixante-huit ans, Parkinson depuis seize ans. La scriptrice dit elle-même qu'elle a beaucoup de mal à écrire ! Le graphisme est lent, crispé et la ligne n'est pas tenue.

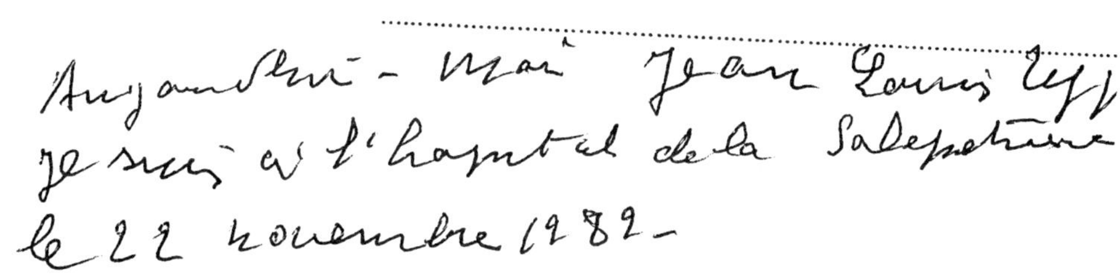

Homme, soixante-dix ans, curé de campagne. Parkinson a commencé lorsqu'il avait soixante-quatre ans. L'écriture est très saccadée, inégale, crispée avec des ondes de chute. On ne note pas de troubles de l'idéation.

SCLÉROSE EN PLAQUES

La sclérose en plaques débute chez l'adulte jeune. Son évolution est lente, discontinue, faite de poussées successives suivies de rémissions, cela pendant des années, dix ans, vingt ans, ou plus. Les lésions sont disséminées de façon aléatoire, ce qui donne à la maladie son aspect polymorphe et imprévisible.

Les troubles sont surtout moteurs et sensitifs. Aux troubles neurologiques proprement dits peuvent s'ajouter des modifications de l'humeur, souvent dans le sens de la dépression, mais parfois au contraire à tonalité euphorique.

Graphologie

L'étude de l'écriture révèle très vite les difficultés scripturales du malade, et les détériorations qui se produisent au fil des années permettent de suivre l'évolution de la maladie, jusqu'au moment où cette dernière empêche toute expression graphique. Le rythme est tout d'abord perturbé : de souple il devient cassant, raide, figé. Les oves sont cabossés, la pression est spasmodique. Peu à peu le contrôle gestuel est tellement détérioré que le scripteur ne peut plus suivre la ligne de base ; celle-ci devient chaotique, avec des mots ascendants et des chutes. Les finales sont lancées, les ondes de chute sont constantes, les tremblements affectent particulièrement les minuscules. Certains malades, pour essayer de contrôler leur praxie, écrivent en script (voir exemple n° 8), mais là encore les ravages de la maladie empêchent tout déroulement harmonieux du fil graphique.

SCLÉROSE EN PLAQUES (ÉCRITURES)

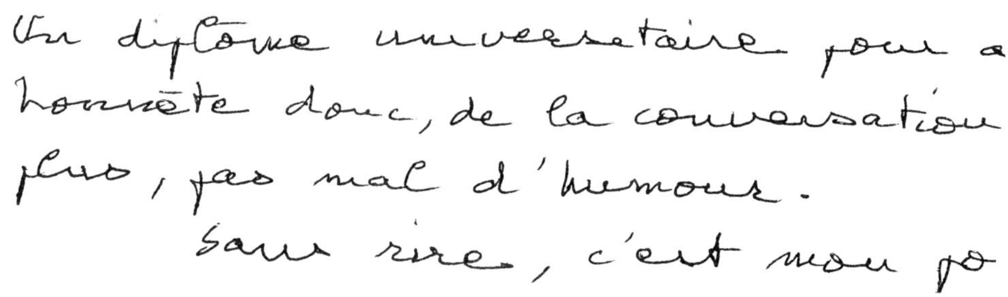

Jeune homme, vingt-six ans, marié. Le début de la maladie a commencé alors qu'il avait dix-neuf ans.

Écriture : saccadée, cabossée, descendante, les déliés ont des formes en zigzag. La lucidité est conservée et l'intelligence n'est pas perturbée, mais la coordination gestuelle est très déficiente.

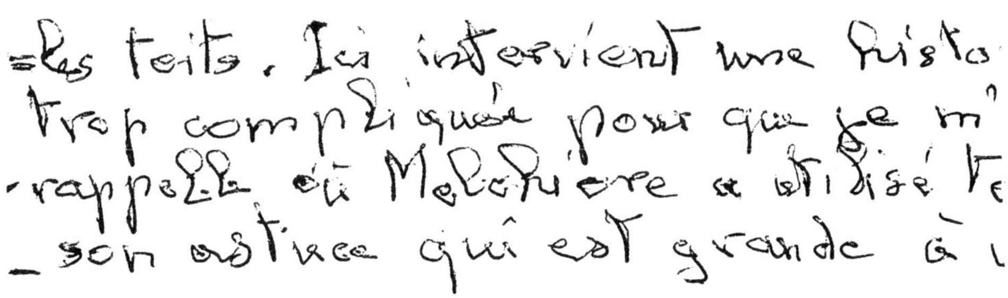

Homme, cinquante-six ans, sclérose en plaques, impuissance sexuelle.

Écriture : tordue, cabossée, inégale, spasmodique.

L'idéation, ici encore, n'est pas perturbée, mais le scripteur souffre d'une maladresse graphique évidente.

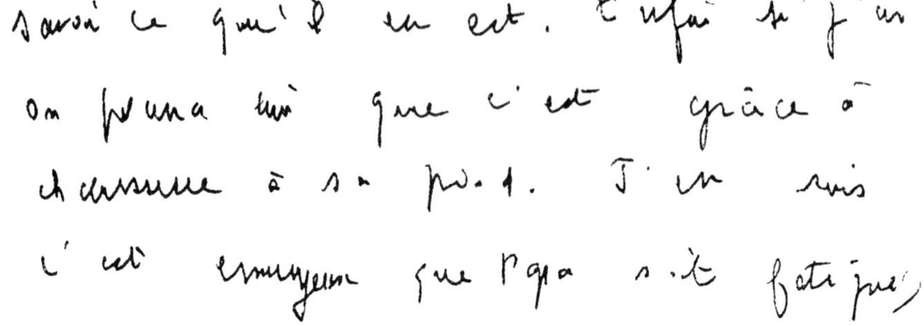

Femme, cinquante-deux ans. La sclérose en plaques a débuté par une encéphalite.
Écriture : petite, inégale, espacée entre les mots, avec des étrécissements et des télescopages, nombreuses ondes de chute.

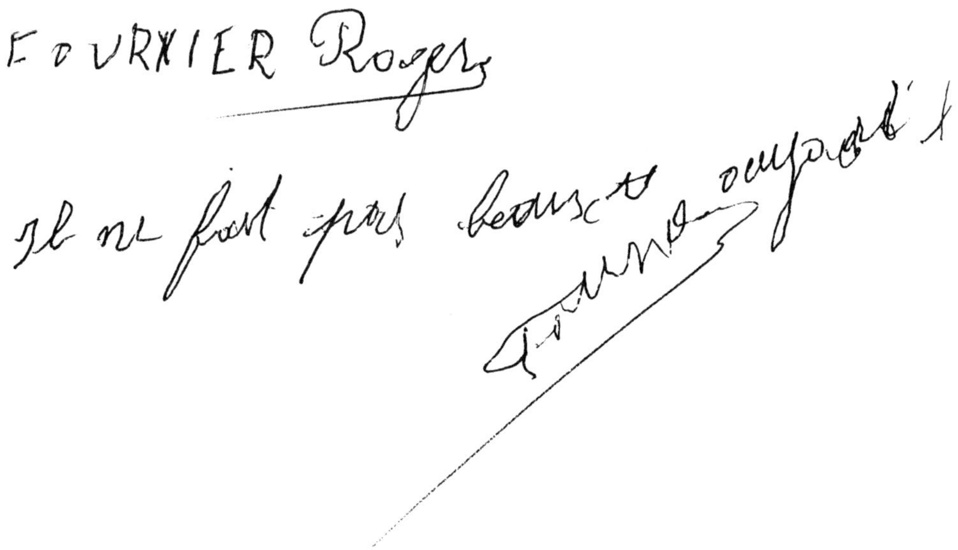

Homme, cinquante et un ans, sclérose en plaques, invalidité depuis quinze ans, est actuellement en fauteuil roulant.

Écriture : inclinée, très inégale, tremblée, spasmodique, chevauchante en descendant, prolongée haut et bas, signature montante. Le scripteur a perdu sa maîtrise gestuelle, malgré ses efforts il ne peut contrôler ses mouvements ni éviter les cafouillages de plume (–), cependant la signature prouve qu'il veut encore faire bonne impression.

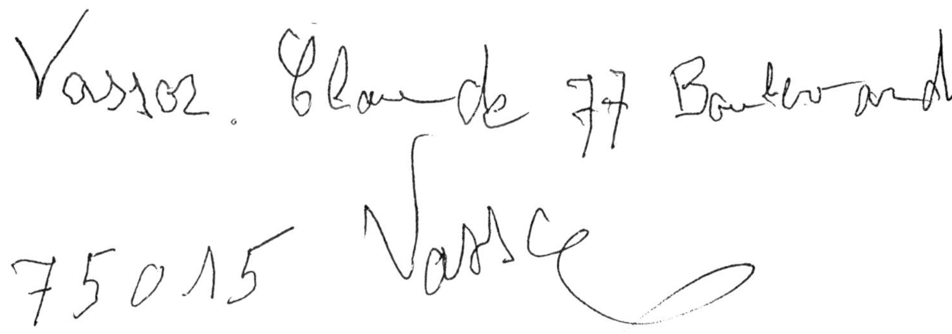

Homme, quarante-neuf ans, travaillait sur les marchés, sclérose en plaques, début il y a dix ans : fatigabilité des membres supérieurs, troubles sensitifs, marche très anormale, ne signe plus ses chèques, marche avec deux cannes.

Écriture : complétement « chahutée », tremblée, inégale, cabossée, liaison désorganisée. L'impossibilité de tenir la ligne de base est ici flagrante et les mouvements saccadés sont le signe de la désorganisation motrice.

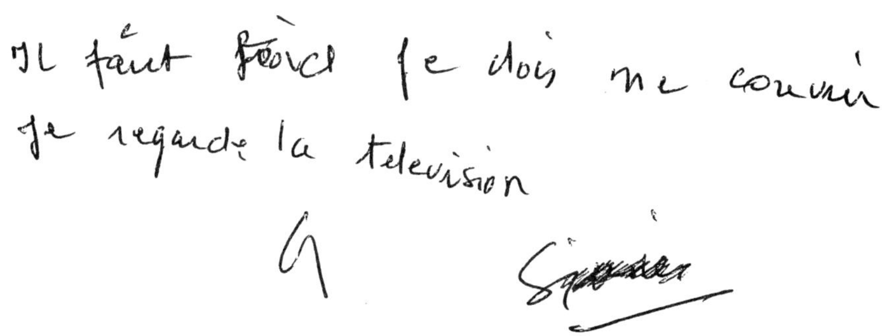

Femme, trente ans, secrétaire documentaliste, début de la sclérose en plaques il y a neuf ans. Arrêt définitif du travail cinq ans après l'apparition de la maladie. Aggravation progressive, marche très instable, syndrome cérébelleux.

Écriture : spasmodique, descendante, retouchée, finales lancées. Les difficultés de contrôle gestuel se voient ici dans les finales lancées qui correspondent à des décharges nerveuses après des moments de tension (trait spasmodique).

Homme, trente et un ans, architecte, sclérose en plaques, début des troubles il y a six ans par engourdissement des membres inférieurs. Apparition progressive d'un syndrome cérébelleux spasmodique. A noter de plus hyposthénie de la main droite.

Écriture : grande, spasmodique, étrécie, inégale, bâtonnée.

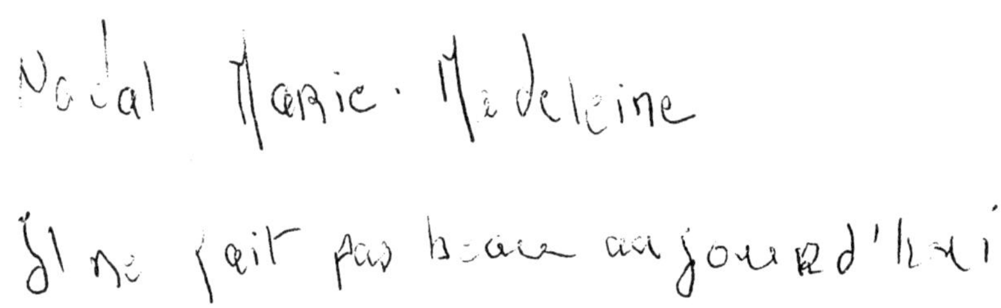

Femme, trente-sept ans, secrétaire en invalidité, début des troubles il y a dix-huit ans. Handicap permanent, marche avec une canne, actuellement pas de syndrome cérébelleux. Traitement chimiothérapie par immuno-dépresseur.

Écriture : script, spasmodique, tordue.

Ce graphisme haché reflète les difficultés de la scriptrice pour qui les liaisons entre les lettres sont très difficiles, de même que la formation d'oves arrondis est pour elle un problème pratiquement insoluble.

23.

ÉPILEPSIE

La personnalité de l'épileptique ; caractère épileptoïde

Selon Cambier, on estime à 9 pour 100 le nombre des individus qui ont présenté, au cours de leur existence, au moins une crise convulsive, crise due à des causes variées, telles que : traumatisme crânien, intoxication, fièvre élevée, etc. Mais, lorsqu'on envisage l'épilepsie en tant que maladie permanente caractérisée par une tendance à la répétition des crises, le chiffre n'est plus que de 1 à 2 pour 100.

La crise d'épilepsie généralisée ou « grand mal » a, de tout temps, frappé les esprits par son caractère dramatique, brutal, qu'on attribuait à l'intervention d'esprits malfaisants. Pendant longtemps les épileptiques ont été écartés de certaines professions, car on ne disposait alors d'aucun moyen thérapeutique permettant de contrôler les crises.

Les crises peuvent être généralisées ou partielles, parfois réduites à de courtes « absences ». Elles sont dues à la décharge brusque d'une partie des neurones qui constituent la substance grise du cerveau.

Les causes en sont variables : lésions cérébrales périnatales, séquelles de traumatismes crâniens, et parfois ne sont pas élucidées. On parle alors d'épilepsie essentielle.

L'épilepsie n'affecte pas en elle-même les facultés intellectuelles : les déficits observés chez des épileptiques sont à mettre au compte des lésions cérébrales associées, ou encore sont le résultat du ralentissement psychique induit par la thérapeutique (phénobarbital).

En revanche, certains traits de caractère sont d'observation assez fréquente pour justifier la description d'un caractère épileptique fait de persévération, de viscosité, d'irritabilité et d'impulsivité parfois avec agressivité (à noter que ces traits de caractère sont surtout associés aux épilepsies en relation avec un foyer temporal).

L'individualisation d'un caractère épileptique est très controversée, car la corrélation est loin d'être significative. Non seulement tous les épileptiques ne répondent pas à cctte description caractérielle, mais beaucoup d'individus non épileptiques y répondent.

On qualifie ces caractères d'épileptoïdes. Ils semblent avoir en commun un terrain biologique, émotif, impulsif. Les affects sont intenses, les réactions violentes, mais plutôt à retardement. Selon la formule de Ey, ils se chargent et se déchargent comme une bouteille de Leyde, c'est-à-dire qu'il y a chez eux accumulation, puis décharge explosive. Déjà, en 1890, Ferré décrivait ces changements d'humeur brusques et notait que la vie de ces individus semblait constituée d'une série de paroxysmes séparés par des périodes de réparation.

Mme Minkovska décrivit ce caractère épileptoïde, ou glischroïde, « constitution bipolaire marquée par la viscosité, la stase, et ponctuée de temps à autre par des explosions... cette affectivité concentrée, condensée, visqueuse, qui adhère aux objets de l'ambiance et ne s'en détache pas aussi facilement que l'exigent les variations du milieu : elle ne suit pas les mouvements de celui-ci et est, pour ainsi dire, toujours en retard. L'épileptoïde est par excellence un affectif, ce qui le distingue du schizoïde, mais cette affectivité est visqueuse et manque de mobilité ».

On est ainsi amené à distinguer deux points de vue : la personnalité de l'épileptique, et le caractère épileptoïde.

Dans ce qui constitue la personnalité de l'épileptique, il faut tenir compte de la forme, de l'origine de l'épilepsie, de l'appréhension du sujet en face des crises possibles et redoutées, du rejet dont il peut être victime, et enfin des effets indésirables du traitement.

Mais en ce qui concerne le caractère épileptoïde, il s'observe aussi bien chez des sujets normaux, non malades, sans crises, donc sans traitement, simplement typés par une manière particulière de réagir émotionnellement.

L'émotivité est intense, viscérale pour ainsi dire, elle s'accumule sans s'extérioriser, puis se libère tout à coup par décharges soudaines, souvent intempestives. Lorsque ces émotifs ne peuvent se défouler dans l'action, ils ruminent, ressassent et font passer par leur corps les conflits qu'ils n'ont pas réussi à exprimer autrement. Ils sont souvent allergiques, asthmatiques, migraineux.

Bien des personnages célèbres répondent à cette description : Dostoïevski, lui-même épileptique, et plusieurs de ses personnages : *Les Frères Karamazov, L'Idiot.*

Szondi a trouvé en Moïse le type même de l'épileptoïde en qui s'unissent Caïn et Abel, la violence et la justice, l'agression coléreuse et le rachat, la révolte et la soumission.

A la fois violent, coléreux, homme d'action, homme religieux, législateur et meneur de peuple, Moïse illustre aussi l'attirance de l'épileptoïde pour les professions centrées sur les aspects religieux et moraux, sur la Loi qui régit la vie du groupe social. L'épileptoïde a besoin de croire à ce qu'il fait, de s'investir tout entier dans son métier, de mettre de l'unité dans sa vie et de mêler affectivité et action.

L'épileptoïde est concret, dynamique, tranché dans ses attitudes, entier dans ses convictions. Sans nuances et sans compromis, il est peu porté à transiger, et s'il change, c'est par volte-face, rupture soudaine. Si la tension devient trop forte, il claque la porte, s'enfuit, donne sa démission, repart à zéro.

Il lui faut dépenser sa vitalité dans l'effort physique : le fer, le bois lui sont de bons matériaux, avec le feu, qui le fascine. S'il ne peut être forgeron ou bûcheron, il sera du moins sportif et homme d'action.

Il vit mal en solitaire, préfère le coude à coude, la proximité chaleureuse où il peut donner le meilleur de lui-même : ascendant moral, compréhension fraternelle, entente tacite de ceux qui se comprennent parce qu'ils éprouvent en même temps les mêmes sentiments.

Des acteurs comme Raimu, Gabin, Lino Ventura ont incarné ces personnages avec d'autant plus de vérité qu'ils étaient de la même famille.

Graphologie

L'épileptoïde est affectif, entier, souvent maladroit, manquant de souplesse et ne sachant pas prendre du recul. Son graphisme est fort, intense, jamais gracieux ; anguleux et heurté plutôt que souple. Il occupe le terrain, la page, en « formation de combat », les lettres, les mots serrés comme au coude à coude.

Le trait est fort, appuyé, soit coupant, soit lourd, collant, donnant l'impression d'adhérer au papier. Il est parfois engorgé (stase émotionnelle).

Le mouvement n'est pas souple, mais fort et cadencé, ou heurté, parfois contraint (si Abel l'emporte sur Caïn).

L'espace est occupé, la page est dense. Les marges sont en général respectées, mais la page est sans aération intérieure.

La forme est souvent anguleuse et peut aussi comporter des angles en recul, des lancements, des massues. Elle est parfois plus arrondie, comme assagie et adoucie.

La continuité : on trouve souvent, dans les écritures d'épileptoïdes, des télescopages, des lettres qui rentrent les unes dans les autres.

La dimension est plutôt moyenne, la zone médiane tient sa place. Les prolongements sont ou importants ou au contraire petits et comme rabotés.

ÉPILEPSIE (ÉCRITURES)

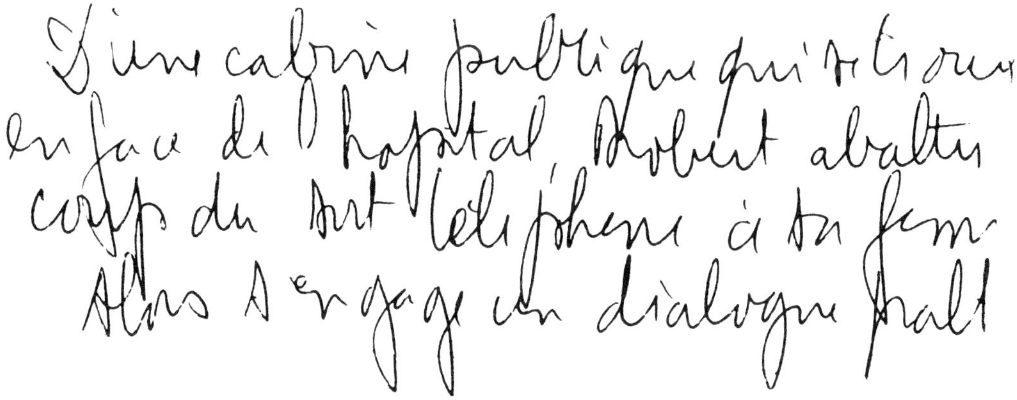

Homme, trente-huit ans, constitution robuste, très gentil, très doux, puis décharges brusques, colères incontrôlées, brutalité. S'endormait brusquement n'importe où. Collant, adhérait à un sujet de conversation sans pouvoir le lâcher. Parents alcooliques. Est mort noyé dans des circonstances assez bizarres qui peuvent faire penser à un suicide inconscient. S'était mis à boire quatre ans avant sa mort. Spasmophilie.

Écriture : enchevêtrée, à grands prolongements hauts et bas, inégale, lignes montantes, pression nourrie. Le côté adhésif de la personnalité se voit dans ce graphisme compact. Le scripteur ne peut ou ne sait pas prendre du recul, il « colle » à l'événement.

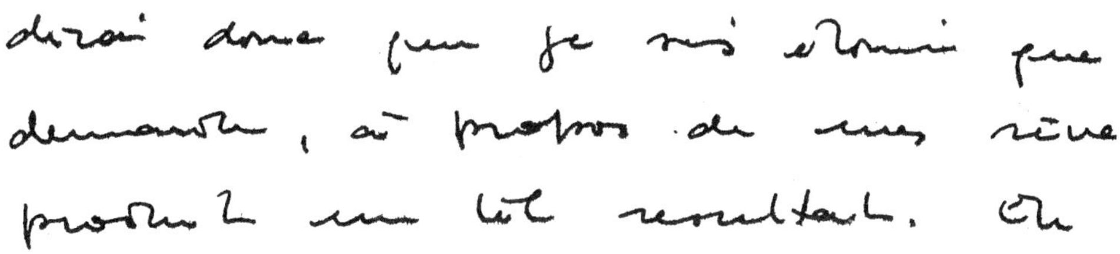

Homme, cinquante ans, marié, père de famille, niveau culturel évolué. Première crise d'épilepsie à l'âge de dix-huit ans. En a encore cinq ou six fois par an. Est sous tégrétol.

Écriture : rapide, filiforme, simplifiée, trait nourri à poché. Signature avec majuscule initiale surélevée. Le jugement est lucide, mais le tempérament de base est « nerveux » et le « moi » est particulièrement « écrasé » (voir la zone médiane amenuisée). La tendance à fuir un quotidien trop lourd est manifeste.

Le test de l'arbre révèle une violence difficilement contenue et une force intérieure non libérée qui peut surgir de façon imprévisible.

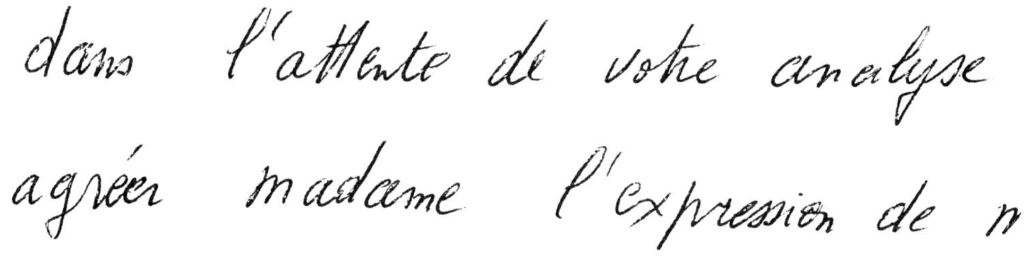

Homme, trente-deux ans, hystéro-épilepsie avec tendances obsessionnelles. Accouchement aux forceps. Première crise à l'âge de dix ans. Est sous gardénal.

Écriture : inclinée, anguleuse, étrécie, trait très appuyé. Les blancs entre les mots révèlent les difficultés de contact.

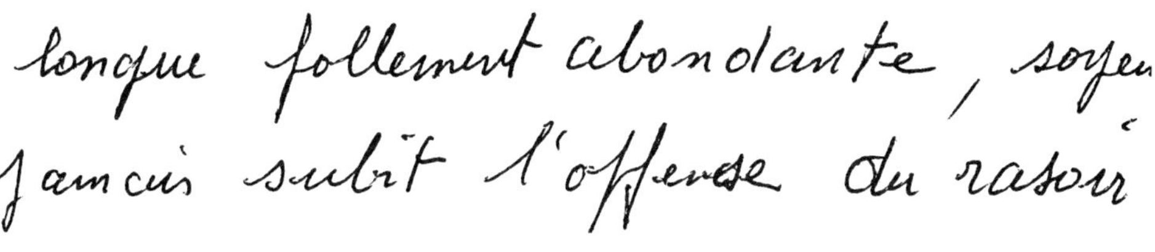

Femme, cinquante et un ans, mariée, comitialité se manifestant par perte de connaissance avec crises toniques et cloniques, précédées d'une aura visuelle. Au moment de la rédaction du document, elle avait pris la veille deux comprimés d'alepsal (anticomitial), mais n'en avait pas pris depuis deux mois, si bien que l'imprégnation médicamenteuse ne semble pas devoir être retenue dans le cas présent. Elle est en instance de divorce, et son mari est éthylique. Son niveau d'instruction ne doit pas dépasser le CAP.

Écriture : spasmodique, descendante, grandes virgules, trait très appuyé.

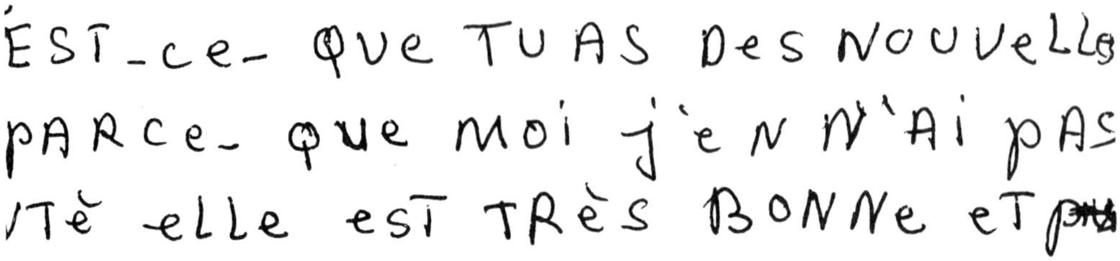
ÉST-ce- QUE TU AS DES NOUVELLES
PARCE- QUE MOI J'EN N'AI PAS
ITÉ ELLE EST TRÈS BONNE ET

Femme, trente ans, épileptique.

Écriture : script, trait appuyé à spasmodique, zone médiane importante, gros points noirs, page envahie. Personnalité très fruste, violence contenue, tendance à la persévération (mots télescopés en fin de ligne).

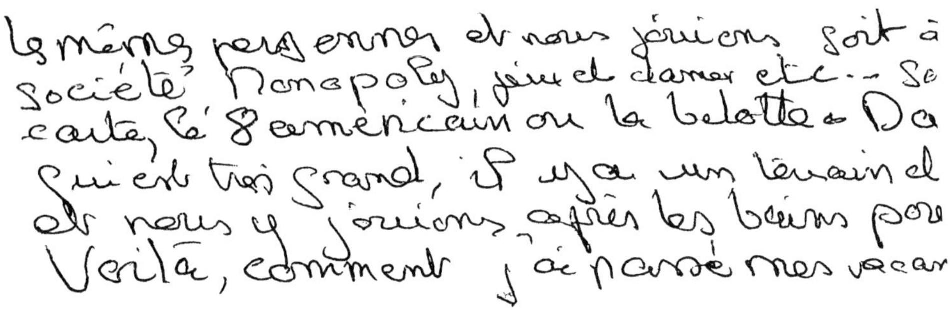
les même personnes et nous jouions soit à
société Monopoly, jeux de dames etc... Se
carte, le 8 américain ou la belotte. Da
qui est très grand, il y a un terrain d
et nous y jouions, après les bains pou
Voilà, comment j'ai passé mes vacan

Jeune fille, seize ans et demi, hystéro-épilepsie. L'électro-encéphalogramme montre, sur un tracé de fond normal, des signes évocateurs de comitialité à expression généralisée. Est gauchère contrariée. A eu des crises d'asthme et de spasmophilie (déformation de la main : main d'accoucheur), tombe brutalement. D'après les tests (TAT Wechsler), dépression avec fluidité de l'attention et dégradation des possibilités intellectuelles. Une évolution psychotique est possible. A fait une tentative de suicide.

Écriture : compacte et enchevêtrée, tordue, parfois tremblée et cabossée, en arcade arrondie, beaucoup de retouches et de cafouillages de plume, trait net parfois moiré.

Le document que nous reproduisons ici nous avait été confié par le professeur Michaux (chef du service de psychiatrie infantile à la Salpétrière) dans le cadre d'une recherche graphologique, mais ceci *sans qu'aucune indication biographique ou médicale* nous soit donnée sur l'auteur de la lettre à analyser.

Nous pensons que nos lecteurs seront intéressés de connaître les conclusions de notre étude d'alors qui prouvent que la graphologique peut utilement collaborer avec la médecine.

« Deux choses sont particulièrement frappantes dans ce graphisme, ce sont les tremblements, torsions, cafouillages de plume et la densité étouffante du texte. Le premier signe nous révèle une scriptrice à la pensée troublée, anxieuse, qui s'exprime difficilement, et chez qui l'habileté gestuelle est très perturbée. La compacité de l'écriture, par ailleurs, traduit une persévération inquiétante, à laquelle les signes lancés ajoutent une impulsivité mal contrôlée. L'on devine dans ces formes tordues et douloureuses un jugement qui se détériore.

« Le manque d'agilité mentale entraîne une lourdeur qui n'est compensée que par une agitation qui survient de façon anarchique.

« *En conclusion,* la tendance obsessionnelle et dépressive est nettement marquée. La détérioration graphique et la mauvaise orientation spatiale nous font craindre une dissociation de la personnalité. L'EEG est-il normal ? L'écriture nous incite à en douter. »

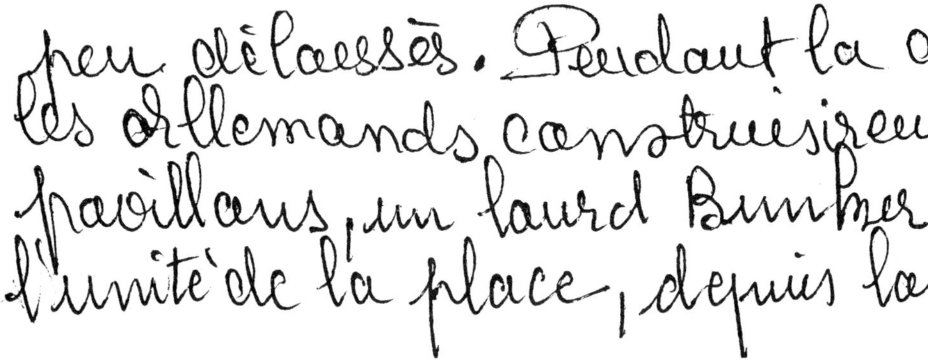

Femme, trente-huit ans, célibataire, est l'aînée d'une fratrie de trois. Étant enfant, à la suite d'un accident, a souffert d'une hémorragie méningée, avec convulsions. A eu quatre crises comitiales.

Écriture : elle frappe en premier lieu par sa pression extrêmement forte (papier gaufré), qui révèle une violence difficilement contenue, ce que viendront confirmer les barres de *t* et les finales lancées, les grandes virgules. La taille du graphisme et la zone médiane prédominante traduisent la primauté de la vie affective, le manque d'espace entre les mots, le côté adhésif propre aux épileptiques.

L'angoisse se voit dans les gros points noirs. La signature est soulignée. Les hampes et les jambages sont importants et appuyés, parfois enchevêtrés. La pulsion virile se voit dans les traits spasmodiques et acérés. Les directions du haut de la page sont changeantes.

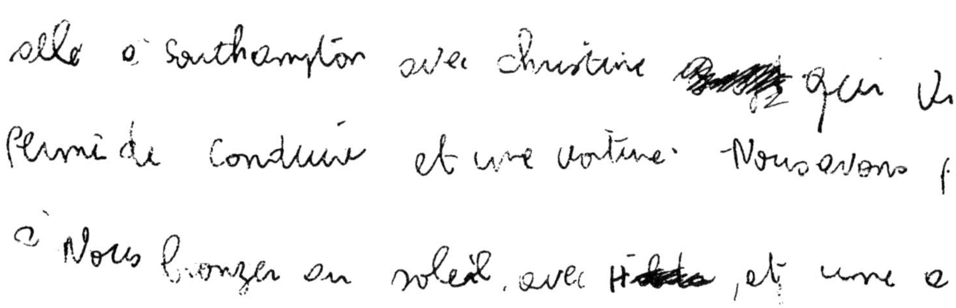

Jeune homme, dix-huit ans, étudiant, a fait brusquement et sans préavis deux crises nerveuses, qualifiées par le médecin « d'épilepsie banale ».

Nous avons pu disposer de l'écriture avant traitement et de l'écriture après traitement.

Une analyse graphométrique pour l'étude du contrôle émotif a été faite à l'époque par Mme E. Prénat sur le document avant traitement. Voici le résumé de ses observations : « Structure pathologique, les poussées d'expansion ne sont pas dominées, donc possibilités de mouvement non contrôlés. Le sujet n'est pas conscient de ses problèmes, mais il y a risque de défoulement émotif, les abréactions sont multiples, les freins fragiles. En cours d'action, il y a un léger effort d'adaptation, mais la structure du moi demeure très fragile, avec une tendance marquée aux réactions incontrôlées. »

Les lignes sinueuses avec de nombreuses ondes de chute et les inégalités du tracé traduisent de façon éloquente un tempérament nerveux et un caractère émotif. L'absence de marge de gauche révèle l'immaturité, les gros points noirs, l'anxiété.

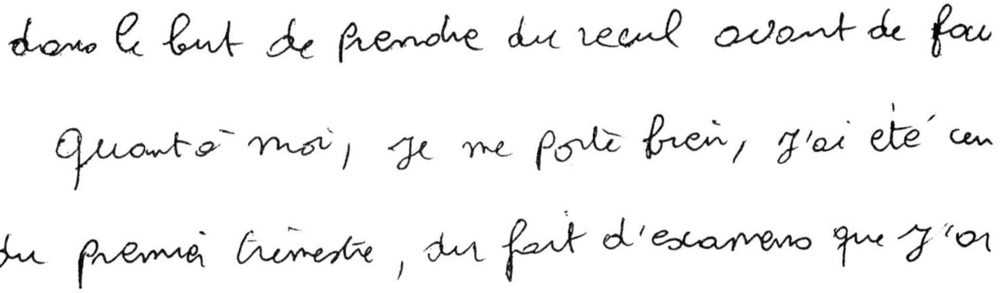
dans le but de prendre du recul avant de fai
Quant à moi, je me porte bien, j'ai été cen
du premier trimestre, du fait d'examens que j'ai

Dans le second document (7 B) le scripteur est sous traitement, et l'écriture traduit l'amélioration de l'état général : écriture plus stable, moins inégale, avec pratiquement plus d'ondes de chute.

L'étude graphométrique du second document indique que « le sujet domine mieux, grâce au médicament, son comportement quotidien, le traitement a permis de dégager des mesures d'inhibition qui étaient submergées, mais la structure de la personnalité demeure très fragile : les possibilités de réaction de défoulement sont sous-jacentes ».

Postface

Les chapitres qui précèdent se sont efforcés de tracer un large panorama des troubles du caractère et de la maladie mentale ainsi que de sa traduction dans l'écriture.

Comme nous l'avons dit en commençant ce livre, notre but a été simplement d'alerter les graphologues sur des anomalies et non de leur permettre de faire un diagnostic en se servant uniquement du graphisme.

Il nous semble important aussi de rappeler qu'une personnalité ne se définit pas uniquement par ses déséquilibres, ceux-ci fussent-ils plus ou moins graves, mais que chacun doit être appréhendé dans sa totalité avec ses faces d'ombre et de lumière.

On a affirmé, de façon un peu trop catégorique, que le génie allait souvent avec la folie, mais peut-être n'est-il pas inutile de rappeler avant de clore cet ouvrage que beaucoup de créatifs, d'écrivains et d'artistes ont souffert psychiquement : ce qui ne les a pas empêchés de laisser une œuvre de grande qualité.

Flaubert comme Dostoïevski étaient épileptiques ; Camille Claudel, Strindberg et Léon Bloy : paranoïaques ; Simone Weil, anorexique ; Maupassant a souffert d'hallucinations dues à une paralysie générale ; Van Gogh comme Schumann se sont suicidés ; Antonin Artaud a été schizophrène. Tous, et cette liste est loin d'être exhaustive, nous ont transmis un message que nul ne peut oublier ou méconnaître.

Il est indispensable de s'en souvenir pour essayer de comprendre et d'aider, sans exclure, ceux qui sont différents.

Bibliographie

AIMEZ (P.) et RAVAR (J.) : *Boulimiques,* Ramsay, 1988.

BARILLOT (Dr R.) : *Du rythme et de ses variations dans le graphisme des aliénés,* Jouve, 1922.

BASTIN (Ch.) : « Perturbations des conduites alimentaires, les boulimies avec vomissements provoqués », *in Annales de psychiatrie,* 1989, volume 4, n° 2, pages 180-183.

BELIN (Cl. J.) : « La Graphologie en clinique psychiatrique », *in La Graphologie,* par Pierre Faideau, M.A. édition, 1983, page 401.

BERGERET (J.) : *Psychologie pathologique,* Paris, 1986, Masson, 4e édition. – *La Dépression et les états limites,* Payot, 1980. – *La Personnalité normale et pathologique,* Paris, 1974, Dunod. – *Toxicomanie et personnalité,* collection « Que sais-je ? », PUF, Paris, 1982.

BERGLER (Dr Éd.) : *La Névrose de base,* Payot, 1963.

BISSY (G. de) : « Essai sur les écritures d'hystériques », *Gazette médicale,* 1965, n° 72.

BRABANT (G.P.) : *L'Écriture considérée comme un secteur du comportement,* Centre d'études « L'évolution graphologique », Saint-Mandé, 1960.

BROSSON (P.) : « Diagnostic grapho-médical », revue *Guérir,* n° 195, mars 1962. – « L'écriture des asthmatiques », revue *Guérir,* n° 198, juin 1952.

BRUCH (H.) : *L'Énigme de l'anoxerie,* Paris, PUF, 1979. – *Les Yeux et le ventre,* Payot, Paris, 1975.

BRUSSET (B.) : *L'Assiette et le miroir,* Privat, 1977.

CAMBIER (J.), MASSON (M.), DEHEN (H.) : *Neurologie,* Masson, 1989.

CASTILLA (D. de) et BASTIN (Ch.) : *La Boulimie,* Laffont, 1988.

CHABERT (C.) : *Le Rorschach en clinique adulte, interprétation psychanalytique,* Dunod, 1983. – *La Psychopathologie à l'épreuve du Rorschach,* Dunod, 1987.

CRÉPIEUX-JAMIN (J.) : *Les Éléments de l'écriture des canailles,* Flammarion, Paris, 1976.

DENIKER (Pr P.) : *La Dépression, fin du tunnel,* Plon, 1987. – *Les Drogues, trafic et contagion,* Plon, 1988.

DENIKER (P.), LEMPÉRIÈRE (T.) et GUYOTAT (J.) : *Précis de psychiatrie clinique de l'adulte,* Masson, 1990.

DUPARCHY-JEANNEZ : *Les Maladies d'après l'écriture,* Albin Michel, 1919.

FAIDEAU (P.) : *Dictionnaire pratique de graphologie,* M.A. éd. 1985. – *Les Bases de la graphologie,* M.A. éd. 1989. – *La Graphologie : histoire pratique, perspectives,* M.A. éd., 1983.

FLAVIGNY (H.) : « De la notion de psychopathie », *Revue neuropsychiatrique infantile,* 1977, 25, I, pages 19-75.

FREUD (S.) : *Études sur l'hystérie,* PUF, 1971. – *Inhibition, symptôme, angoisse,* Paris, PUF, 1968. – *Cinq psychanalyses,* PUF, 1970. – *Névrose, psychose et perversion,* PUF, 1973.

GASPARI-CARRIÈRE (F.) : *Les Enfants de l'abandon,* Privat, 1989.

GILBERT-DREYFUS (J.) : « Graphologie et médecine psychosomatique », *Gazette médicale de France,* 1965, tome 72.

GILLE (Dr Jean-Charles) : *Psychologie de l'écriture,* Payot, 1969.

GOLDREY (J.) : *La Graphologie dans le psychodiagnostic des maladies mentales et contribution à l'étude de la graphologie dans le psychodiagnostic des maladies mentales,* thèse de doctorat, faculté de médecine, Paris, 1961.

GOMES (Dr) : *Principes de graphopathologie,* Maloine, Paris.

GOURSAC (R. de) et VILLARD (Cl.) : *La Schizophrénie,* polycopié du Groupement des graphologues conseils de France.

GRUMBERGER (B.) : *Le Narcissisme,* Payot, 1971. – *Narcisse et Anubis,* Des femmes, 1989.

GUELFI (J.D.) et coll. : *Psychiatrie,* PUF, 1987.

GUEX (G.) : *Le Syndrome d'abandon,* PUF, 1950.

HANUS (M.) : *Psychiatrie intégrée de l'étudiant,* Maloine, Paris, 1975.

HAYNAL (A.), PASINI : *Médecine psychosomatique,* Masson, 1978.

IGOIN (L.) : *La Boulimie et son infortune,* PUF, 1981.

KENBERG (O.) : *La Personnalité narcissique,* Privat, 1980. – *Les troubles limites de la personnalité,* Privat, 1979.

KLAGES (L.) : *Expression du caractère dans l'écriture. Technique de la graphologie,* Delachaux et Niestlé, 1917.

KOCH (Ch.) : *Le Test de l'arbre,* Éd. Vitte, 1969.

KOUPERNIK (C.), GAIDAMOUR (C.), SCHNEIDER (J.J.) : *Psychologie, psychiatrie,* Flammarion, 1973.

KOUPERNIK (C.), LÔO (H.), ZARIFIAN (E.) : *Précis de psychiatrie,* Flammarion, 1982.

LACAN (J.) : *De la psychose paranoïaque dans ses rapports avec la personnalité,* Points, thèse, 1925, François, Paris.

LAING (R.D.) : *Le Moi divisé,* Stock, 1970.

LAPLANCHE (J.) et PONTALIS (J.B.) : *Vocabulaire de la psychanalyse,* Paris, PUF, 1967.

LAUZIT (Dr C.) : *Aperçu général sur les écrits des aliénés.*

LEFÉBURE (F.) : « La Graphologie en milieu hospitalier », *in La Graphologie* par Pierre Faideau, M.A. éd., 1983, page 383.

LEFÉBURE (F.) et GILLE-MAISANI (Dr J.C.) : *Introduction à la psychologie du moi,* Éd. Mont-Blanc, 1976. – *Dynamique des pulsions,* Éd. Mont-Blanc, 1976.

LEGRAIN (Dr) : *La Graphologie scientifique,* n° 8, pages 85-100, 1927.

LEMPÉRIÈRE (Th.) et FÉLINE : *Psychiatrie de l'adulte,* Masson, 1981.

LÔO (P.) et LÔO (H.) : *Le Stress permanent,* Masson, 1986.

LÔO (H.) et ZARIFIAN (E.) : *Limites d'efficacité des chimiothérapies psychotropes,* Masson, 1977.

LOOSLI-USTERI (M.) : *Manuel pratique du test de Rorschach,* Hermann, 1969.

MAGNAT (G.-E.) : *La Graphologie au service de la science criminelle,* PUF, extrait du IIe congrès international de criminologie, 1950.

MARCELLI (D.) : *Les États limites en psychiatrie,* PUF, 1981.

MARCELLI (D.) et BRACONNIER (A.) : *Psychopathologie de l'adolescent,* Masson, 1983.

MEYER (M.) : *Cours de graphopsychologie,* Genève, 1956.

MICHAUX (Pr L.) : *Les Troubles du caractère,* Hachette, 1964 ; *Psychiatrie,* Flammarion, 1965.

MILLET (L.) : *L'Agressivité,* Éd. Universitaires, 1970.

MOTTIS-PLANET (H.) : « La graphologie envisagée comme élément d'information dans l'orientation d'une cure psychologique », *Gazette médicale,* 1965, n° 72.

OLIVAUX (R.) : *De l'observation de l'écriture à la compréhension de la personnalité,* ESF, 1969.

OLIVENSTEIN (Cl.) : *La Drogue,* Éd. Universitaires, 1970.

PELICIER (Y.) : *Les Psychopathes, confrontations psychiatriques.*

PEUGEOT (J.), LOMBARD (A.), DE NOBLENS (M.) : *Manuel de graphologie,* Masson, Paris, 1986.

PICCA (G.) : *Pour une politique du crime,* Le Seuil, 1966.

PIÉRON (H.) : *Vocabulaire de psychologie,* PUF, 1957.

POROT (A.) : *Manuel alphabétique de psychiatrie,* PUF, 1960.

PRIVAT (S.) : « Contribution de la graphologie à l'étude des psychoses au point de vue du diagnostic et du pronostic », *Journées graphologiques internationales,* 1959.

PULVER (M.) : *Le Symbolisme de l'écriture,* Stock, Paris, 1971.

RACAMIER (P.C.) : *Les Schizophrènes,* Payot, 1980. – *De psychanalyse en psychiatrie,* Payot, 1979. – *Antœdipe et ses destins,* Apsygée, 1989.

RESTEN (R.) : *Les Écritures pathologiques,* Le François, 1949. – *Écritures et maladies,* Paris, 1947.

RIVIÈRE (J.) : *Graphologie du caractère,* Éd. Mont-Blanc.

RORSCHACH (H.) : *Psychodiagnostic,* PUF, 1967.

ROUGEMONT (H. de) : *L'Écriture des aliénés et des psychopathes,* Vigot, 1950.

SAINT-MORANT : *L'Équilibre et le déséquilibre dans l'écriture,* Vigot, Paris, 1943.

STORA (R.) : « La personnalité à travers le test de l'arbre », *Bulletin de psychologie,* numéro spécial, 1964.

STRELETSKI (Dr C.) : *Précis de graphologie pratique,* Vigot, Paris, 1950. – « Endocrino-graphologie » *in Les Tempéraments et ses troubles,* Oliven, Paris. – « Le graphisme des asthéniques », *La Vie médicale,* 25 mars 1931, n° 2, t. II.

SUSINI (J.) : *Secrets de la drogue,* Hachette, 1964.

SUTTER (J.) : *Vous et la psychiatrie,* Economica, 1989.

SZONDI (Dr L.) : *Diagnostic expérimental des pulsions,* PUF, 1952.

THUILLIER (J.) : *Les dix ans qui ont changé la folie,* Robert Laffont, 1981.

TUFFART-DERREUMAUX (C.) : *Graphologie en milieu carcéral,* monographie GGCF, 1984-1985.

VELS (A.) : *L'Écriture reflet de la personnalité,* Éd. Mont-Blanc, 1966.

VILLARD (C.) : « Graphologie et médecine », *in La Graphologie,* par Pierre Faideau, M.A. Éd., 1983, page 353.

WIDLOCHER (D.) : *Les Logiques de la dépression, Le Temps des sciences,* Fayard, Paris.

WITKOWSKI (F.) : *Psychopathologie et écriture,* Masson, 1989.

ZARIFIAN (E.) : *Les Jardiniers de la folie,* Éd. Odile Jacob, 1988.

ARTICLES ET CONFÉRENCES PARUS DANS LA *REVUE DE LA SOCIÉTÉ FRANÇAISE DE GRAPHOLOGIE*

BASTIN (Ch.) : « Le narcissisme », *La Graphologie,* n° 168, 1982. – « La psychopathologie en graphologie », *La Graphologie,* n° 190.

BELIN (Cl.) : « De la psychopathie à la délinquance », *La Graphologie,* avril 1979, n° 154. – « Échec de la communication chez le suicidaire », *La Graphologie,* janvier 1978, n° 149. – « Les suicidaires », *La Graphologie,* 1977, n° 147. – « L'écriture et la délinquance », *La Graphologie,* janvier 1987, n° 185. « Présentation d'écritures de schizophrènes et de déprimés », *La Graphologie,* avril 1989, n° 194.

BELIN (Cl.) et AUBERT (M.F.) : « La personnalité des violeurs au travers d'expertises et d'examens graphologiques », *La Graphologie,* janvier 1988, n° 189.

BELIN (Cl.) et BONIN (Dr B.J.) : « Évolution de l'écriture des déprimés en cours de traitement », *La Graphologie,* octobre 1984, n° 176.

BELIN (Cl.), LOMBARD (A.) : « Écriture et alcoolisation », *La Graphologie,* 1981, n° 161.

BELIN (C.J.), BONIN (R.), VOLMAT (R.) : « Dépression masquée et équivalents dépressifs dans l'écriture », *La Graphologie,* 1989, n° 196.

BOSE (C. de) : « Le rythme », traduction Muller-Enshat, *La Graphologie,* 1978-1979, n°s 152-154.

CASTILLA (D. de) : « Du rôle de la graphologie en criminologie », *La Graphologie,* octobre 1969, n° 116. – « Contribution de la graphologie à six cas d'expertise judiciaire », *La Graphologie,* octobre 1984, n° 176.

COBBAERT (A.M.) : « Notes et observations sur l'écriture de quelques handicapés cérébraux », *La Graphologie,* 1980, n° 157. – « La graphologie devant le suicide », *La Graphologie,* octobre 1984, n° 176.

DUCHE (J.), PEUGEOT (J.) : « Conférence sur les troubles de caractère de l'enfant et adolescent », *La Graphologie,* 1981, n° 164.

GILLE (Dr J.C.) : « Écriture de schizophrènes », *La Graphologie,* 1965, n°s 97-98.

GOLSE (Dr B.) et NOBLENS (M. de) : « L'anorexie mentale chez l'adolescent », *La Graphologie,* n° 188.

HEARNS (R.) : « Les névroses et leur expression », traduction par C. de Bose, *La Graphologie,* 1965, n° 99.

KOECHLIN (E.) : « A propos des écritures de schizophrènes », *La Graphologie,* n° 99.

LAUBIE (M.) : « Étude graphologique de la communication dans un groupe de jeunes malades atteints de psychose dissociative chronique », *La Graphologie,* n° 169.

LOMBARD (A.) : « Écriture et alcoolisation », *La Graphologie,* 1981, n° 161.

MULLER (Dr A.) : « Recherche sur l'écriture de schizophrènes », *La Graphologie,* juillet 1973, n° 131.

MULLER (A.), ENSKAT : « Les troubles de l'évolution » – « Prédisposition aux conflits et structures névrotiques », traduction C. de Bose, *La Graphologie,* 1978-1979, n°s 152-154.

PERRON (R.) et GOBINEAU (H. de) : « Diagnostic de l'épilepsie par l'écriture », *La Graphologie,* 1959, n° 75.

PEUGEOT (J.) : « A propos de l'écriture des schizophrènes ou le rêve du diagnostic à coup sûr à partir du petit signe », *La Graphologie,* n° 133.

SALCE (J.) : « Diagnostic de la schizophrénie par la graphométrie statistique », *La Graphologie,* 1965, n° 99. – « Esquisse d'une psychologie de la perversité sur des bases graphologiques », *La Graphologie,* 1962, n°s 86-87.

SARDA (A.), TRIPPIER (G.) : « L'attitude actuelle face au malade alcoolique », *La Graphologie,* janvier 1981, n° 161.

SAUVAGE (C.), RIVET (N.), SIMOND (A.-M.) : « Réinsertion socio-professionnelle des détenus », *La Graphologie,* juillet 1981, n° 163.

SEBILLEAU (L.) : « L'agressivité et l'écriture », *La Graphologie,* janvier 1972, n° 125.

STEIN-LEWINSON (T.) : « Troubles dans les écritures de malades organiques et mentaux », *La Graphologie,* octobre 1984, n° 176. « La graphologie dans le diagnostic et le traitement de l'alcoolisme », *La Graphologie,* octobre 1986, nº 184.

VAN COSSEL (B.) : « Vitalité et schizophrénie », *La Graphologie,* nº 112.

VILLARD (Dr Cl.) : « Acquisitions récentes sur la schizophrénie et apports à la graphologie », *La Graphologie,* juillet 1972, nº 127. – « Graphologie et médecine », *La Graphologie,* octobre 1984, nº 176. – « Réflexions sur l'agressivité », *La Graphologie,* janvier 1973, nº 129. – « Névroses, psychoses, mécanismes de défense et intégration du moi », *La Graphologie,* janvier 1977, nº 145. – « L'écriture dans les états dépressifs », *La Graphologie,* juillet 1977, nº 147. – « Approche récente de l'hystérique », *La Graphologie,* nº 168.

Table des matières

ACHEVÉ D'IMPRIMER
LE 3 AOÛT 1990
SUR LES PRESSES DE
L'IMPRIMERIE HÉRISSEY
À ÉVREUX (EURE)
POUR LES ÉDITIONS ROBERT LAFFONT

Imprimé en France

Dépôt légal : Septembre 1990
N° d'édition : 32702
N° d'impression : 51359